원숭이는 왜 철학 교사가 될 수 없을까
Antimanuel de Philosophie

Antimanuel de Philosophie
by M. Michel Onfray

초판 1쇄 발행 : 2005년 1월 5일 · 초판 12쇄 발행 : 2008년 9월 12일
지은이 : 미셸 웅프레 · 옮긴이 : 이희정 · 펴낸곳 : 도서출판 모티브북 · 펴낸이 : 양미자
등록번호 : 제313-2004-00084호 · 주소 : 서울시 마포구 동교동 203-30 2층
전화 : 02-3141-6921, 6924 · 팩스 : 02-3141-5822 · e-mail : motivebook@naver.com
ISBN 978-89-91195-02-8 03100

Antimanuel de Philosophie

원숭이는 왜 철학 교사가 될 수 없을까

거꾸로 읽는 철학

미셀 옹프레 지음
이희정 옮김

모티브 BOOK

Contents

철학 선생님을 화형시켜야 할까?

지금 당장은 안 된다. 잠시만 기다리도록 하자. 화형대로 보내기 전에 선생님이 진가를 발휘할 수 있는 시간을 조금이라도 주자. 나는 여러분이 철학에 대해 어떻게 생각하는지 알고 있다. 아무 짝에도 쓸모없고, 뭘 가르치는지 도무지 이해할 수 없고, 도저히 이해할 수 없는 질문들을 잔뜩 늘어놓는가 하면, 보통은 손목에 쥐가 나도록 받아 적는 수업에 지나지 않는다는 식일 것이다. 완전히 틀린 이야기는 아니며, 그럴 경우가 많다. 하지만 다 맞는 이야기도 아니다.

넌더리나고, 지루하고, 케케묵은……

여러분이 옳다. 솔직히 철학은 사람들을 넌덜머리나게 한다. 우선 복잡한 단어를 쓸 때, 아니 남용할 때 그렇다. 아타락시아, 현상학, 본체, 본질적인 것, 그 외에도 발음하거나, 외우거나, 사용하지도 못할 여러 용어들을 생각해 보라. 다음으로 전혀 흥미롭지 않고, 오히려 우습기까지 한 질문들에 열중할 때 그렇다. 왜 무(無)가 아니라 존재가 존재하는가? 이는 독일의 저명한 두 철학자인 라이프니츠(Gottfried Wilhelm Leibniz)가 제기했고, 하이데거(Martin Heidegger)가 다시 불을 지폈던 질문이다. 이렇게 무슨 말인지 모를 단어를 가지고 허황한 질문을 만들어낼 때, 우리는 더더욱 미궁 속으로 빠져들게 된다. 예를 들어 "선험적인 종합판단이 어떻게 가능할까?"(18세기 독일 철학자 칸트Kant가 제기한 질문이다. 주요 저서로『순수이성비판』이 있다.) 같은 질문은 어떤가.

　마지막으로 철학 과목이 어떻게 답을 내놓을지 전혀 고민하지 않는 듯한 질문들만 고집했을 때, 여러분은 지루해진다. 어떤 이들은 질문보다 답이 훨씬 더 중요하다고 생각하기 때문이다(그저 구석에서 조용히 지내기를 바라며, 사물의 다른 면을 볼 수 있게 해주고, 과거를 잊고 다른 일로 넘어갈 수 있게 해주는 '그 무엇' 을 발견하기를 거부하는 사람들이다). 만약 여러분이 이런 단점 중 하나나 둘, 아니면 세 가지 다 가지고 있는 선생님을 만난다면(만났다면), 맞다, 시작부터 어긋난 셈이다.

……혹은 재기 넘치고, 어안이 벙벙해지고, 웃음이 터져 나오는

하지만 여러분이 완전히 옳은 건 아니다. 철학을 공부하면서도 진정한 즐거움을 느낄 수 있기 때문이다. 무엇보다 철학에 기술적인 전문용어가 필요할 수도 있다는 것부터 짚고 넘어가도록 하자.

　우리는 의사나 기술자가 '소동맥' 이니 '밸브로커' 니 하는 용어를 써도 전혀 비난하지 않는다. 이처럼 특수한 전문용어를 반드시 사용해야 할 때가 있다.

철학에서는 전문용어를 피하고 쉬운 말을 쓰는 게 더 나은 경우가 많다. 하지만 다소 섬세한 질문을 쉬운 말로 적절하게 표현하는 게 여의치 않은 경우에는 전문용어를 쓸 수 있다. 이때 과장하지는 말아야 한다.

전문용어는 선천적으로 타고 나는 것이 아니라 배우는 것이며, 여러분이 지금 알고 있는 용어들도 배워서 익힌 것이다. 중요한 철학 용어를 몇 가지 배움으로써 여러분의 어휘를 늘릴 수 있으며, 좀더 효율적으로 사유할 수 있게 된다는 원칙을 받아들이라. 어휘가 풍부해질수록 여러분의 생각은 깊어지며, 어휘가 빈약할수록 진부한 생각에서 벗어나기 어렵다.

허황한 질문들에 관한 여러분의 생각이 옳을 수도 있다. 그런 질문 중 어떤 것들은 너무 과도하게 철학에 천착하는 전문가들이 내놓은 것도 있다. 그런 것들은 신경 쓰지 말고 전문가들에게 넘기라. 그동안 철학을 공부해 왔으니 여러분이 직접 해결하는 것도 괜찮지 않겠느냐고? 주제가 뭐든 간에 철학을 전문적인 논쟁에만 묶어두지는 말 일이다. 여러분이 일상생활에서 떠올리는 질문들을 해결하려고 끙끙대는 것부터 시작하라. 그것을 위해 철학이 존재한다. 철학 수업은 이를 도울 수 있고, 또 도와야만 한다.

마지막으로, 여러분은 어느 순간 여러분이 수많은 질문에 파묻혀 있으며 아무리 둘러봐도 답이 확실하기는커녕 잘 나오지도 않는다는 생각이 들 때가 있을 것이다. 그렇다. 여러분은 부모님, 주위 환경, 시대적 환경에서 얻은 수많은 생각이 무너져 내리고, 불안한 사막이 그 휑한 자리를 차지하는 시기를 맞게 될지도 모른다. 그래도 여러분은 철학 여행을 중단하지 말라. 오히려 발길을 계속 옮겨 이 불안한 상태를 뛰어 넘으라. 그러면 개인적·일반적인 철학적 문제를 해결하는 진정한 기쁨을 맛보기 시작할 것이다.

소크라테스 되기 예찬

철학과 여러분의 관계는 누구에게 철학을 소개받느냐에 따라 결정된다. 이는 틀림없는 사실이다. 어떤 선생을 만나느냐(만났느냐)에 따라 철학은 세상에서 가장 지루한 것도, 가장 흥미로운 것도 될 수 있다. 여러분은 철학이라면 진절머리를 내고 완전히 관계를 끊게 만드는 선생을 만날(만났을) 수도, 철학과 위대한 철학자들, 그들의 글을 좋아하게 만들어주는 선생을 만날(만났을) 수도 있다. 후자를 만나면(만났다면) 하고 싶은 대로 해도 좋지만 전자를 만나면(만났다면) 조심하라. 하지만 생각을 정하기 전에 어떤 사람이 좋은 철학 선생인지 알아보라.

가장 나쁜 선생은 두말 할 것 없이 정해진 교과과정에만 집착하는 관료 타입의 철학 선생이다. '학습의 재앙' 같은 이런 선생은 케케묵은 철학 교과서를 손에서 단 1분도 떼어놓지 않고, 수년 전에 짜여진 수업방식을 고집하며, 역사를 거쳐오며 잘 다듬어진 철학의 오솔길에서 단 한 발짝도 벗어나지 않는다. 그들은 학생들에게 의무적으로 선택된 전통적인 내용들을 가르친다. 학생의 배가 고프든 말든, 시험 때 외에는 실생활에 전혀 쓸모없는 내용들을 잔뜩 주입시킨다. 배운 것을 진정으로 마음속 깊이 익혔는지, 전화번호부를 외우듯 지식을 습득했다가 다시 그대로 줄줄 되뇌는 건 아닌지를 시험에서 묻는 경우는 전혀 없기 때문에 일단 외우게 하고 보는 것이다.

가장 좋은 철학 선생은 소크라테스(Socrates) 같은 선생이다. 왜 그럴까? 소크라테스는 지금으로부터 약 25세기 전, 아테네의 길거리에서 활동한 그리스의 철학자다. 그는 공공장소나 길거리에서 자기에게 다가오는 모든 사람에게 말을 건넸다. 그리하여 진정한 반어법과 절제된 추론으로 사람들에게 자신들의 확신에 찬 생각이 검증과 비판을 받으면 얼마 못가 스러진다는 점을 일깨워주었다. 소크라테스와 교류하고 함께 토론하

렘브란트(1606~1669), 「명상에 잠긴 철학자(1632)」

면서 사람들은 완전히 바뀌었다. 철학이 그들에게 무한한 가능성을 열어
주었고, 삶의 방향을 바꾸어 놓았던 것이다.

소크라테스 같은 철학 선생은 자신의 지식, 절제된 언변, 풍부한 교양,
연극에 대한 취향, 생각을 연출하는 재능을 여러분을 위해 사용한다. 그
리하여 여러분이 철학적인 질문을 던지고, 더 잘 사유하고, 더욱 비판적
인 사람이 되고, 세상을 이해하기 위해 좀더 든든히 무장하고, 때에 따라
서는 세상을 내려다보며 살아가는 데 철학을 사용할 수 있게 도와준다.
훌륭한 철학 선생의 눈에 수업은 하나의 기회다. 현실과 세상을 건설적으
로 비판할 수 있게 해주는 기회인 것이다(물론 그 중 몇 시간은 몸이 아프거
나, 늦잠으로 지각하거나, 길이 빙판이 돼서 오지 못하거나, 야외 수업 등등으로

빠지겠지만).

이런 선생은 철학적이라 할 만한 고귀한 주제(시간의 근원, 물질의 본질, 사상의 현실, 이성의 작용, 추론의 형성 등)와 그렇지 않은 주제(술을 좋아하는 것, 대마초를 피우는 것, 자위하는 것, 폭력을 사용하는 것, 경찰서에 들락거리는 것, 규칙을 거부하는 것, 사랑하는 사람에게 거짓말하는 것, 그 외에도 이 책에서 여러 철학 저서를 인용하며 다루는 주제들)를 나누지 않으며, 단지 모든 문제에 대한 철학적 처방을 다룰 뿐이다. 소크라테스 유형의 선생을 통해 철학 수업은 여러분의 존재와 철학적 사유 사이에 끊임없는 왕복운동이 일어나는 장을 열어준다.

기적의 수업, 철학

물론 나는 여러분이 관료 같은 철학 선생을 만나 고생하지 않기를(않았기를) 바란다. 그런 선생을 만나지 않고 소크라테스 같은 선생을 만나면(만났다면) 얼마나 좋을지를 생각해 보라. 하지만 좋은 선생과 나쁜 선생의 차이점은 눈에 띄게 두드러지지 않는다.

나쁜 선생을 만나서 겪어야 하는 불행과 좋은 선생을 만났기에 느끼는 행복에 너무 얽매이지 않으려면 철학의 인도자와 철학 자체를 따로 생각해야 한다. 가르치는 사람과 별개로 철학은 사상과 사상가들을 통해 거의 30세기 동안이나 인도, 중국(프랑스에서는 이쪽 세계를 가르치지 않는 실수를 저지르고 있다. 프랑스에서는 전통적으로 파르메니데스, 헤라클레이토스, 데모크리토스 등 B.C. 7세기 경 소크라테스 이전 시대의 그리스 철학부터 가르친다), 그리스, 로마, 유럽 등지에서 퍼져나가고 있다. 이런 사유 체계와 사상들, 철학자들은 수많은 질문과 답을 제시했으며 여러분은 책 속에서, 글 속에서, 철학 세계에서 떠오르는 인물들을 통해 나름대로의 해결책을 찾을 수 있다.

정규 교과 과정 내에서 철학 교사들은 전통적이고 확실한 가치를 가르친다. 대부분의 경우에 이런 가치들은 사회적 · 도덕적 · 정신적 질서를 어지럽히지 않는다. 약간 어긋나더라도 질서를 확연히 강화하지 않는 정도에 그친다. 하지만 살고, 웃고, 먹고, 마시고, 사랑하는 등 온갖 형태의 삶을 사랑할 줄 아는 주변적이며 전복적이고, 우스운 철학자들이 매우 많다. 이런 철학자들로 아리스티포스(Aristippos)와 그를 따르던 철학자들의 유파인 키레네학파, 시노페의 디오게네스(Diogenes)와 키니코스학파, 가상디(Pierre Gassendi)와 절대자유주의자들, 라메트리(Julien de La Mettrie), 디드로(Denis Diderot), 엘베디우스(Clande Adrien Helvétius)와 유물론자, 샤를르 푸르니에(Charles Fournier)와 유토피아주의자, 라울 바네겜(Raoul Vaneigem)과 상황주의자 등을 들 수 있다.

여러분에게 별로 흥미롭지 않은 사상가들을 먼저 소개한다고 해서, 혹은 이들을 여러분에게 소개하는 선생이 전혀 흥미롭지 않다고 해서, 철학자들은 사유하는 데에만 재능 있지 실제 삶에는 서투르고 늘 조금씩 어긋나는 우울하고 엉망진창인 인물들뿐이라고 생각하지는 말라.

철학은 세계와 사람, 사상, 여러분이 성공적으로 존재하는 데 유용한 모순적이고 다양한 생각들로 가득 찬 대륙이다. 이를 이용해 여러분은 끊임없이 삶을 즐기고, 매일 삶을 만들어나간다. 이때 선생은 여러분에게 철학이라는 대륙을 탐험하는 데 필요한 지도와 나침반을 손에 쥐어줄 것이며, 여러분은 복잡하지만 흥미진진한 이곳에 길을 만들어나갈 것이다. 순풍이 불길 기대하며…….

읽어 보기

라울 바네겜(Raoul Vaneigem, 벨기에, 1934~)

전설적인 책『젊은 세대가 살아가는 법 *Traité de Savoir-vivre à l'usage des jeunes générations*』과 함께 1968년 5월 혁명의 저항적 조류를 이끈 주요 철학자 중 한 명이다. 자본주의를 죽음과 적대감의 도구라며 격렬하게 비판했고 쾌락을 실현하는 조건으로서 혁명을 옹호했다.

동물을 돈벌이가 되도록 길들이는 것

학교가 즐겁고 열정적이 아니라 의무적으로, 권력을 이용하여 엄격하게 교육을 시키는 영광을 누리면서 수익성과 구속이라는 험난한 현실로 사람들의 정신과 육체를 단절시켰을 때, 학교는 19세기와 20세기에 보여줬던 따분한 성질을 잃어버렸는가? 이는 아직 오리무중이며, 근대성의 명백한 배려 가운데 수많은 무정부주의가 남녀 학생들의 삶을 계속 특징 짓고 있다는 점은 부인할 수 없다.

동물을 돈벌이가 되도록 길들이는 기술을 발전시키는 것. 바로 이것 때문에 오늘날의 학교들이 존재하는 게 아닐까?

아이들은 하나같이 상실의 위험에 노출된 채 학교의 문턱을 넘는다. 지식과 감탄을 게걸스럽게 탐하는 풍요로운 생활, 추상적인 지식을 지루하게 공부하느라 절망하고 메마르는 대신 지식이 충족되면 너무나 자극적인 이 생활을 상실할 위험에 처한 것이다. 그토록 반짝거리던 눈이 갑자기 빛을 잃는다는 건 얼마나 끔찍한 현실인가!

여기 네 개의 벽이 있다. 대개는 그 안에서 위선적인 시선을 받으며 갇히고, 제약당하고, 죄의식을 주입받으며, 판단당하고, 칭찬받고, 벌 받고, 모욕당하고, 분류되고, 착취당하고, 소중히 여겨지고, 희롱당하고, 위로 받으며, 도움과 보호를 간청하는 팔삭둥이 취급을 받음을 예사롭지 않게 받아들인다.

　여러분은 무엇 때문에 불평하는가? 법과 명령을 지지하는 사람들은 핑계를 댈 것이다. 풋내기들을 세상과 존재를 지배하는 흔들림 없는 법칙에 입문시키는 가장 좋은 방법이 아니겠느냐며. 확실히 그렇다. 하지만 젊은 이들이 왜 어른들도 점점 더 불편해하고 견디기 어려워할 수밖에 없는 사회, 아무런 즐거움도 미래도 없는 사회에 어른들보다 더 오랫동안 적응해야 하는가?

『초 · 중등학생과 고등학생들에게 보내는 경고

Avertissemets aux écoliers et lycéens, 1998』

장 뒤뷔페(Jean Dubuffet, 프랑스, 1901~1985)

타시즘(Tachisme)이라고도 한다. 제2차 세계대전 전후에 유럽에서 생겨난 서정적 추상회화를 지칭하는 말로, 규율에 종속되거나 기하학적 · 구체적 표현에서 벗어나 직접적 · 자발적인 표현을 하려 했다.

포도주상, 앵포르멜(Informel)*의 선구자로 평가되는 화가 겸 미술 이론가. 아픈 사람들, 정신병자들, 교양이라고는 모르는 순박한 사람들, 노동자와 농부들의 힘을 창작의 세계에 끌어들이기를 바랐다. 미술상, 비평가, 지식인, 교수 등 한 시대의 취향을 만들어내는 이들을 공격했다.

교사: 붙박인 스펀지

교사는 학생의 연장이다. 마치 제대한 후 재복무하는 군인처럼, 교사는 학업을 다 마치고 한쪽 문으로 나갔다가 다른 쪽 문으로 다시 들어온 학생이다. 이들은 어른의 활동, 다시 말해 창조적인 활동을 갈망하는 대신, 학생의 위치, 다시 말해 스펀지처럼 수동적으로 받아들이는 위치에 꽉 붙박여 있다. 창조적 기질도 교사의 위치와는 정반대에 자리 잡고 있다. 예술적(혹은 문학적) 창조성과 다른 모든 형태의 창조성(가장 공통적인 분야로 장사, 수공업 혹은 온갖 종류의 수작업) 사이의 동질성이 오로지 승인만 하려는 교사의 태도에서 나오는 창조성보다 더 크다. 교사의 태도는 정의상 어떤 창의적인 취향도 불러일으킬 수 없고, 학생들에 대해 칭찬하는 부분도 과거에 거쳐온 기나긴 교육 계발의 과정 중에 이미 중요하게 여겨지는 것들과 딱히 구별되는 점이 없다. 교사는 이미 확인된 것에 대해 목록을 작성하고, 승인하고, 확인해 주는 사람이다.

『숨 막히는 문화 *Asphyxiante culture*, 1986』

칼 고틀롭 슈엘레(Karl Gottlob Schenelle, 독일, 1777~?)

18세기 말부터 19세기 초까지 대중적 철학이라 불리는 조류에 참여했으며, 철학을 질식시키는 대학의 분위기에서 벗어나고자 했다. 이를 위해 철학적 연습과 일상적인 관심사를 조화시키자고 제안했다.

삶의 대상에 적용하기

철학은 삶과 세상의 대상에 적용될 때 비로소 그 영향력과 힘을 유지할 수 있다. 철학 그 자체는 단지 인류의 광활한 땅을 풍요롭게 해줄 수 있는 싹을 품고 있을 뿐이다. 철학자의 임무는 이 싹이 철학을 배양토로 삼아 삶의 다양한 대상들과 함께 관계를 발전시켜 나갈 수 있도록 북돋우는 것이다. 순전히 사변적인 몇몇 철학자들이 생각하듯이 우리가 철학의 최고 원리들을 이미 성취하였다면, 이런 발전 과정은 불필요할 것이다. 하지만 그렇게 되기에는 아직 갈 길이 멀다.

개별적인 대상 각각은 고유한 성질을 띠고 있고, 특수한 검증을 요구한다. 검증은 이성이 대상의 고유한 성질을 눈앞에서 직접 보지 않고서는 성공적으로 수행되지 않으며, 이런 종류의 검증을 해야 하는 이는 철학자로, 이성의 요구에 맞춰 조사의 대상을 합의해야 한다.

철학은 삶의 영역에 확신을 가지고 접근해야 한다. 모든 의도와 멀어져서 여가 시간에 사람들의 긴장을 풀어줄 수 있음을 보여줘야 하고, 철학적인 요소가 전혀 없는 영역에서도 그 가치를 느낄 수 있도록 섬세한 인간성에 즐거움을 합류시켜야 하며, 철학이 사랑을 표현한 나라의 모든 교양인들에게 그 영향력을 확장시켜야 한다.

『산책의 기술 L' Art de se promener, 1802』

자크 데리다(Jacques Derrida, 프랑스, 1930~2004)

해체주의라고도 한다. 데리다는 이제까지 서유럽의 전통적 형이상학을 철저하게 비판하고 그 사상의 축이 되었던 것을 모두 상대화시켜 새로운 사상을 구축하려 하였다.—편집자

디컨스트럭션(deconstruction)*을 창시하고, 철학 텍스트를 읽고 분석함으로써 텍스트 내부에 숨겨져 있는, 사상적·정치적·형이상학적 속 내용을 보여주는 기술을 고안했다. 고등학교의 철학 교육 방식을 혁신하기 위해 발 벗고 나섰다.

비판력을 가르치는 것

세계인권선언은 이 선언의 철학을 이해할 수 있는 주체들을 '교육'을 통해 양성하고, 이들에게서 '독재정치에 저항하는' 데 필요한 힘을 이끌어낼 것을 자연스럽게 촉구한다. 이 철학자적인 주체들은 천부인권의 철학, 인간은 자유롭게 태어났으며 평등하다는 사실, 그리고 말과 기호, 의사소통, 권력, 정의와 권리에 대한 철학을 비롯한 인권선언의 철학적인 글과 정신을 책임질 수 있어야 한다. 이러한 철학은 역사가 있고, 계보가 확고하며, 비판력은 거대하지만, 교조적인 한계가 있음도 분명하다. (프랑스) 국가는 이 철학을 가르치고(굳이 주입시킨다고는 하지 말자), 이를 국민들

에게 납득시키기 위해 모든 일을 할 수 있으며, 많은 일을 해왔다. 우선 옛날 '철학 교실' 뿐만 아니라 학교와 모든 교육 과정을 통해서 그렇게 해 왔다.

『철학에의 권리/법에서 철학으로*Du droit à la philosophile, 1990*』

뷜르맹, 「반짝이는 것」, 1998년

피에르 아도(Pierre Hadot, 프랑스, 1922~)
고대 그리스·로마 시대(B.C. 6세기~A.D. 5세기)에는 철학을 받아들여 이론과 실제를 일치시키려면 자신의 존재 양식을 근본적으로 바꿔야 했다는 것을 보여주어, 고대 철학사 연구에 혁명을 몰고 왔다.

철학적인 삶을 기념하자

철학 그 자체에 무엇이 있는지 생각하는 일은 거의 드물다. 사실 철학을 정의한다는 것도 굉장히 어렵다. 철학을 전공하는 대학생들에게는 무엇보다 철학사들에 내한 연구가 필수적이다. 예를 들어 교수자격시험을 치르기 위한 교육 과정에는 언제나 플라톤, 아리스토텔레스, 에피쿠로스, 스토아학파, 플로티누스가 포함되어 있으며, 중세의 '암흑시대' 이후에는, 공식적인 교육 과정에서는 너무 자주 무시되지만, 데카르트, 말브랑슈, 스피노자, 라이프니츠, 칸트, 헤겔, 피히테, 셸링, 베르그송 이외에도 다른 몇몇 현대 철학자들을 알아야 한다. 시험을 위해서는 어떠한 저자의 이론에서 제기하고 있는 문제를 얼마나 잘 알고 있는지를 보여주기 위한 소논문을 작성해야 한다. 또 과거, 그리고 동시대의 철학자들이 통상적으로 다루었기에 '철학적'이라고 평가받는 문제를 곰곰이 생각할 수 있는 능력의 여부를 보여줘야 한다. 그 자체로는 아무것도 재론할 것이 없다. 우리가 (일반적으로) '철학'이라고 생각하는 '철학들'을 공부하는 것이 썩 좋아 보이기도 한다. 하지만 '철학들'이 철학자들 각자의 이론적인 추론과 체계라는 데 우리가 동의한다면, '철학'의 역사는 '철학들'의 역사와 혼동될 수 없다. 이 역사의 옆에는 철학적인 태도와 삶에 대한 연구가 자리 잡고 있기 때문이다.

『고대 철학이란 무엇인가? *Qu' est que la philosophie antique?*, 1996』

삶의 방식을 선택하는 것

그러므로 철학적인 추론은 그 근원을 삶의 선택과 실존적인 선택에서 찾을 수 있으며 그 반대가 아니다. (……) 이러한 결정과 선택은 혼자서는 결코 이루어질 수 없다. 어떤 그룹, 공동체, 즉 철학적 '유파'를 떠나서는 어떠한 철학이나 철학자도 존재할 수 없다. 더 정확히 말하자면, 철학적 유파는 그 무엇보다 개인의 인생을 완전히 뒤바꾸는 한편, 전 존재를 전환시켜, 결국 어떤 방식으로 존재하고 살지를 원하도록 하는 어떤 삶의 방식의 선택, 삶의 선택, 실존적인 선택에 부합한다. 이러한 실존적인 선택은 특정한 세계관을 내포하고 있으며, 철학적 추론의 임무는 실존적 선택뿐만 아니라 이러한 세계의 표현을 이성적으로 밝히고 정당화하는 것이다. 그리하여 이러한 실존적 선택에서 이론적인 철학의 추론이 나오며, 이 추론은 논리력과 설득력을 통해, 또한 상대에게 행하고자 하는 행동을 통해 실존적 선택을 다시 이끌고 가며, 선생과 학생들에게 그들이 처음 했던 선택에 실제로 부합되게 살도록 촉구하거나 혹은 삶의 이상을 실행하며 살도록 노력하게 한다.

　그러므로 나는 철학적 추론은 수단인 동시에 표현인 삶의 방식의 관점에서 이해되어야 하며, 그 결과 철학은 삶의 방식 훨씬 이전의 것이지만 철학적 추론과 밀접한 관련이 있다고 말하고 싶다.

『고대 철학이란 무엇인가?』

카메룬의 무포 호신상

1부
인간이란 무엇인가?

인간이란 무엇인가?

르방 섬의 나체주의자들, 사진, 엘리엇 어윗, 1968년 →

1. 자연

여러분에게 원숭이 같은 면이
많이 남아 있는가?

어떤 사람들은 확실히 원숭이 같다. 그런 사람들은 한 시간만 함께 지내보면 금세 본성을 드러낸다. 물론 그런 면이 잘 드러나지 않는 사람들도 있다. 사람들이 원숭이 같은 면을 드러내는 방식은 무척이나 다르며, 그 정도도 '엽기'와 '천재' 사이를 오가며 매우 다양하다.

우리들은 이 두 극단 사이의 어디쯤에 자리 잡고 있을까? 동물에 가까운 사람? 아니면 그저 별난 사람? 대답하기가 어렵다. 무엇이 동물적인 면이고 무엇이 인간다운 면인지 확실히 구분하기가 어렵기 때문일 것이다. 원숭이는 어떻고, 인간은 어떤가? 게다가 이 두 가지 면은 미묘하게 뒤섞일 때가 있다.

우리는 원숭이와 인간 사이의 공통점이 무엇인지를 안다. 이를 위해 생리학(몸이 돌아가는 이치를 알아내는 학문)과 동물행동학(동물의 행동에 비추어 인간의 행동을 연구하는 학문)의 도움을 받을 수 있다. 이 두 학문은 수세기 동안 인간화(인간이 더더욱 인간다워지는 것)와 문명화를 거쳤음에도 우리 안에 아직 동물적인 부분이 남아 있음을 일깨워준다.

원숭이가 선생님이라면?

우리는 생리학을 통해 원숭이와 도덕 선생님이 똑같은 자연적 욕구를 느낀다는 점을 배운다. 먹고 마시고 자는 것은 자연이 우리에게 씌운 피할 수 없는 굴레이며, 하지 않으면 생명을 위협받는다. 음식을 먹고, 물을 마시고, 잠으로 힘을 회복하려는 욕구는 동물과 인간의 몸이 어떤 것인지를 규정한다. 마치 연료를 규칙적으로 보충하여야 계속 유지되는 기계처럼 동물과 인간의 몸은 둘 다 똑같은 원리로 움직이는 것이다.

또한 생리학은 영장류나 인간이나 똑같이 활발한 성적 욕구를 느낀다는 점을 보여준다. 성적 욕구는 개인의 생존 때문이 아니라 종(種)의 생존을 위해 필요하다. 먹고 마시고 자지 않고 계속 버티면 죽을 수도 있지만 성관계를 하지 않는다고 해서 건강이 나빠지지는 않는다(정신 건강이 나빠지지 않는다고는 장담할 수 없다). 그러나 만약 사람들이 모두 금욕생활을 한다면 인류의 생존 자체가 위협받을 것이다. 동물들은 짝짓기를 하여 종을 보존하고, 인간들 역시 형태가 다르기는 하지만(결혼, 일부일처제, 바람 피우지 않기) 똑같은 목적으로 '짝짓기'를 한다.

한편 동물행동학은 인간과 동물 사이에 공통적인 행동방식이 존재한다는 것을 보여준다. 인간의 의식, 자율성, 자유의지를 믿는가? 그러나 대부분의 경우 우리는 자연의 흐름을 따른다. 예컨대 다른 사람들을 공격하고 폭력을 행사하게 되는 경우를 생각해 보자. 자연 상태에서 동물들은 지배자와 피지배자의 서열을 정하기 위해 서로 피 튀기게 싸우고, 서열이 정해지면 진 쪽이 납작 엎드려 지배와 복종 관계를 철저하게 따른다. 또한 치열하게 영역다툼을 벌이기도 한다.

인간들도 마찬가지다. 냉혹함, 공격성, 전쟁, 폭력은 우리 안에 감춰져 있는 동물적인 면에서 양분을 얻는다. 원숭이와 '바람둥이'는 형태만 약간 다를 뿐, 기본적으로 같은 방식으로 이성을 꼬드긴다. 원숭이는 가장 자신 있는 부분을 보여주고, 이빨을 드러내고, 소리를 지르고, 몸을 한껏 움직이는 등, 힘이 다 빠질 때까지 자기를 과시한다. 또 눈을 크게 뜨고 냄새를 풍기며, 자기가 원하는 암컷에게 눈독 들이는 다른 수컷들에게 공격적으로 날카로운 소리를 내며 싸움을 건다. 마찬가지로 현대의 바람둥이들은 옷을 잘 차려입고 고급 향수를 뿌리는 등 한껏 치장하며, 다른 사람들과 다른 자신의 장점(외모, 스포츠카, 명품 옷, 재력 등)을 최대한 이용한다. 그들은 자기네들이 '점찍은' 여자들에게 집적대는 남자들을 향해 눈을 부라리며 아래위로 노려보는 한편, 여자들에게 선물(꽃다발, 근사한 저녁식사, 보석, 멋진 주말이나 햇빛 비치는 해변에서의 휴가 등)을 가득 안겨준다. 이와 같은 행동이 수컷이 암컷을 차지하려 하는 자연적인 충동을 그럴싸하게 포장한 게 아니면 뭐란 말인가?

하지만 원숭이와 인간은 자연적 욕구에 대처하는 방식에서 차이가 난다. 원숭이는 잔인한 동물적 본성에 사로잡혀 있지만 인간은 이 본성에서 부분적으로 혹은 완전히 벗어날 수 있다. 또한 동물적 본성을 이겨내고 여기에 특수한 형태를 부여할 수 있다. 그것이 바로 문화다. 동물은 자연적 욕구와 본능, 충동에 지배되고 그에 따라 움직이지만, 인간은 자기 의지와 자유, 결정할 수 있는 능력에 따라 행동을 선택한다. 즉 원숭이는 생식선에서 나오는 호르몬의 명령에 전적으로 따르는 데 비해, 인간은 필요에 따라 성적 욕구를 자유롭게 조절하고 여러 문화를 만들어낸다. 그리하여 인간은 성에 관하여 사랑과 에로티시즘, 감정과 사랑의 행위, 애무와 키스, 피임과 출산 제한, 포르노와 흥청대는 밤 문화 등 여러 가지 문화를 만들어냈다.

갈증과 배고픔이라는 자연적 욕구도 마찬가지다. 인간은 일차적 욕구를 해결하는 데 머물지 않고 그 욕구를 좀더 근사하게 채울 수 있는 여러 방식(삶기, 굽기, 훈제하기 등)을 고안해내거나 여러 가지 양념을 곁들여 먹기도 하며 요리와 미식 문화를 만들어냈다. 따라서 성의 에로티시즘은 음식의 미식법과 같다고 할 수 있다. 엄격한 규칙을 덧붙여 지적·정신적인 가치를 담는 일, 이런 일을 동물들은 꿈도 못 꾼다.

원숭이는 왜 철학 선생이 될 수 없을까?

결국 인간과 원숭이를 근본적으로 구분 짓는 점은 정신적인 욕구다. 이는 동물들에게 전혀 찾아볼 수 없는, 오직 인간만의 특성이다. 자연적 욕구나 행동 측면에서 원숭이와 철학자를 구분하기란 매우 어렵지만, 인간은 욕구를 충족하기 위해 문화적 기교를 사용한다는 점에서 둘은 부분적으로 차이를 보인다.

게다가 인간이 특유한 지적 활동을 벌인다는 점에서 원숭이와 인간은 존재 자체부터 근본적으로 구분된다. 원숭이는 정신적 욕구를 모른다. 긴 꼬리원숭이는 에로티시즘이 뭔지 모르며, 침팬지는 미식법이 뭔지 모른다. 철학 있는 오랑우탄, 종교를 믿는 고릴라, 기술을 사용하는 열대아시아원숭이, '예술 하는' 보노보 원숭이를 본 적이 있는가?

인류를 인류로서 규정하는 것은 바로 언어다. 여기서 언어란 비단 입으로 발음하는 말뿐 아니라 의사를 전달하고 소통하며, 자기 입장과 의견, 관점을 나눌 수 있는 수단을 의미한다. 언어로 인간은 도덕적·정신적·종교적·정치적·미학적·철학적 가치들에 이름을 붙일 수 있다.

파리, 「호텔 드루에」. 사진, 엘리엇 어윗

선과 악, 정의와 불의, 땅과 하늘, 아름다움과 추함, 선과 악을 구분하는 일은 오로지 인간의 두뇌에서만 이루어진다. 원숭이는 절대로 불가능하다. 문화는 자연에서 멀리 떨어져 있으며 동물들이 무조건 따르고 있는 자연의 의무로부터 인간을 벗어나게 했다.

도시의 인간과 숲의 원숭이를 구분하는 데 있어서 자연적 욕구에 대처하는 나름대로의 방식과 지적 욕구가 있다는 점만으로는 충분치 않다. 여기에 지식을 기억하고 좀더 발전시켜 후대에 전해 주는 인간 고유의 특성이 있음을 덧붙여야 한다.

학교에서 아이들을 교육하고, 기술을 가르치고, 사회 공동의 가치와 지식을 전수함으로써 인간의 사회는 끊임없이 다시 만들어진다. 이에 비해 원숭이의 사회는 변화와 발전이 없으며, 단순하고 한정된 지식이 있을 뿐이다.

우리가 지식을 계속 쌓아가면 우리 내부에 있는 원숭이 같은 면이 점점 줄어든다. 지식과 교양이 적을수록 동물적인 면이 그 빈자리를 차지하며,

동물적인 부분이 늘어날수록 우리는 자유를 점점 더 잃어버리게 된다. 자연적 욕구를 채우는 걸로 만족하고, 본능적 충동에 따라서만 행동하며, 정신적인 욕구의 힘을 느끼지 못한다면, 그건 바로 우리 내부에 있던 원숭이가 밖으로 튀어나왔기 때문이다.

인간은 모두 원숭이 같은 면이 있다. 우리는 까마득히 먼 옛날부터 물려받은 이 유산을 벗어버리려고 무덤에 갈 때까지 매일같이 고군분투하고 있다. 철학은 우리를 이 싸움터로 이끌며 손에 무기를 쥐어주는 학문이다.

장 밥티스트 샤르댕(1699~1779), 「원숭이 화가」

쥘리앙 드 라메트리(Julien de La Mettrie, 프랑스, 1709~1751)
신과 영혼을 부정하고, 우리가 눈으로 볼 수 있는 모든 현실은 물질이 결합된 것에 지나지 않는다고 주장했다. 성병 전문의이기도 한 그는 인간은 기계라고 잘라 말했다. 꿩고기 파이를 먹고 체해서 사망했다.

작은 모자를 쓴 원숭이

귀머거리들에게 유스타키오관을 열어준 것처럼 기계공학이 원숭이들의 주인의 발음을 흉내 내려는 행복한 욕구, 이 욕구가 또 다른 기호와 기술, 지능을 흉내 내는 동물들의 언어 기관을 자유롭게 풀어줄 수 있을까? 이것이 불가능하고 우스꽝스러운 생각이라고 확정 지을 만한 결정적인 실험이 전혀 없기도 하지만, 원숭이의 기능과 구조가 인간과 매우 유사하다는 점 때문에, 동물을 완벽하게 훈련시킨다면 결국 발음하는 법을 가르칠 수 있으며, 좀더 나아가 언어를 알도록 할 수도 있을 거라고 나는 믿는다. 그렇게 되면 원숭이는 더 이상 야성의, 혹은 뭔가 모자란 인간이 아닐 것이다. 우리와 같은 재능과 근육을 가진, 생각하고 교육을 활용할 줄 아는 완벽한 인간, 작은 도시인이 되는 것이다.

　동물에서 인간이 되는 전이과정은 험난하지 않다. 진정한 철학자라면 이에 동의할 것이다. 문자들을 고안하고 언어를 알기 전의 인간은 무엇이었는가? 인간이라는 종의 동물에 지나지 않았다. 다른 동물보다 자연적 본능이 부족해서 자신을 백수(百獸)의 왕이라 자처하지 못하고, 원숭이나 다른 동물과 그다지 구별되는 점도 없었다. 내 생각에는 겉모습만 봤을 때 좀더 분별력 있어 보이는 원숭이가 더 인간 같다.

　인간은 라이프니츠의 추종자들이 이야기하는 본능적인 지식만을 가지고 있었고, 형태와 색깔만 구분할 뿐, 그것들이 구체적으로 무엇인지는 전혀 알지 못했다. 늙었든 젊었든 어린아이든, 모든 나이대에서 인간은 자기의 느낌이나 욕구를 더듬거리며 드러냈다. 마치 굶주리고, 늘어져 있다가 지루해하고, 먹을 것을 달라고 하고, 어슬렁거리는 개처럼 말이다.

언어와 문자, 법, 과학, 예술이 나타났다. 그리고 이를 통해 마침내 우리 정신의 다이아몬드 원석은 다듬어졌다.

인간은 길들여졌고 동물도 마찬가지다. 우리가 창조자가 된 것처럼, '짐꾼'도 그렇다. 수학자가 가장 어려운 계산과 증명을 하는 법을 배운 것과 마찬가지로 원숭이는 작은 모자를 썼다 벗거나, 온순한 개 등 위에 올라타는 법을 배웠다.

이 모든 일을 기호가 해냈다. 각각의 종은 자기들이 이해할 수 있는 기호를 이해했다. 그리고 이런 방식으로 인간들은 우리의 독일인 철학자들이 이름을 붙인 바대로, 상징적인 지식을 습득한 것이다.

『인간 기계 *L' Homme-machine*, 1748』

임마누엘 칸트(Immanuel Kant, 독일, 1724~1804)

비판철학(이성을 비판하고 그 사용을 실험의 대상에 국한시키며, 이성과 구분되는 나머지 것은 신앙이라고 함)의 창시자이다. 대표적인 저서로 『순수이성비판(1781)』, 『실천이성비판(1788)』, 『판단력비판(1790)』 등 3대 비판서가 있다. 칸트의 윤리학은 성경의 내용을 종교에서 분리한 것이다.

근원적인 악은 인간 안에 있다

인간의 내부에는 천부적으로 악에 쏠리는 성향이 있다. 이 성향 자체는 결과적으로 자유의지에 의한 것이고, 그렇기에 책임이 있으며 도덕적으로 악하다. 악은 모든 원칙의 근원을 타락시키기 때문에 근원적이면서 천부적인 성향이므로 인간의 힘으로는 뿌리 뽑을 수 없다. 올바른 원칙이 있어야만 악을 뿌리 뽑을 수 있는데, 모든 원칙의 가장 주관적인 근원이 타락했다고 생각되기 때문에 그럴 수가 없는 것이다. 그러나 악이 인간 안에 존재하고 자유롭게 활동하고 있으므로, 이를 억누를 수 있어야 한다.

『이성의 한계 안에서의 종교
Die Religion innerhalb der Grenzen der blossen Vernunft, 1793』

드니 디드로(Denis Diderot, 프랑스, 1713~1784)

소설가, 희곡작가, 철학자, 『백과사전*Encyclopédie*』 편찬자. 편지도 수없이 많이 썼으며 사상 때문에 투옥되기도 했고, 문학 비평의 창시자이며 교회를 반대하는 유물론자였다. 문학과 철학 양 분야에 혁혁한 공을 남긴 사상가다.

질서를 좋아하는 사람들에게 반대하며

A: 인간을 개화시켜야 할까요, 아니면 본능대로 살게 내버려둬야 할까요?

B: 확실하게 대답을 해드려야 하나요?

A: 물론이죠.

B: 만약에 인간을 다스리는 폭군이 되기로 작정하셨다면, 개화시키세요. 본능에 반하는 도덕으로 힘닿는 데까지 인간을 중독시키고요. 온갖 종류의 족쇄를 다 채우세요. 움직일라치면 장애물이란 장애물은 다 동원해서 궁지에 몰아넣고요. 으스스한 유령들로 오도 가도 못하게 하세요. 동굴에서 전쟁을 오래오래 끄세요. 그래서 자연인이 도덕인의 발치에 언제까지나 묶여 있게 하는 거죠. 인간이 행복하고 자유롭길 바라세요? 그 사람 일에 간섭하지 마세요. 뜻하지 않은 많은 사건들이 그를 빛으로, 혹은 타

락으로 이끌기도 하지요. 하지만 언제나 알아둬야 할 것은, 여러 규칙을 만든 영리한 사람들이 당신을 현재의 모습이 되도록 지나칠 정도로 주물럭거려서 다듬어낸 것은, 당신을 위해서가 아니라 자기네들을 위해서였다는 겁니다. 저는 모든 정치 · 사회 · 종교 제도를 향해 이것을 주장하고 싶습니다. 그 제도들을 자세히 뜯어보세요. 제가 크게 착각한 게 아니라면, 인류가 수세기 동안이나 얼마 안 되는 사기꾼들이 억지로 씌우려 작정한 멍에를 짊어지고 복종해 왔다는 것을 알게 될 겁니다. 질서를 잡으려는 사람을 조심하세요. 명령하는 것은 언제나 다른 사람들을 괴롭히며 주인이 되려는 것이니까요.

『부갱빌 여행기 보유 Supplément au voyage de Bougainville, 1773』

토머스 홉스 (Thomas Hobbes, 영국, 1588~1679)

인간본성에 대해 비관적으로 생각했으며 유물론적 정치관을 지니고 있었다. 신이 아니라 사회 계약이 인간의 천성적인 악을 치료할 수 있는 법과 제도를 만들어낸다고 주장했다. 또 절대왕정이 구현하는 절대적 국가권력을 옹호했다.

만인에 대한 만인의 투쟁

시민사회 밖에서는 끊임없이 만인에 대한 만인의 투쟁이 벌어진다. 그러므로 모두를 계속 두려움에 떨게 하는 공공 권력이 없는 곳에서 산다면, 사람들은 전쟁이라 할 상태, 즉 만인에 대한 만인의 투쟁 상태에서 계속 살고 있는 셈이다. 전투가 벌어지거나 손에 잡히는 사건이 터져야만 전쟁 상태가 아니다. 싸우고자 하는 의지가 충분히 드러나면 언제나 전쟁 상태인 것이다.

전쟁의 경우를 날씨가 좋고 나쁠 때에 빗대어 생각할 수 있다. 나쁜 날

씨는 한두 번 내리는 소나기에 있는 것이 아니라, 며칠간 계속해서 비가 올 것 같은 기운에 있다. 마찬가지로 당장 싸움이 진행되고 있는 사건만 전쟁이 아니라 상대편에 대한 신뢰가 없이 줄곧 싸우고자 하는 태세가 감지되면, 거기에 바로 전쟁이 있다. (……)

이 모든 것을 잘 새겨서 생각해 보지 않는다면, 사람들이 본능적으로 편을 가르고 서로 공격하고 파괴하는 경향이 있다는 것이 이상하게 보일 수도 있다. 인간의 정념을 조사해서 나온 이러한 추론을 믿고 싶지 않을 수도 있다. 경험으로 모든 것을 확인하고 싶을 수도 있다. 그러면 자기 자신을 돌아보라. 여행을 떠날 때는 단단히 무장하고 길동무가 괜찮은 사람일까를 걱정한다. 잠자리에 들 때는 방문을 자물쇠로 꼭꼭 잠근다. 자기 집에서조차 금고에 자물쇠를 채우고, 누가 자기를 해치면 되갚아주기 위해 법과 공무원이 있다는 것을 아주 잘 알고 있다. 무장한 채 말을 타고 여행을 떠나면서 자기 뒤를 따르는 사람들과 동향 사람들을 어떻게 생각하는가? 또 방문을 걸고 금고에 자물쇠를 채울 때 자기 아이와 하인들을 어떻게 생각하는 건지? 우리는 내가 이 책에서 말하고 있는 바로 그런 방식으로 인류를 비난하고 있는 것이 아니던가?

하지만 인간의 본성 자체를 비난할 수는 없다. 인간적인 욕망과 그 외에 다른 열정들은 그 자체로서는 죄가 아니며, 사람들이 이런 행동으로부터 자신을 보호해 줄 수 있는 법을 모르고 있는 한 그런 열정에서 나온 행동 역시 죄가 아니기 때문이다. 법이 만들어지지 않아서 사람들이 모를 수도 있다. 결국 법을 휘두르는 이에 대해서 아무도 지지하지 않는 한 어떤 법도 만들어질 수 없다.

『리바이어던 *Leviathan*, 1651』

시몬느 드 보부아르(Simone de Beauvoir, 프랑스, 1908~1986)

소설가, 에세이스트, 좌파 철학자. 사르트르와 완전한 자유를 우선시하는 새로운 연애방식인 계약결혼 관계를 평생 유지했다. 대표적인 저서인 『제2의 성 *Le Deuxième Sexe*, 1949』은 전 세계적으로 여성해방 사상을 낳은 기념비적인 책이다.

"여자는 태어나는 것이 아니라 만들어지는 것이다"

여자는 태어나는 것이 아니라 만들어지는 것이다. 어떤 생물학적·정신적·경제적 숙명도 사회 안에서 인간의 암컷이 띠고 있는 모습을 결정하지 않았다. 바로 문명 전체가 남자와 거세된 남자 사이의 중간 것을 만들어내어 여자라는 이름을 붙인 것이다.

다른 사람이 끼여들 때에만 비로소 어떤 개체를 '타자(他者)'라고 지칭할 수 있다. 어린아이가 자기만 알고 다른 사람들은 모를 때에는 자신이 성적으로 구별되었다는 것을 알지 못한다. 여자아이와 남자아이들에게 있어 몸은 자아가 발현되는 곳이요, 세계를 이해하는 수단이다. 아이들은 생식기가 아닌 눈과 손을 통해 세상을 이해한다.

젖먹이 아기들의 출생과 이유(離乳) 과정은 성별과 상관없이 똑같은 방식으로 전개된다. 아기들은 똑같은 흥미와 즐거움을 느낀다. 가장 먼저 빤다는 행위를 통해 쾌감을 얻는다. 그런 뒤 항문기에 접어들면 배설을 통해 가장 큰 만족감을 느끼게 된다.

생식기의 발달에 있어서도 마찬가지다. 아기들은 똑같은 호기심과 무관심으로 자기 몸을 탐구한다. 또 음핵과 음경에서 똑같이 막연한 쾌감을 이끌어낸다. 감각에 대한 욕구가 밖으로 드러나는 단계에서, 그 감각은 엄마에게로 향한다. 부드럽고, 탄력적이며 매끈매끈한 여성의 살갗은 성적인 욕망을 불러일으키고, 그것은 손으로 만지려는 행동으로 나타난다. 여자아기든 남자아기든 상관없이 엄마를 열렬히 안고, 만지고, 쓰다듬는다. 동생이 태어나면 둘 다 똑같이 질투하고, 그것을 똑같은 행동으로 표현한다. 화내고, 토라지고, 심지어 오줌을 못 가리기도 한다. 어른들에게 사랑을 받으려고 재롱을 떠는 것도 똑같다. 열두 살 때까지 여자아이들은 남자 형제들만큼이나 튼튼하고, 지적 능력도 똑같다. 남자 형제들과 경쟁하면 안 되는 분야는 전혀 없다.

만약 사춘기 훨씬 이전에, 아니면 아주 어린 시절부터 여자아이가 이미 성적으로 구별되어 있다면, 그것은 신비스러운 본능이 여자아이에게 수동성, 애교, 모성애를 안겨 주었기 때문이 아니다. 일찌감치 아이의 인생에 다른 사람이 끼어들어서, 아이에게 강세적으로 여자로서의 사명을 떠맡겼기 때문이다.

『제2의 성』

볼테르(Voltaire, 프랑스, 1694~1778)

철학적인 콩트로 전 세계에 유명해졌지만, 정작 자신은 아무도 읽지 않는 비극작품으로 역사에 남으리라 기대했다. 사람들은 볼테르를 자기가 정당하다고 믿은 개념들(관용, 자유, 정교분리원칙)을 지키기 위한 당대의 싸움에 열심히 참여하는 사상가의 모습을 처음으로 보여준 사람이라고 평가한다. 20세기 지식인의 본보기였다.

짐승은 짐승이 아니다

동물들이 아무런 지식이나 감정이 없는 기계이며, 늘 똑같은 방식으로 행동하며, 아무것에도 소속되지 않고, 아무것도 숙달할 수 없다는 식으로 말하는 이들은 얼마나 딱하고 불쌍한가! 새가 둥지를 벽에 붙일 때는 반원 모양으로, 모서리에서는 부채꼴로, 나무 위에는 원 모양으로 만드는 것을 보지 못했단 말인가? 새가 똑같은 방식으로 둥지를 만드는가? 석 달 동안 훈련시킨 사냥개는 이전에는 몰랐던 것들을 알게 되지 않는가? 검은머리방울새는 곡조를 가르치면 금방 따라하지 않는가? 그것을 가르치는 데 시간을 많이 들이지 않았는가? 새가 음을 잘못내면 스스로 고치는 것을 보지 않았는가?

내가 그대에게 나는 감정과 기억, 생각을 갖고 있다고 판단하라고 말하기 때문인가? 아하! 나는 그렇게 말하지 않는다. 그대는 우리 집에 들어와서 내가 몹시 슬픈 기색으로 불안하게 서류 한 장을 찾다가, 마침내 내가 잠갔다고 기억하는 책상을 열어서 서류를 찾아내서 기쁘게 읽는 것을 본다. 그러면 그대는 내가 슬픔과 기쁨의 감정을 느꼈으며, 기억과 지식을 가지고 있다는 것을 판단하는 것이다.

그러니 주인을 잃고 고통스럽게 울부짖으며 백방으로 찾아다니다가, 집으로 들어가서 미친 듯이 불안하게 오르락내리락하고, 이 방 저 방 다니다가 마침내 서재에 있는 사랑하는 주인을 찾아서 부드럽게 끙끙거리고, 펄쩍펄쩍 뛰며, 주인이 쓰다듬어 주는 것에 기쁨을 내비치는 개에게도 똑같은 판단을 내리라.

야만인들이 사람에게 깊은 우정을 느끼는 이 개를 붙잡아다가 탁자에 꼼짝 못하게 묶어 놓는다. 그리고 개를 산 채로 해부해 그대에게 팔딱거리는 핏줄을 보여준다. 그대는 개 속에 당신 속에 있는 것과 똑같은 감정의 기관들이 들어 있는 것을 알게 된다. 동물이 기계라 하는 자여, 대답하라. 동물 속에 있는 감정의 근원들을 본능이 모조리 장악해 버려서 동물은 느끼지 못하는가? 동물의 신경은 감동을 느끼지 못하는가? 본능에 대해서 이렇게 적절치 못한 모순을 결코 상상하지 말라.

학교 선생들은 동물들의 영혼이 무엇인지를 묻는다. 나는 이 질문을 이해하지 못하겠다. 나무는 섬유질 속에서 돌아다니는 수액을 받고, 잎과 열매의 순을 내보낼 능력이 있다. 여러분은 이것이 이 나무의 영혼이냐고 묻겠는가? 나무는 그런 선물들을 받은 것이며, 동물 역시 감정과 기억, 몇몇 가지 생각의 선물을 받았다. 누가 이런 선물을 했는가? 누가 이런 모든 능력을 주었는가? 밭의 풀을 자라게 하는 분이, 지구가 태양 쪽으로 이끌리게 하는 분이 주었다.

　"동물들의 영혼은 본질적인 형태를 지니고 있다."라고 아리스토텔레스가 말했다. 아리스토텔레스 이후에는 아랍유파*가, 아랍유파 이후에는 천사유파가, 천사유파 이후에는 소르본에서 이 의견을 이어갔다. 그리고 소르본 이후에는 아무도 그렇게 생각하지 않는다.

　"동물들의 영혼은 물질적이다."라고 다른 철학자들이 이야기한다. 이들은 다른 사람들보다 더 뛰어나지는 못했다. 이들에게 물질적인 영혼이 뭐냐고 물어봐도 헛일이었다. 이들 철학자들은 그것이 감각을 가지고 있는 물질이라고 생각함에 틀림없지만, 누가 이 감각을 주었는가? 물질적 영혼이란 물질에게 감각을 주는 물질이라는 것인데, 이렇게 하면 꼬리에 꼬리를 물고 벗어나지 못하는 격이다.

　동물에 관해 생각하는 다른 동물들의 말을 들어보라. 그들의 영혼은 몸과 함께 사라지는 정신적 존재다. 하지만 무슨 증거가 있는가? 실제적으로는 감정, 기억, 생각하고 조합하는 수단이지만, 여섯 살짜리 아이가 알 만한 것도 결코 모를 이 정신적 존재라는 것에 대해 그대는 어떤 의견을 갖고 있는가? 어떤 근거에서 이처럼 몸이 없는 존재가 몸과 함께 사라진다고 상상하는가? 가장 위대한 동물들은 이처럼 영혼이 몸도 없고 정신도 없다고 주장한 동물들이다.

　여기에 근사한 체계가 있다. 우리는 알지 못하고 몸이 없는 어떤 것을 마음속 깊이 이해할 수 없다. 그러므로 이 신사양반들의 체계는 여기, 동물들의 영혼은 몸도 없고 몸이 아닌 어떤 것도 없는 물질이라는 데에 귀착된다.

그토록 많은 모순적 오류들은 어디에서 비롯된 것일까? 항상 어떤 사물이 존재하는지 알아보기도 전에 그 사물을 관찰해 온 사람들의 버릇에서 왔다. 이를 관악기의 리드, 풀무의 손잡이, 풀무의 영혼이라 부른다. 이 영혼은 무엇인가? 그것은 풀무를 작동시킬 때 밑으로 내려가면서 관 속으로 공기를 들여보내고, 올라가면서 공기를 내보내는 부품을 내가 그렇게 이름 붙인 것이다. 이처럼 영혼도 기계와 구분되는 점이 없다. 하지만 동물들의 풀무를 움직이는 것은 누구인가? 이미 말했듯, 천체를 운행하는 분이다. "신은 동물들의 영혼이다 *Deus est anima brutorum*."라고 말한 철학자는 옳았다. 하지만 거기에서 더 나아가야 했다.

『철학사전 *Dictionnaire philosophique*, 1764』

난 자연이 딱 질색이야. 열세 살 때 나랑 제일 친했던 친구가 생태학자한테 강간당했거든.

부치, 『사랑은 언제나 이긴다』, 르 쉐르쉬 미디 출판사, 2000년

혹시 사람 고기를
먹어본 적이 있는가?

여러분 중에는 아마 없을 것이다. "네"라고 대답한 사람이 있다면 길에서 절대 마주치지 않기를 바란다. 여러분의 조상들은 어땠을까? 아마 사람고기를 먹었을 게 분명하다. "아니오"라고 하기 전에 생각해 보라. 부모님이나 조부모님 말고 그 이전 조상들, 우리 모두의 조상인 원시인들의 모습이 어땠었는지에 대해서는 잘 모르지 않는가.

선사시대를 연구하는 역사학자들은 프랑스의 도르도뉴(Dordogne)에서 발견된 유적을 통해 수천 년 전 사람들은 인육으로 잔치를 벌였다는 사실을 밝혀냈다. 그런데 이상하게도 그것을 널리 알리기를 꺼려 이 '잔치'에 관한 세부적인 사항은 여전히 어둠 속에 묻혀 있다. 유적에서 발견된 뼈에 파인 홈의 모양으로 봐서, 대퇴골은 골수를 빼먹을 수 있도록 부러져 있다는 것을 알 수 있다. 동굴에 살던 원시인들은 아무 생각 없이 가까운 친지들을 먹었던 것이다. 우리의 조상들은 야만인이었던 것일까?

네 이웃을 사랑하라 – 익혀서, 아니면 날 것으로?

21세기를 사는 우리들은 식인 풍습(카니발리즘, cannibalism)을 우리가 받은 교육과 도덕의식, 선입견으로 접근하여 미개하고 짐승이나 다름없는 야만적인 행위라고 생각한다. 하지만 도덕적인 잣대를 들이대거나, 죄악시 혹은 신성시하지 않으면서 아무런 선입견 없이 식인 풍습을 접근한다면 어떻게 될까? 여러분이 이 책을 읽고 있는 지금 이 순간에도 친족들의 인육을 먹고 있을지도 모르는 부족들은 도대체 왜 그러는 걸까?

오래된 식인 풍습(선사시대의 도르도뉴)은 이제 거의 사라졌지만 아직도 관습적으로 행하고 있는 곳이 있다(남아메리카 파라과이 숲 속에 사는 구아야키Guayaki 부족). 이와 다른 경우의 식인 행위를 예로 들자면, 1789년의 프랑스 혁명 초창기에 프랑스에서 발생한 식인 사건을 들 수 있겠다. 프랑스 북부 노르망디의 캉에서 분노에 찬 군중이 왕당파를 대표하던 젊은 족 벨쥉스(Belzunce) 자작을 죽여서 사지를 잘라버렸다. 몇몇 사람들은 자작의 머리통을 가지고 공놀이를 했고, 살을 베어내 석쇠에 놓고 굽기도 했다. 심지어 훗날 그 도시 시장의 어머니가 되는 쏘송(Sosson) 부인은 자작의 심장을 꺼내어 먹기까지 했다. 마찬가지로 1972년 안데스 산맥에서 비행기 사고로 조난당한 사람들이 불행하게 목숨을 잃은 동료들의 인육을 먹고 살아남았다는 이야기는 꽤 유명하다.

의례적 식인(선사시대, 파라과이), 희생적 식인(프랑스 혁명), 혹은 사고로 인한 식인(안데스 산맥), 어떤 경우든 식인 풍습은 문제가 된다.

그렇다면 식인 풍습에 어떤 의미를 부여할 수 있을까? 벨기에 만화『땡땡』시리즈 중「콩고에 간 땡땡」을 보면, 사람들은 식인 풍습을 가진 이들에 대해 그 이유를 깊이 생각하거나 이해하려 하지 않고 그저 문명화된 백인들을 잡아먹는 멍청한 흑인이란 식으로 몰아세우는 데 그친다.『땡땡』에 등장하는 식인종들은 무식하고 야만적이고 우스꽝스러우며 제대로 말하거나 생각하지 못한다. 한마디로 짐승이나 다를 바 없는 존재들이다. 그들은 백인을 커다란 가마솥에 넣고 끓이기나 할 뿐 너무나 무능력해서 자기 상황에서 벗어나지도 못하는 사람들인 것이다.

나는 너를 먹는다, 고로 나는 존재한다

식인 풍습은 문화적인 현상이다. 동물들은 인간과 달리 동족을 정확한 규칙에 따라 자르고, 요리하고, 상징적인 의미를 부여하거나 나누어 먹지 않는다. 식인에도 분명 미식법이 존재한다. 인간만이 동족을 먹으면서 의미를 부여한다. 물론 정치적 의도에서 제물을 바칠 때, 그리고 사고로 어쩔 수 없이 인육을 먹게 된 때와 의례적 식인의 경우가 각각 다르기는 하다. 전자의 경우는 뿌리 깊은 증오를 억제하고 없애버리기 위해 누군가를 희생시키는 것이다('역사' 부분의 르네 지라르의 글 참조). 그러나 후자의 경우는 자기의 생존을 확인하고, 우리 모두를 위협하는 죽음을 근본적이며 자연적 욕구인 배고픔을 채워주는 생명의 에너지로 전환시키면서, 죽음 자체를 부정하는 의미가 있다. 또한 식량이 귀한 환경에서 인육을 먹어 부족한 단백질을 보충하기도 했다.

의례적 식인의 경우에 사람들은 부족의 사고방식과 생활방식을 전승한다는 의미를 가진 일종의 의식을 치르며, 사람을 잡아서 먹는 것이 아니라 이미 죽은 사람을 먹는다. 이는 죽음을 맞이하는 방식 중 하나다.

오로지 인간만이 죽음이라는 엄연한 사실과 함께 살아가기 위한 문화적인 해답을 만들어냈다. 화장, 매장, 혹은 식인 행위 등과 같이 시신을

버드 에벗과 루 코스텔로, 「아프리카로 간 두 멍청이」, 찰스 버튼 감독, 1949년

처리하는 여러 방식을 만들어냄으로써, 인간은 자신들의 인간성을 드러내고, 동물과 다르다는 것을 분명히 했다. 동물은 죽은 동족들을 알아보지 못하고, 매장하지 않고, 죽은 동족을 기리기 위한 의식을 치를 줄 모른다. 또 죽은 자가 영혼이란 형태로 계속 살아남을 수 있으리라는 것을 상상조차 하지 못한다. 식인 행위는 야만적 행위라고 하기보다는 정제된 문명 및 관습에 더욱 가깝다. 확실히 우리와는 매우 다르지만 나름대로 독특한 문화인 것이다.

인류학자(부족들과 같이 생활하며 그들의 사고방식, 의식주 문화, 결혼, 지식을 전달하고 일을 나누는 방식 등 일상을 관찰하는 학자)들은 인육을 요리하고 자르는 방식, 굽거나 삶은 인육을 나누고 먹는 방식을 관찰한 뒤 의례적 식인 행위에 관한 글을 남겼다. 그들은 다음과 같은 결론을 내렸다. 즉 식인 행위를 하는 사람들은 그 행위를 통해 나름대로 조상을 기억하고 숭배하며, 죽은 이가 산 사람들 가운데 여전히 살아 있으며 필요한 존재임을 확인한다는 것이다. 죽은 이를 먹음으로써 부족 내에서 그에게 자리를 내

주고, 산 사람들의 세계에서 그를 쫓아내지 않으며, 그가 여전히 진정으로 살아 있음을 확인한다. 생명이 떠난 사람을 먹는다는 것은 그에게 다른 생명을 준다는 것이며, 그 생명은 개인적으로는 보이지 않지만 집단적으로는 형태가 드러난다. 다시 말해 죽은 자는 부족 내에서 여전히 살아 있는 것이다.

이것이 어떻게 가능할까? 조상에게 물려받고 다시 아이들에게 물려줄 변함없는 관습과 질서를 따르고 행하면 가능하다. 관습은 부족 사회의 동질감과 끈끈한 연대의식을 이끌어낸다. 죽은 사람의 몸은 조각조각 잘려서 삶기나 구워진다. 내장들은 필요한 사람들이 나눠 갖는데, 심장은 용기, 뇌는 지혜, 근육은 힘, 성기는 아이가 필요한 사람에게 돌아간다. 이처럼 어떤 자질이 부족한 사람에게 그에 해당하는 내장을 나누어주며 죽은 이가 주는 선물이라 생각한다. 죽은 이는 이렇게 마지막까지 부족을 위해 쓸모있는 일을 하며, 부족사회를 더욱 강한 연대의식으로 묶는다. 식인 행위가 부족을 묶는 접착제 구실을 하는 셈이다. 죽은 이를 먹음으로써 그들의 힘을 산 사람들이 가질 수 있으며, 약한 사람들은 자신들에게 필요한 힘을 보충할 수 있다. 죽은 이들의 무덤은 산 자들의 위장 속이며, 이를 통해 죽은 이들의 몸은 비록 없어졌지만 그 영혼은 부족 내에서 영원한 생명을 얻는 것이다.

장례 의식의 일부로 식인 행위를 하는 부족들이 '초현대' 문명인이라는 우리들의 시신 처리 방법을 알게 되면 무척 놀랄 게 뻔하다. 우리는 죽은 이를 멀리하며, 집이 아닌 병원에서 임종을 맞게 하고, 시신을 집에 들이는 대신 영안실에 안치한다. 끊임없이 낯선 시신들이 들어왔다 나가는 영안실에 두는 것이다. 그러고 나서 시신을 나무 관에 넣어 차갑고 축축한 땅 속에 묻고, 지렁이와 벌레들이 살을 파먹고 썩어가게 내버려둔다.

죽은 이들을 기리기 위해 그들을 먹는다는 것 때문에 우리에게 야만적

「스코틀랜드의 무덤」, 사진, 조제프 쿠델카, 1997년

이라고 손가락질당하는 사람들은 오히려 우리의 관습을 야만적이라고 생각할 것이다. 죽은 이들을 사랑했다고 하면서 그 시신은 동물과 다름없이 취급하니 그럴 법도 하다. 그렇다면, 야만성이라는 것은 우리가 믿는 것과 다른 것일까?

미셸 드 몽테뉴(Michel de Montaigne, 프랑스, 1533~1592)

『수상록*Essais*, 1580~1588』의 저자. 이 책에서 그는 고대 그리스 시대의 저자들에 비추어, 자기의식의 소설을 풀어내고 주관적으로 역사를 재해석했다. 현대적 의미의 '자아(Moi)' 개념을 고안하고, 자아에 부정적인 기독교에 대항해 '나(Je)'를 긍정적인 의미로 격상시켰다.

야만인은 어디에 있는가?

각 개인이 야만성을 일반적인 의미로 사용하지 않는다면 흔히 우리가 야만적이거나 미개하다고 할 만한 것을 이 나라에서 찾아보기란 어렵다. 실제로 우리에게는 우리가 사는 나라의 관심과 의견에 따른 생각과 본보기 말고는 진리와 이성의 다른 조준점이 없는 것 같다. 그곳에는 늘 완벽한 종교가 있고, 완벽한 경찰이 있으며, 모든 물건들의 완벽하고 완성된 사용법이 있다.

그 사람들은 미개하다. 마찬가지로 우리는 자연 그 자체와 자연이 정상적으로 발전하면서 생산한 소산물을 미개하다고 부른다. 하지만 사실 우리가 우리의 기술로 변질시키고 통상적인 질서에서 벗어나게 했으므로, 이 나라에 있는 그것들을 오히려 미개하다고 불러야 할 것이다.

그들 중 세 사람이, 언젠가 이쪽의 부패함을 알게 되면 얼마나 안심하고 행복해할지를 알지 못한 채, 이런 거래가 그들의 파멸을 불러오게 될지도 알지 못한 채, 마침 샤를르 9세가 머무르고 있던 루앙에 갔다. 내가 전제했듯이, 가엾게도 새것에 대한 욕구에 속은 채 내버려져서 파멸은 상당히 진행되어 있었다.

왕은 그들과 오랫동안 이야기를 나누었으며, 사람들은 그들에게 우리의

예의범절과 화려한 의식, 아름다운 도시의 모습을 보여주었다. 그런 다음 누군가가 그들에게 가장 감탄스럽게 본 것이 무엇인지를 물어보았다.

그들은 세 가지를 이야기했는데, 그 중 세 번째 것을 잊어버려서 무척 애석하게 생각한다. 그래도 두 가지는 잘 기억하고 있다. 그들은 첫째, 무장한 거구의 수염 난 사내들이 그토록 많이 왕을 에워싸고(아마도 스위스 근위병들을 말하는 것이리라) 있는 것과, 어린 아이 하나에게 군말 없이 복종하는 것이 무척 이상하다고 말했다. 오히려 그 거구의 사내들 중에서 명령할 사람을 뽑아야 하는 게 아니냐는 것이다. 둘째로(그들은 나름의 언어 방식이 있었기 때문에 서로 통역관을 두었다), 온갖 종류의 안락한 것들을 잔뜩 가지고 있는 사람이 있는가 하면, 대부분의 사람들은 가난하고 굶주려 야윈 채로 잔뜩 가진 자들의 대문 앞에서 구걸을 하는 것을 보았다고 했다. 그들은 빈곤한 사람들이 이런 부당함을 어떻게 참아내고 있는지, 왜 잔뜩 가진 자들에게서 빼앗아오거나 그들의 집에 불을 지르지 않는지가 이상하다고 했다.

나는 그들 중 하나와 꽤 오랫동안 이야기를 나누었다. 하지만 통역관이 내 말을 너무나 못 따라왔고, 자신의 우둔함으로 인해 내 상상력을 받아들이기를 너무나 힘겨워한 탓에 나는 그 대화에서 거의 즐거움을 느끼지 못했다. 내가 그에게 동족들 가운데 탁월하다는 점을 인정받으면 어떤 보상이 뒤따르느냐고 물었더니(그는 대장이었고, 우리 선원들은 그를 왕이라고 불렀기 때문이다), 그는 전쟁에서 선두에 설 수 있다고 대답했다. 얼마나 많은 사람들이 그를 뒤따랐는지, 어느 정도의 공간까지 그를 따르는 사람들로 채워져 있었는지를 알려주려고 몸으로 표현했는데, 그 정도면 족히 4, 5천 명은 될 것 같았다. 전시(戰時) 외에는 모든 권력이 사라지지만 힘이 있었다는 사실은 남아, 자기한테 의지했던 마을들을 방문할 때면 사람들이 그의 편안한 여행길을 위해 울타리처럼 빽빽한 나무숲을 가로질러

길을 만들었다고 했다.

모든 것이 그렇게 나쁘지는 않다. 그런데 뭐라고! 그 사람들은 오드쇼 스(haut-de chausse)*를 입지 않는다고!

16세기 남자들이 입던 호
박 모양의 짧은 바지.
—옮긴이

『수상록』

공공장소에서 자위를 하면 왜 안 되는 걸까?

그렇다. 왜 안 되는 걸까? 자위는 간단한 방법에 비해 효과는 즉각적이다. 그 혼자만의 기쁨을 많은 사람들이 느껴왔고, 느끼고 있으며, 앞으로도 느낄 것이다. 이런 자위를 하면 어때서?

까마득한 옛날부터 있었던 이 '기술'에 대해 왜 사람들은 그토록 죄책감을 느끼고 문화적·사회적으로 부담스러워할까? 자위를 억압하는 분위기는 어떻게 설명할 수 있을까? 사실 자위를 하면 성의 '생산자'와 '소비자' 간에 어떤 싸움이나 불화, 오해가 없을 것이며, 아무 문제도 없을 텐데.

손에 잡히는 기쁨

자위를 맨 처음 한 사람은 오난이다(창세기 38장을 믿는다면 그렇다). 어느 날 하느님은 오난에게 얼마 전에 과부가 된 형수와 아이를 만들라고 명령했다. 당시의 율법이 그랬다. 여성이 아이 없이 남편을 잃으면, 죽은 남편의 형제가 소유물을 물려받으며 형수와 결혼하여 형의 재산을 이어받을 자식을 낳아야 했던 것이다. 그러나 오난은 형수와 아이 낳는 것을 피하려고 형수와 동침하기 전에 자위를 했다. 하느님은 자기를 속이려 하고 명령을 거스르는 사람들은 정말이지 딱 질색이었다. 게다가 가족의 대를 이을 생각은 조금도 하지 않고 자기 생각만 한 건 그야말로 최악이었다. 그리하여 하느님은 오난을 저주하고 죽여 버렸다. 오난—그리고 우리, 우리의 부모님들, 선생님들—의 취미 생활이었던 수음을 그때부터 우리는 '오나니즘(onanism)'이라고 불렀다.

정신분석학은('의식'에 관한 부분을 참조할 것) 자위가 얼마나 자연스러운 행위인지를 증명했다. 학자들은 아이들이 엄마 뱃속에서부터 자위와 비슷한 행동을 한다는 것을 보여주었다. 자연의 섭리에 따라 인간은 아주 '순수한' 나이 때부터 자위를 하는 셈이다. 부모들은 아이들이 점점 자랄수록 아이들을 사회화시키며 사회의 틀에 맞추기를 강요한다. 자위는 좋지 않은 것이라고 단언한다. 상냥하고 부드러운 부모들은, "그러면 코피 난단다." 식의 여러 가지 주장을 들먹이며 부드럽게 말하고, 공격적이고 무심한 부모들은, "그러면 확 잘라버린다."는 식으로 거칠게 말한다. 자위를 은밀하고 비밀스러운 행위로, 위험하고 죄책감을 느껴야 하는 버릇으로, 천벌 받을 죄악으로 치부하는 어른들 때문에 우리는 모두 이 자연스러운 행위에서 멀어졌다.

자위는 자연스러운 것이며, 따라서 억압은 문화적으로 이루어졌다. 교회는 일찍부터 자위를 무척 거슬려했다. 하느님의 기분을 상하게 한 오난

의 이야기는 시대의 흐름에 따라 입맛에 맞게 재탕되었다. '오나니즘'은
속죄받아야 하는 잘못이었으며, 거짓말, 위선, 질병이자 타락하고 해롭고
부정적인 행위였다. 죄를 짓지 않으려면 욕망이 생기기가 무섭게 곧바로
잊어버리는 것이 상책이었다.

　이러한 '자위 죽이기'에 과학이 냉큼 뒤를 이었다. 위생학자들은 자위
와 정신분열증을 연결시켰고, 신체적인 균형이 심각하게 무너진다고 주
장했다! 성직자들은 자위를 하면 지옥에 떨어진다고 했으며, 의사들은 몸
도 마음도 망가진다고 윽박질러댔다. 한마디로 자위하기 좋아하는 사람
들은 세상에서 가장 나쁜 미래가 약속되어 있는 셈이었다.

　자위는 자연스러운 행위이며, 성생활을 조절하는 것 외에 다른 의미는
없다. 또한 많은 사람들이 가끔, 혹은 주기적으로 하고 있다. 그런데 자위
가 천벌 받을 만한 잘못에다 차마 말 못할 수치스러운 행위가 되어버린
이유는 무엇일까?

　그것은 바로 문명이 자연적인 충동을 억압하는 바탕 위에서 세워졌기
때문이다. 문명은 인간의 자연스러운 충동을 억압하고, 개인적인 만족을
포기하는 대신 그 충동을 전체 문명을 위한 문화적인 활동에 이용하길 강
요한다. 그런 문명의 입장에서 오난 같은 이는 사회적 비생산자이며 오로
지 자기만족만을 추구하는 사람이었다. 자신의 충동을 사회적으로 인정
되는 형태, 즉 이성애(남자와 여자)의 일부일처제를 통해 아이를 낳아 가
정을 이루는 생식의 형태(성이 다른 두 생식기가 만나서 만들어내는 성관계)
로 돌려주지 않은, 매우 이기적인 인간이었던 것이다.

의료보험으로 보상해 줘야 하나?

이런 사회적 질서에 반기를 든 철학자들이 있다. 바로 B.C. 4세기 경 그리
스의 아테네에서 활동하던 키니코스학파(Cynics, 견유주의, 시니시즘)의 철

학자들(시노페의 디오게네스, 크라테스, 남성이 거의 대부분이던 철학자들 가운데 드물게 여성 철학자 중 하나였던 히파르키아)이었다. 그들이 본보기로 삼은 것은 '개'였는데, 개는 힘센 사람들을 향해서도 짖어대고 아무리 중요한 사람이라도 물어뜯으며, 자연 외에 다른 권력은 알지 못했기 때문이다. 키니코스 철학자들은 문화란 자연을 모방해야 하며, 자연과 가장 가까워야 한다고 생각했다. 그래서 그들은 개를 따라하기로 했다—개 외에 그들이 특히 좋아한 동물들은 쥐, 개구리, 물고기, 수탉, 낚시 줄 끝에 매달려 있는 청어 등이었다.

디오게네스는 자기한테 좋고 다른 사람들한테 어떤 해도 끼치지 않는 자위를 무엇 때문에 자제하고 집구석에 숨어서 몰래 해야 하는지를 이해할 수 없었다. 자연이 허락한다면 문화도 허용해야 한다는 것이 그의 생각이었다.

이런 자위를 언제나 억압하고 죄악시해야 하는 이유가 무엇인가? 누군가에게 해를 끼칠까 걱정할 필요가 전혀 없는데 자연이 하도록 이끄는 것을 문화적으로 받아들이지 않는 이유가 무엇인가? 목이 말라 샘에서 물을 마시고 배가 고파 손이 닿는 무화과나무에서 열매를 따먹는 것을 보고 눈살을 찌푸리는 사람은 없다. 그런데 왜 먹고 마시는 것과 마찬가지로 자연스러운 욕구인 성욕을 느낄 때는 억지로 자제하고 숨어서 해결해야 하는 것인가? 죄책감으로 괴로워하고, 숨어서 수치심을 느낄 이유가 전혀 없다. 수치심은 잘못된 가치이며, 위선적인 미덕일 뿐 아니라 몸을 쓸데없이 불편하게 하는 사회적인 거짓말에 불과하다.

대부분의 경우 문화는 성을 집단적, 공동체적이며 일반적으로 만들려는 사회의 이익과 뜻을 함께 한다. 사회는 개인이 다른 개인과 만나 자유롭게 동의하여 함께 즐기는 데 성적 에너지를 쓰기보다는, 사회의 기본 요소인 가정을 만드는 데 쓰기를 바란다. 사회의 입장에서 자위는 반사회

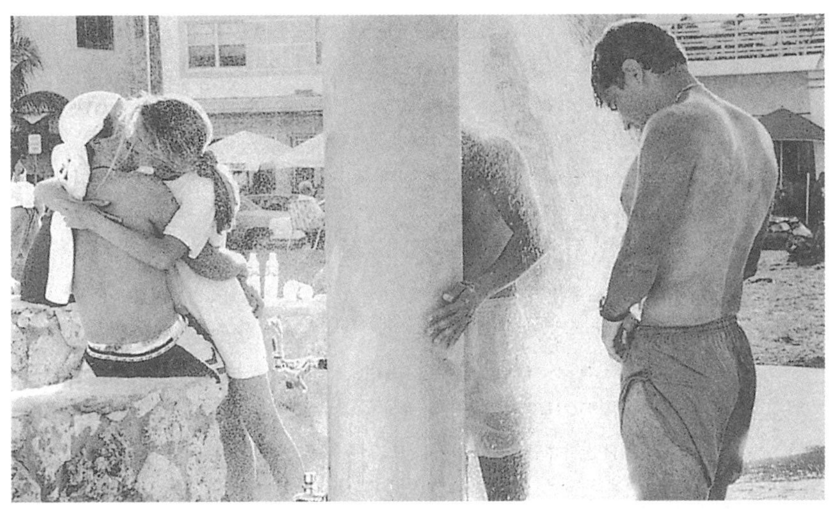

「미셀라니우스Miscellaneous」, 사진, 엘리엇 어윗, 마이애미 비치, 1993년

적이고 개인적이며, 반생산적인 활동이다. 자위는 개개인의 쾌락을 위한 것이며, 가정을 이루게 하여 사회에 도움을 주는 생산적인 활동이 아니다. 이는 이기적인 자기만족 외에 다른 목적이라고는 없는 자기 소유를 의미한다. 바로 여기에 교회와 국가, 사회가 자위하는 사람을 늘 적대시하는 이유가 있다. 자위를 하는 사람은 자신에게만 몰두하여 개인의 에너지를 소비하고 삼키면서 성장하는 사회에 등을 돌린다고 생각하기 때문이다.

자위는 전통적인 성생활이 불가능한 사람에게 정신적인 균형을 가져다준다. 다른 사람과 성생활을 충분히, 혹은 아예 하지 못하는 상황의 예로 기숙사, 감옥, 병원, 요양원, 군대, 양로원 등을 들 수 있다. 어린이, 청소년, 노인, 죄수, 군인, 장기간 집에서 나와 지내는 사람들이 수음을 하며 성욕을 해결한다. 또 환자, 소외된 사람들, 자발적 혹은 비자발적 독신자, 과부, 홀아비, 쾌락의 사회적 시장 기준에 맞추기에는 너무 어리거나, 늙었거나, 못생겼다는 이유로 시대가 성적 쾌락을 금지한 사람들도 자위를

「남자와 구름」, 사진, 볼프강 틸만, 1998년

한다. 서구 부르주아적 성생활의 전통적인 형태에 맞지 않는 사람들 역시 마찬가지다. 대개의 경우 문명은 이러한 형태의 성생활을 제한당하는 사람들의 불만을 연료삼아 발전한다.

성생활은 우연적이면 즐겁고, 규칙적이면 절망스럽다. 일, 가정, 나라, 기업, 사회, 학교는 이 승화된 에너지를 먹고 자란다. 문명에 있어서 모든 성적 본능은 전통적인 가정을 만드는 데 집중되어야 하며, 그 밖에는 놀이나 질서, 계급, 생산성, 경쟁력, 직업의식 등을 확립하는 데 돌려져야 한다.

디오게네스는 공공장소에서 자위를 하며 권력자들(예를 들어 알렉산더 대왕)과 지나가는 이름 없는 행인들을 향해 자신의 몸과 에너지, 성적 본능과 쾌락은 자신에게 속해 있으며 전혀 부끄러운 것이 아니라는 것과 자기만의 자유를 공동체의 역사에서 분리하겠다는 의지를 보여주었다. 자위를 하는 사람은 삶에서 자연적인 것을 최대한 존중하며, 다른 사람들과 문제나 폭력을 일으키지 않는 삶을 문화적으로 인정하는 사회적 독신자다.

빌헬름 라이히(Wilhelm Reich, 오스트리아, 1897~1957)
파시즘과 나치즘이 휩쓸던 1930년대의 유럽에서 라이히는 그 시대에 대한 마르크스주의적 비평(사회적·정치적 혁명 예찬)과 정신분석(개인적인 무의식의 존재성을 고려하라고 권유)을 연결하여 경제적·성적으로 소외된 남성과 여성, 젊은이들의 해방을 꿈꿨다.

자위하고 싶어 몸이 근질거림

사춘기에 접어들기 전, 아니 사실은 아주 어릴 적부터 성적 충동은 여러 가지 형태로 표출된다. 그 중 날이 갈수록 잦아지며, 결국 성숙한 성생활로 가기 전의 과도기적 단계라 할 수 있는 것이 수음(자위)이다.

교회와 부르주아적 과학계에서는 어린아이와 청소년들의 자위가 심각한 죄이며, 건강에 해롭다고 설명했다. 현대의 성 의학만이 자위는 어린아이와 청소년의 성생활에서 지극히 정상적인 과도기적 행위라고 인정하고 있다.

사람들은 젊은이들이 자위를 하는 이유를 오랫동안 궁금해했는데, 자위가 죄라는 개념에서 풀려난 후에야 비로소 그것이 단순히 젊은이가 느끼는 육체적·정신적 성적 긴장을 표현하는 것이라는 생각을 정립할 수 있었다.

원칙적으로 자위는 단순한 피부 가려움증과 다를 게 없다. 자위 역시 신체 기관이 긴장함에 따라 하고 싶어지는 것이며, 그 긴장은 가려움증처럼 긁으면 사라지는 가벼운 것이기 때문이다. 물론 자위는 가려움증보다 긴장의 강도가 훨씬 세며, 만족도도 훨씬 크다.

『젊은이들의 성적 투쟁 *Der sexuelle Kampt des Jugend*, 1931』

사람들이 많은 데서 짝짓기를 하는 개를 본보기로 삼은 고대 그리스의 철학자들. 아무 데서나 방귀를 뀌고, 자위를 하고, 인육을 먹기도 하고, 사람들을 선동하기도 했던 이 철학자들은 허울만 좋은 잘못된 가치(권력, 돈, 가정, 명성, 명예 등)들을 던져버리라고 가르치고, 간결한 덕(자유, 자립성, 독립, 불복종 등)을 칭송했다.

아무 데서나 자위를 하고 방귀를 뀌어댄 철학자들

디오게네스는 사람들 앞에서 행동의 거리낌이 없었다. 대지의 여신 데메테르뿐 아니라, 사랑의 여신 아프로디테가 관장하는 일까지 가리는 게 없었다. 그는 이렇게 생각했다. 만약 밥을 먹는 것이 사리에 어긋나는 점이 없다면, 사람들 앞에서 해도 괜찮다. 그런데 밥을 먹는 것은 사리에 어긋나는 점이 없으므로, 광장에서 밥을 먹어도 된다. 디오게네스는 남들 앞에서 자위를 하면서 이렇게 말했다. "아! 배를 이렇게 비벼서 배고픔이 가시기만 한다면!" (……) 키니코스학파의 신봉자들은 남색(男色)을 대수롭지 않게 생각하고 지지하기도 했다.

다른 사람들이 보는 데서 여자와 성관계를 갖는 것도 우리 생각에는 무척 남세스러운 일이지만, 그들은 벌건 대낮에 아무렇지도 않게 성관계를 했다. 크라테스가 그랬다.

마로네이아 출신의 메트로클레스는 히파르키아의 오빠이며, 원래 테오프라스토스의 제자였다. 하루는 메트로클레스가 웅변 연습 도중에 방귀를 뀌었는데, 그 때문에 스승에게 눈물이 쏙 빠지게 혼이 났다. 너무나 창피스러웠던 그는 굶어죽기로 작정하고 집에 틀어박혀 식음을 전폐했다. 크라테스가 그 소식을 듣고 메트로클레스를 찾아왔다. 그는 메트로클레스를 만나러 가기 전에 일부러 누에콩을 잔뜩 먹고는 이렇게 말했다.

"자네는 아무 잘못도 안 저질렀네. 자연이 원하는 대로 바람이 빠져나가지 않았다면 오히려 더 이상했을 걸세."

그러고 나서 크라테스는 방귀를 뀌어대기 시작했고, 메트로클레스는 그 행동을 보고 위안을 얻었다. 그날부터 메트로클레스는 크라테스를 스승으로 삼고 따라다녔고, 훌륭한 철학자가 되었다. (……)

물고기들은 사람들보다 훨씬 똑똑하다. 사정하고 싶은 욕구를 느끼면 둥지에서 나와서 거칠거칠한 물건을 찾아 몸을 문지르니까 말이다. (……)

바로 여기에 디오게네스 철학의 특징이 있다. 그는 공허한 자존심을 무시했고, 생리적 욕구(똥 누는 것까지 포함해서)는 어두컴컴한 데에서 충족시키는 데에 반해 광장과 시내 한복판에서 우리의 본능적 욕구에 어긋나는 폭력적인 행동, 즉 도둑질, 험담, 밀회나 다른 추잡한 행동들은 천연스레 저지르는 사람들을 조롱했다. 디오게네스가 광장에서 용변을 보는 등 몰상식한 행동을 한 것은 이중적인 사람들의 자존심을 납작하게 해주기 위해서였고, 그들이 저지르는 일들이 훨씬 더 악하고 참아줄 수 없다는 것을 가르치기 위해서였다.

생리적 욕구는 우리 모두의 본능에 어긋남이 없지만, 모든 악행은 인간 본능에서 벗어난 것이며 타락의 결과물이다.

『키니코스학파 철학자들 —단편과 일화들

Les Cyniques grecs, fragments et témoignages, 1975』

페테르 슬로테르지크(Peter Sloterdijk, 독일, 1947~)

키니코스학파 철학자들, 니체, 비릴리오, 보드리야르 등을 연구하고 현대성과, 특히 미덕으로 여겨지고 있는 '속도', 파괴적인 기술, 개인을 통제하는 시스템, 유전공학의 전망에 대해서 분석하고 있다.

자유를 결박당한 사람들

디오게네스의 기이한 행동은 처음에는 이해되지 않는다. 그의 행동은 한 편으로는 본능의 철학적 관점으로 설명할 수 있고 (……), 다른 한편으로 정치적·사회학적 분야에서 현실적으로 존재하는 그 행동의 이해관계로 설명할 수 있다.

수치심은 구체적인 의식의 규칙 이전에, 우리 행동을 일반적인 규범에 묶어놓는 가장 내밀한 사회적 사슬이다. 하지만 실존철학자는 수치심이 사람들을 사회적으로 길들이는 것에 대한 기초적인 여건을 속 시원히 밝힐 수 없었다. 그는 처음부터 과정을 다시 되짚었다. 사회적 관습으로는 인간이 정말로 부끄러워해야 할 부분을 정립할 수 없었다. 사회 자체가 타락과 비합리성에 바탕을 두고 있다고 의심이 가기 때문이었다. 그리하여 키니코스학파의 철학자들은 사람들이 수치심 속에 깊숙이 박힌 명령 때문에 자유를 속박당하는 것을 일반적인 현상이라 규정 지었다. (……)

남들 앞에서 공공연하게 자위를 하는 외설적인 행동을 하면서, 디오게네스는 모든 사회적 미덕을 정치적으로 조련받는 것에 반기를 들기 시작했다. 자위는 보수주의의 중심인 모든 가족정책에 대한 정면 공격인 셈이었다. 그는 자기 '손으로' 직접 결혼 축가를 불렀기에, 전통이 완곡하게 권하는 대로 성적 욕구 때문에 결혼에 묶이는 불편함을 겪지 않아도 되었다. 디오게네스는 자기 자신을 예로 들어, 자위는 동물로 전락하는 행동이 아니라 문화적인 진보라고 가르쳤다. 그는 동물이 인간의 조건인 이상, 그 동물을 계속 살도록 내버려둬야 한다고 했다.

즐겁게 자위를 하는 사람("배를 비벼서 배고픔이 가시기만 한다면 좋겠는데")은 잃는 것도 거의 없으면서 보수적인 성의 구조를 파괴시킨다. 성적인 독립은 해방의 가장 중요한 조건 중 하나로 남아 있다.

『시니컬한 이성 비판*Critique de la raison cynique*, 1987』

뭐? 자라가 귀를 먹었다고?

레제르, 『여자친구들』, 알뱅 미쉘 출판사, 1998년

자연에 대해 더 읽어볼 글

프랑수아 다고네(François Dagognet, 프랑스, 1924~)

일상생활용품이나 자연물 또는 예술과 무관한 물건을 본래의 용도에서 분리하여 작품에 사용함으로써 새로운 느낌을 일으키는 상징적 기능의 물체를 이르는 말이다.—편집자

의사이자 철학자. 폐기물과 현대미술에 있어 오브제(objet)*의 역할, 장기 이식과 시신(屍身)의 국유화, 유전공학의 한계와 아이 입양과 관련한 동성애자들의 권리, 좌파 지식인으로서 나라를 다시 생각해볼 수 있는 가능성 등, 생각의 범위가 안 미치는 곳이 없는 전방위 사상가다.

"자연은 자연스럽지 않다"

우리는 자연에 반대하는 우리의 의견을 정당화하려고 노력한다. 하지만 가장 전형적인 자연의 모습(들판, 숲, 길 등) 자체가 인간이 정복한 흔적이요, 끈질긴 노동의 산물이라는 것을 너무나 쉽게 잊어버린다. 우리가 쓰고 있는 것은 종군(從軍)의 역사일 뿐이다. 자연의 조화로움을 보는 사람은 이미 끝난 정복의 결과와 꾸밈새를 보고 있는 것이며, 사용한 수단들과 그 안에 숨겨진 기계들을 알아차리지 못한 것일 뿐이다. 몇 세대에 걸쳐 가시덤불을 제거하고, 나무를 심고, 가지를 치고, 줄지어 정렬시켰다. 그리하여 식물과 동물은 선택되고 조작된 모습을 보여주는 것이다. 요컨대 자연은 '자연스럽지' 않다.

이처럼 말이 안 되는 현실은 그 자체로서 예술을 탄생시켰고, 인간을 넘어서고, 인간 이전에 있으며, 심지어 인간에게 영감을 주기도 하므로, 인간은 이 현실을 보호하고 존중해야만 한다.

이에 대해 적어도 분명한 특징 하나는 알고 넘어가자. 자연은 우리의 손길에 자기를 내맡긴다. 자연은 변형할 수 있고, 변형을 요구하는 일종의 조형재료다. 즉 자연은 보존이 아니라 인위성(人爲性)을 요구하는 것

이다. 자연은 조작되고, 혼합되고, 선이 그어지기를 바랄 뿐이다.

『생물의 통제 *La Maîtrise du vivant*, 1988』

마르셀 뒤샹, 「L.H.O.O.Q.(콧수염을 단 모나리자)」, 1930년 →

2. 예술

예술 작품은 암호를
해독하듯이 이해해야 하나?

그렇다. 늘 그래야 한다. 무엇이 되었든 간에 예술 작품을 아무
것도 모르는 상태로 호주머니에 손을 꽂고 느긋하게 보더라도 저절로 이
해될 것이라고는 꿈도 꾸지 말라.

여러분이 중국어를 완벽하게 구사하지 못하고 심지어 기초적인 한자도
모를 때, 중국 사람이 말을 걸면 아무것도 이해할 수 없다. 예술도 나름의
문법과 구조를 갖춘 언어를 가지고 있다. 예술 작품 속에 담긴 언어를 모
르는 사람은 그 작품의 의미와 중요성을 영원히 이해하지 못한다. 또 그
작품이 어떤 환경에서 나왔고 어떻게 존재하고 있는지를 모른다면 미학
적 판단이란 건 생각조차 할 수 없다.

첫 번째 암호, 라스코 동굴 벽화

보통의 언어와 마찬가지로 예술적 언어도 시대와 장소에 따라 변한다. 이제는 사라진 죽은 언어(고대 그리스어와 라틴어)가 있는가 하면 소수의 사람들만 사용하는 언어(키르기즈어)도 있고, 아직 활발히 사용되고 있지만 쇠퇴하는 언어(프랑스어)가 있는가 하면 지배어(미국식 영어)도 있다. 이처럼 예술에서도 사라진 문명(수메르, 아수르, 바빌론, 고대 이집트, 에르투리아, 잉카 등), 소수 문명(스키티아), 예전에는 강성했지만 서서히 쇠퇴하고 있는 문명(유럽), 그리고 지배 문명(미국식 생활방식)들에서 나온 작품들이 각각 다르다. 다시 말해 우리가 예술 작품을 이해하려 할 때는 우선 그 작품의 지리적·역사적 환경을 알아야 한다는 얘기다. 작품이 '어디에서', '언제' 나왔는지를 답할 수 있어야 한다.

　예술 작품이 제작된 환경을 알고 그 작품이 나온 이유를 파헤칠 수 있어야 한다. 누가 이 작품을 주문했는가? 누가 돈을 댔는가? 누가 누구를 위해 일했는가? 사제들, 상인들, 신흥 부자들(부르주아), 돈 많은 영주들, 예술품 수집가들, 박물관장이나 갤러리 주인들, 아니면 공공단체? 이 작품은 무엇 때문에 만들어졌는가? 무엇을 말하고 있나? 예술가는 작품을 만든 장소, 예컨대 라스코 동굴, 이집트 사막, 이탈리아 성당이나 플랑드르 도시, 혹은 비엔나나 뉴욕, 파리나 베를린 같은 서구 대도시 등등을 어떤 이유로 선택한 것일까? 왜 예술가는 이 재료를 쓰지 않고, 저 재료를 썼을까(대리석, 금, 돌, 청동, 인화지, 필름, 책, 캔버스, 소리, 흙 등)? 그리하여 우리는 다음과 같은 근본적인 질문에 대답할 줄 알아야 한다. 이 작품은 어디에서 왔는가? 어디로 가는가? 누가 감동을 받는가?

　다음으로 누가 이 작품을 만들었는지에 대해 알아봐야 한다. 작품을 작가가 살던 시대 상황에 맞춰 배치해 보는 것이다. 아직 작품에 서명하는 관습이 생기기 전(유럽에서 예술가들이 작품에 서명하는 관습은 그 역사가 약

500여 년 정도로, 비교적 최근에 생겨났다.) 시대의 예술가들에 대해서는 학교와 공방, 건축가와 화가들, 장식미술가들, 석공 조합들에 관한 정보를 바탕으로 조사할 수 있다. 예술가의 뿌리에 대해서도 파고들어야 한다. 그는 어디에서 태어났고 그 당시 사회 분위기는 어땠나? 언제, 어떻게, 어떤 스승 밑에서, 어떤 환경에서 자신의 예술적 재능을 발견하게 되었나? 가족과 친구들 관계는 어땠나? 교육은 어떻게 받았나? 언제 선배들을 넘어섰나? 예술가의 삶에 대해서 알아낸 모든 지식은 우리 앞에 있는 예술 작품들의 본질과 수수께끼를 이해하는 데 도움이 된다.

예술 작품에는 늘 암호가 숨겨져 있다. 어떤 작품은 확실히 보이고, 어떤 작품은 잘 안 보이지만, 언제나 그렇다. 때문에 라스코 동굴 벽화 앞에서 뭐가 뭔지 잘 몰라 오랫동안 고개를 갸웃거릴 수밖에 없다. 암호를 해독할 실마리가 없으니 당연한 노릇이다. 이 벽화를 누가 그렸을까? 작은 말떼는 무엇을 의미할까? 머리가 새 모양인 사람을 뿔로 받는 소는? 이 그림은 누구를 위해, 무슨 목적으로 그려졌을까? 주술 의식을 처음 시작하는 젊은이들을 위해서? 왜 어떤 부분은 황적색을 사용했고, 어떤 부분은 검은 숯을, 또 어떤 부분은 동물의 털로 만든 붓을 사용했을까? 몇 세기에 걸쳐 다른 화가들의 손을 거친 듯, 그림들이 겹쳐져 있는 것은 어떻게 설명해야 할까? 이 그림을 그린 사람들은 장인이나 예술가일까 아니면 주술사들일까?

이런 물음의 대부분을 해결하지 못한 관객과 비평가들은 대개 자기가 평소에 늘 하던 생각을 작품과 연결시킨다. 예술가들이 뭘 나타내고 싶어 하는지를 알 수가 없으니까 비평가들 나름대로 그 의도를 가늠해내는 것이다.

라스코 벽화의 의미를 알아내려는 시도는 계속되어 왔지만, 그것이 어떤 환경에서 제작되었는지를 모르기 때문에 아마 제대로 된 해석을 내리

선사시대 미술, 앙리 로트 발견

기란 거의 불가능할 것이다.

어떤 작품의 제작 배경을 모르면 그 의미를 제대로 알기 어렵다. 작품과 관련된 주변 지식을 많이 알면 알수록 작품의 본질을 더 잘 이해할 수 있으며, 아는 것이 적을수록 그 변두리만 맴돌게 된다.

작품이 제작된 시대와 그것을 만든 작가, 또 그 작가의 의도를 알게 되면 보는 이도 나름의 독특한 시각을 지닌 한 사람의 예술가가 된다. 보는 이의 지적 수준이 뒤떨어져서는 작품을 이해하기 어렵다. 따라서 교양은 어떤 장르의 작품이건 간에 그 예술 세계를 이해하는 가장 중요한 요소다. 작품을 내놓은 예술가는 예술 세계를 반 정도 완성해낸 것이며, 나머지 반은 예술 작품을 감상하는 애호가의 몫이다.

작품 속에는 예술가가 산 시대와 예술가의 기질이 오롯이 녹아 있다(이름 없는 건물, 피라미드, 프랑스의 건축가 장 누벨의 건축, 피카소의 그림, 모차르트의 교향곡, 빅토르 위고의 소설, 랭보의 시, 카르티에 브레송의 사진 등). 예술 작품은 작품을 감상하는 사람의 기질과 성격, 교양과 어우러져야만 그 의미를 지닌다. 이를 위해 예술 애호가가 필요하다.

애호가는 태어나는 것이 아니라 만들어지는 것이다

예술 애호가는 어떻게 될 수 있을까? 우선, 암호의 해독 방법을 알아야 한다. 다시 말해 예술 작품을 볼 줄 아는 판단력을 키워야 한다는 의미다. 판단력을 키우기 위해서는 끈기 있게 시간을 들이고 돈을 투자해야 한다. 외국어를 배울 때도 시간을 들여 투자하지 않으면서 어떻게 술술 살하기를 기대할 것인가? 악기 연주도 마찬가지다. 능숙하게 연주하게 되기까지 아무런 시간과 노력을 들이지 않았다고 한다면 누가 믿겠는가? 자기만의 취향을 갖는 것도 마찬가지다. 포도주, 요리, 그림, 음악, 건축, 철학, 시 등 무엇이건 상관없이 시간과 노력을 들여 평가하는 법을 배워야만 제대로 감상할 수 있다.

이를 위해서는 모든 감각을 갈고닦아야 한다. 예술 작품은 눈으로 보고, 귀로 듣고, 맛을 보고, 냄새를 맡는 등 오로지 감각을 사용해야 느낄 수 있다. 처음에는 당연히 우왕좌왕하고, 다 이해할 수 없고, 헷갈리거나 착각하기도 하고, 잘 모를 수도 있다. 단번에 만족스러운 결과를 얻을 수 없다는 사실을 인정해야 한다. 겨우 몇 주 동안 외국어를 공부하고서는 현지인과의 막힘없는 대화를 기대할 수 없는 것처럼, 예술 세계도 마찬가지다. 인내심을 갖고 시간을 투자하고, 때로는 망신을 감수하면서 용기를 내어 끈기 있게 해나가야 한다. 자신의 노력을 연료 삼아 기나 긴 터널을 통과한 후에야 만족스러운 결과를 얻을 수 있다.

예술품의 감상력을 키우는 데는 제대로 된 교육 방식과 스승이 필요하기도 하다. 학교나 가정이 이런 역할을 할 수도 있다. 하지만, 모든 것을 다 일일이 떠먹여줄 수는 없다. 따라서 각자가 스스로 많은 노력을 해야 한다. 미술관과 음악회에 자주 가고, 멋지다고 소문난 건물을 일부러 찾아가 보고, 늘 다니던 거리도 다른 시각에서 보려고 시도해 보라. 전시회를 보러 가고, 화랑에 들러보고, 배우고 싶은 음악을 전문적으로 틀어주는 라디오에 귀를 기울이고, 가능한 한 좋은 음식과 포도주를 골라서 먹도록 하라. 그러고 나서 매번 느낀 바를 친구들과 이야기하고, 친구들의 의견과 자신의 의견을 비교하고, 그 소감을 글로 적어보라. 이 모든 것이 우리의 예술적 감각을 키우고, 지적 수준과 (예술적인) 판단력을 높이는 데 도움이 될 것이다.

그러다 보면 어느 순간 이런 훈련이 쉽게 느껴질 것이며, 다른 사람들, 특히 예술 작품을 보면서 고작 일반적인 의견을 앵무새처럼 되풀이해서 말하기밖에 하지 못하는 사람들은 알지 못하는 지적인 쾌감을 느낄 수 있을 것이다.

영화 「바베트의 만찬」 중에서, 가브리엘 악셀 감독, 덴마크, 1987년

읽어 보기

폴 베이느 (Paul Veyne, 프랑스, 1930~)
프리드리히 니체와 미셸 푸코를 지지하는 역사학자. 고대 문명 전문가. 그리스 신화, 원형 경기장의 조망, 로마의 에로틱한 시뿐 아니라, 역사와 현대시 작법에 대해서도 연구했다.

이해하기를 배우는 것

*프랑스의 초현실주의 시인. 대표적인 저서로 『잠이 든 신의 글(1946)』이 있다.—옮긴이

**프랑스의 상징파 시인. 「목신의 오후(1876)」로 유명하다.—옮긴이

***에스파냐의 시인이자 성직자. 공고라 조(調)라고 불리는 혼란스러운 문체를 구사하며 난해한 시를 썼다. —옮긴이

질문: 선생님은 르네 샤르(René Char, 1907~1988)*에 관한 선생님의 책이 '주석'이라고 거침없이 자처하십니다. 이를 어떻게 받아들여야 할까요?

답: 학교에서 흔히 배우는 대로 하자는 것 외에 다른 뜻은 없습니다. 말라르메(Stéphane Mllarmé, 1842~1898)**나 공고라(Luis de Gongora y Argote, 1561~1627)***의 어려운 시를 이해하려고 할 때 어떻게 합니까? "이건 이런 말이라더라."고 설명을 달지요.

시를 논할 때 사람들은 어김없이 이렇게 말하죠. "당신은 이 시를 이렇게 이해했나요? 나는 다르게 생각해요." 물론 사람들은 서로 다른 방식으로 이해할 수 있어요. 안 될 거 없죠. 하지만 상형문자로 쓰인 글을 두고, 이집트 학자에게 "나는 이걸 다르게 이해했다."고 할 수는 없습니다. 자신은 다르게 이해했다고 당당히 주장하려면, 이집트 말을 공부했어야 합니다. 마찬가지로 샤르 시인의 언어도 공부해야 합니다. 말라르메보다 구문 구성과 어휘를 비튼 정도가 좀더 복잡한 샤르 선생의 언어를 배워야 비전문가도 시를 이해할 수 있는 겁니다. 그 시가 아무리 이해하기 어렵더라도요.

그 다음으로 샤르 선생이 무엇을 말하거나 혹은 암시하고 싶었는지를 보여주고, 작품 속에서 펼쳐보이고자 했던 생각을 소개해야 합니다. 선생이 고집스레 지키고 있는 사상이 하나 있거든요. 그래서 이 책에 샤르 선생과 한 인터뷰도 실었습니다. 나는 샤르 시인에게 작품들에 대한 여러 해석을 보였고, 선생이 생각하고 있고, 온힘을 다해 완성하려고 애썼던 의미를 끄집어내려고 애썼습니다. 내가 제대로 이해하지 못하면 샤르 선생이 화를 내서, 그 화를 굉장히 자주 받아내야 했지요. 선생은 자신만의 분명한 생각을 가지고 있었어요. 누가 다른 생각을 강요하는 걸 좋아하지 않았죠.

『일상과 흥미 *Le Quotidien et l' Intéressant*, 1996』

테오도르 W. 아도르노 (Theodor W. Adorno, 독일, 1903~1969)

음악가, 사회학자이자 음악이론가, 철학자. 유대인으로 나치에 쫓겨 미국으로 망명했으며 프랑크푸르트학파의 일원이다(호르크하이머 설명에서 참조할 것). 파시즘에 반대했으며 폭력의 구조를 만드는 사회 혁명의 조건에 대해 생각했다.

입문하지 않으면 미(美)도 없다

미학자들은, 예술 작품이 직접적인 관조의 대상으로서 오로지 그 자체로만 이해되어야 한다는 견해를 퍼뜨렸는데, 이런 견해에 명확한 근거는 없다. 이 같은 견해의 한계는 작품의 문화적인 전제, 입문자만이 따라갈 수 있는 그 '언어'에 있는 것이 아니다. 특별히 어렵지 않은 작품이라도, 예술 작품은 단순히 그 속에 빠져드는 것 이상을 요구한다.

박쥐를 아름답다고 생각하려는 사람은 그것이 박쥐임을 알아야 한다. 어머니가 그에게 박쥐는 날개 달린 동물을 의미하는 것만이 아니라 가면

무도회에서 입는 의상도 가리킨다고 일러줬어야 한다. 이때 이런 말을 들었던 것도 생각해내야 한다. "내일 네가 박쥐가 되어도 돼."

　전통에 동화된다는 것은 다음과 같은 것을 의미한다. 예술 작품을 그 가치가 이미 인정되고 확정된 사물로 체험한다는 것, 그 안에서 예전에 같은 것을 보았던 사람들의 반응에도 관심을 갖는다는 것. 이러한 모든 조건이 부족하다면 작품은 직접적인 겉모습만 드러나며 오해될 가능성이 있다. 이제 예술을 위한 행위는 의례가 아닌 우매한 짓이 되며, 음악은 풍부한 의미가 담긴 캐논(canon)*이 아니라 무미건조하고 따분한 것이 된다. 예술 작품은 정말로 더는 아름답지 않게 된다.

『한줌의 도덕Minima Moralia, 1951』

바로크 시대에 가장 많이 쓰인 다성 음악으로, 대위적 모방 기법의 하나. 주어진 한 성부의 가락을 다른 성부가 일정한 간격을 두고 충실히 모방하는 형태를 말한다. 가장 단순한 형태로 돌림노래가 있다.—옮긴이

데이비드 흄(David Hume, 스코틀랜드, 1711~1776)
상사(商社)·출판·강단에서 차례로 실패를 맛본 뒤 사서 일로 생계를 꾸려나가야 했다. 개인적인 감상과 지각, 감정을 통한 지식 습득의 가능성을 분석했고, 실재가 이성이 만들어낸 허구라는 의견을 내놓았다.

지식을 늘리면 기쁨도 커진다

천재의 작품을 올바르게 판단하려면, 염두에 두어야 할 관점이 너무나 많고, 비교해야 할 사정들이 너무나 많다. 또 인간의 본성에 대해서도 많이 알아야 하니, 최고로 건전한 판단력을 가지고 있지 않다면, 아무도 그런 작품들에 대해 수긍이 갈 만한 비평을 내놓지 못할 것이다. 이는 회화 작품에 대한 우리의 안목을 키워야 하는 또 다른 이유다. 우리의 판단력은 이러한 연습을 통해 더욱 확고해질 것이며, 삶에 대한 정확한 개념을 더더

욱 많이 얻을 수 있을 것이다. 그렇게 되면 다른 사람들에게 기쁨 혹은 고뇌를 안겨주는 여러 일들은 우리의 주의를 끌기에 하찮아 보일 것이다. 너무나 비실용적인 이러한 감성과 열정의 섬세함을 점차 잃게 되는 것이다.

고급 예술에 대한 안목을 키우면 열정이 사그라지고, 다른 모든 사람들이 그토록 사랑스럽게 생각하는 대상들에 대해 무관심해질 것이라고 이야기하면서 혹시 내가 너무 앞서 나간 것이 아닌지 더욱 깊이 생각한 끝에, 나는 이 안목이 부드럽고 다정한 모든 열정에 대한 우리의 감성을 오히려 키워주는 동시에 우리의 가장 상스럽고 폭력적인 감정을 억누를 수 있게 해준다는 것을 알게 되었다.

『미학적 에세이 *Les Essais esthétiques*, 1742』

발터 벤야민(Walter Benjamin, 독일, 1892~1940)

사진이 예술 작품의 복제를 가능하게 하고 그 예술 작품과의 직접적인 관계를 사라지게 하는 이 시대와 관련하여 새로운 미학을 제시했다. 문학·연극·바로크·건축·시·역사·해시시(마약) 등에 대한 글을 썼다. 유대인으로, 게슈타포에게 쫓기다가 결국 프랑스와 스페인의 접경지대에서 자살했다.

복제는 예술 작품에 가까이 간다

대중은 바로 옆에 있는 대상을 그림을 통해, 혹은 모사와 복제를 통해 소유하고자 하는 간절한 욕망을 가지고 있으며, 이런 욕망은 날이 갈수록 커지기만 한다. 신문에 실린 화보나 주간 뉴스가 제공하고 있는 복제 사진들은 그림과는 확연히 차이를 가진다. (……)

예술 작품의 기술적인 복제 가능성은 예술을 대하는 대중의 태도를 변화시킨다. 예컨대 피카소 작품 앞에서는 매우 보수적이던 대중들이, 채플린의 영화를 보면서는 진보적 태도를 보인다.

　이러한 진보적 태도에 특징이 하나 있다. 즉 경험을 통해 보고 배우는 즐거움은 전문적인 비평가의 태도와 긴밀하게 연결되어 있다는 것이다. 그것은 사회적으로 중요한 의미가 있다. 어떤 예술 형식의 사회적 중요성이 줄어들수록, 수용자의 비평적 태도와 감상적 태도는 점점 더 분리된다(회화를 보면 잘 알 수 있다). 사람들은 관습적인 것은 아무런 비평의식 없이 즐기지만, 새로운 것은 거부감을 드러내며 비평한다.

『기술적으로 복제 가능한 시대의 예술 작품

Das Kunstwerk im Zeitalter seiner technischen Reproduzierbarkeit, 1936』

안녕하세요. 저는 기슬랜 르무안 르낭쿠르라고 합니다.
여러분들이 지금부터 보실 작품들을 안내할 책임을 맡고 있죠.
상페, 『커다란 꿈들』, 드노엘 출판사, 1997년

가짜 모나리자 그림을
도대체 왜 거는 걸까?

이런 생각을 자주 하지 않는가? 복제된 명화는 집안에서 흔히 볼 수 있는 장식품 중 하나다. 텔레비전 위를 덮은 레이스 보, 금빛과 빨간빛이 반짝거리는 배 모양의 여행 기념품, 소뿔 모양의 장식품, 가족사진이나 자식들이 받아온 각종 상장을 넣어둔 액자 등과 마찬가지로 어디서든 흔하게 볼 수 있다.

모네의 「수련」, 피카소의 「비둘기」, 고흐의 「해바라기」 등의 복제품이 거실이나 부엌 한 켠에 걸려 있는 것은 익숙한 풍경이다. 한 술 더 떠서 밀레의 「만종」은 양념 병이나 과자 상자 뚜껑, 학용품이나 티셔츠에 떡하니 인쇄되어 있기도 하다.

밀레의 「만종」을 본뜬 빵집 간판

이와 비교할 수조차 없을 만큼 많이 복제되는 것이 바로 「모나리자」다. 「모나리자」가 수많은 포스터, 우표, 엽서, 우산, 재떨이, 스카프 등에 그려져 있는 까닭은 무엇일까? 왜 서양미술, 아니 세계 미술의 걸작품이 컵 받침이나 이발관에 붙이는 싸구려 종이 포스터에 이르기까지 온갖 잡동사니에 그려져서 체면을 구기는 것일까?

근사하진 않지만 어디에나……

어디서나 볼 수 있는 「모나리자」의 복제품과 루브르 박물관에 걸려 있는 레오나르도 다빈치(1452~1519)의 걸작 「모나리자」(「라 조콘다 La Gioconda」라고도 한다)는 거의, 혹은 전혀 관련이 없다. 이를 확인하려면 루브르 박물관으로 가서 왁자지껄하는 수많은 관광객들 사이에 끼어 화살표 방향을 따라 종종걸음으로 「모나리자」가 걸려 있는 방으로 가보면 된다.

그것은 방탄 유리벽 뒤에서 미소를 짓고 있으며, 옆에는 늘 박물관 직원이 지키고 있다. 몇 미터 옆에 레오나르도 다빈치의 또 다른 작품인 「세례요한」이 조용히 한 구석을 지키고 있다. 하지만 신경 쓰는 사람은 거의 없으며 대부분 그냥 지나쳐간다. 모나리자는 전 세계적으로 모든 사람들이 아는 하나의 상징물이 되었고, 그 자체로 예술을 의미한다.

부엌 벽에 걸려 있는 복제 명화는 사람들을 예술 작품과 싼 값에 이어 주는 상징물이다. 복제 명화를 집에 걸어둔다는 것은 두 가지를 의미한다. 첫째, 예술 작품을 자기 집에 소유하고 싶은 욕망은 있지만, 둘째, 진본을 살 만큼 경제적인 능력이 없다는 것이다. 집을 예술 작품으로 아름답게 꾸미고 싶지만 현실적으로 불가능한 경우, 그 같은 현실에 좌절하지 않기 위해 대용품을 찾는다. 그림뿐만 아니라 다른 수많은 예술품의 이미지를 복제하는 것도 같은 이유 때문이다.

가진 것 없는 사람들도 취향은 있다. 이런 사람들은 교양을 거의 갖추지 못했고, 예술적인 소양은 보잘 것 없거나 아예 없다. 단순하게나마 미적 욕구를 느끼더라도 예술의 세계에 발을 들여놓거나 이해할 수 있는 환경이 아니고, 그럴 기회도 전혀 없다. 예술의 기호를 배우지 못해 그 암호를 해독할 수 없고, 예술과 관련한 공부를 어디서 어떻게 시작해야 할지도 모르며, 가정 역시 지적 유산을 물려주는 분위기가 아니다. 해외는 물론이고 국내 미술관의 순례조차 꿈도 못 꾸고, 전시회에서 예술 작품을 구경하거나 연주회에 가본 적이 없으며, 음악이나 미술 학원에 다니지도 못한다. 예술을 사랑하고는 싶지만 제대로 즐길 만한 능력이 거의 없는 사람들은 어쩔 수 없이 대용품을 찾게 되는 것이다.

이를 '키치(kitsch)'* 취향이라 부른다. 이는 독일어 '키�첸(kitschen)'에서 나온 말로, "길거리에서 찌꺼기를 모으다.", "쓰레기를 고쳐서 새로 이용한다."라는 뜻이다. 키치 애호가들은 진본이 없으므로(다빈치의 작품을 집에 걸 수 있으리라고 꿈도 꾸지 말라. 너무 비싸기도 하지만 팔지도 않으니까) 복제품으로 만족한다. 복

* 저속한 모조품 또는 대량생산된 싸구려 상품 등이 마치 훌륭한 진품인 것처럼 스스로를 기만하는 현상.
—편집자

제품은 수천, 수백만 점을 찍으므로, 값이 싸고 아무나 가질 수 있다.

이외에도 복제품은 세부 묘사가 과다하고 조악하게 만들어진 것이 특징이다. 이런 키치적 복제품을 가진 사람들은 나름대로 자신들만의 취향, 같은 사회적 배경과 근원을 지닌 공통적인 가치 판단력을 완성했다.

이에 대해 비난해야 할까? 물론 그러면 안 된다. 하지만 '모든 취향은 자연이 정한다'고는 생각하지 말라. 그러면 '취향과 색깔에 대해서는 논할 수 없다'는 변명을 들이대며, 예술에 관해서는 모든 것을 받아들이고 정당화하게 되고, 꼭 필요한 토론, 논쟁, 의견 교환 자체를 피하게 되기 때문이다.

분명히 구분 짓자. 대중적이고 사회적으로 빈곤한 계층에서 유래한 키치 취향이 있는가 하면, 지적이고 수준 높으며, 어찌 보면 겉치레에만 신경 쓴 듯한, 이른바 '지식인'과 부자, 상류 계층의 부르주아적 취향도 있다. 각자의 취향은 살면서 얼마나 많은 기회를 가졌는가와, 그 사람의 환경, 교육, 인간관계, 학교와 가정생활 등에 좌우된다. 대부분의 경우 키치 취향은 문화와 예술, 지적인 세계에서 소외된 사람들의 몫이며, 그들은 예술을 개인 혹은 계층간의 사교 관계를 돈독하게 하는 데 이용하는 기존 사회구조의 희생자라고 할 수 있다.

키치를 즐길 수밖에 없는 사람들은 자신들이 사회에서 어떤 위치에 있는지를 알지 못한다. 이들은 우스꽝스럽기보다는 지배층 취향에 희생된 것이며, 부자나 권력자들과 같은 사회를 움직이는 주역들의 그룹 밖에 존재한다.

싸구려 「모나리자」 포스터를 사는 이들은 진정한 예술의 세계에 손쉽게 접근할 수 있는, 이른바 '교양 있는' 사람들을 멀리하지 않고, 이들의 대열에 합류하고자 하는 사람들이다.

아름다움을 만들어내기 위해서라면 뭐든지 한다

이들은 키치 예술품을 사는 데 만족하지 않고 직접 만들어내어 자신들만의 소박한 예술 세계를 발전시키기도 한다. 이 '소박한(아르 브뤼트, Art Brut, 다듬어지지 않은 날것의 예술)' 예술가들은 예술 작품과의 부르주아적 관계에서 벗어나, 아무런 제약 없이 자유롭게 그리고, 조각하고, 천을 짜고, 찰흙을 주무르고, 모자이크를 만들었다. 자기 자신과 가족, 친지들, 친구들과 그들의 가족들 외에는 어떤 사람들의 눈도 신경 쓰지 않았다. 무엇보다 자기 자신이 우선이었다. 농부, 소상인, 가정주부, 실업자를 비롯한 사회적 약자인 이 '예술가' 들은 관습과 시장, 화랑주인, 미술관장, 예술 비평가들을 조금도 신경 쓰지 않았다. 그들에게 중요한 것은 오직 구하기 쉽고 값 싼 재료로 자신들의 창작 욕구를 충족시키는 것뿐이었다(깨진 접시를 재활용한 모자이크 재료, 아이들이 쓰던 색연필, 쓰레기장에서 주워온 벽지 조각, 시골에서 모아온 나무 부스러기, 헛간에 처박아뒀던 낡은 헝겊 조각, 개울가에서 가져온 찰흙 등).

키치 예술가들은 주제와 기법, 구성에 있어서 거침없는 상상력을 자유로이 발휘했으며, 예술 작품을 돈으로 환산하는 제도권과 엄격한 규칙이 지배하는 기존 예술계에서 완전히 독립적이었다. 곧 이들은 예술계에 신선한 바람을 몰고 왔다. 사람들은 키치 예술가들과 마찬가지의 신선함을 이른바 원시 부족이라 불리는 이들, 즉 오세아니아, 아프리카, 멜라네시아, 에스키모 인들이 만든 예술 작품에서도 발견했다. 이 작품들은 서구 세계와 부르주아적 시장과 동떨어진 변두리에서 꿋꿋이 자신들의 자리를 지켜왔다.

사람들은 이러한 작품들을 원래 있던 장소(아르 브뤼트 예술가들이 작업하던 허름한 시골 농장, 작업실, 초라한 양로원, 요양원, 허섭스레기들로 가득 차 있던 방, 또는 원시미술품들이 있던 아프리카의 마을, 태평양의 산호섬, 이누이트족

무지리 벰베Muziri Bembe(콩고), 아프리카 및 오세아니아 미술관

의 이글루)에서 미술관으로 옮겨다 놓고 의미를 설명하는 명패를 붙였다. 그것들은 원래 있던 자리에서 떨어져 나와 전시됨으로써 권력의 세례를 받고, 키치와 원시미술에서 벗어나 어엿한 예술의 한 장르로 인정받게 되었다.

이처럼 오늘날에는 미술관이 예술을 만들어내기도 한다. 때문에 예술을 감상할 때 지배적이고 '공식적인' 의견의 폭압에서 벗어나기 위해서라도 진정으로 훈련된 눈을 가져야 하는 것이다.

읽어 보기

장 뒤뷔페(Jean Dubuffet, 프랑스, 1901~1985)
포도주상, 앵포르멜의 선구자로 평가되는 화가이자 미술 이론가. 아픈 사람들, 정신병자들, 교양이라고는 모르는 순박한 사람들, 노동자와 농부들의 힘을 창작의 세계로 끌어들이기를 바랐다. 미술상, 비평가, 지식인, 교수 등 한 시대의 취향을 만들어내는 이들을 공격했다.

개인주의적인, 그리하여 반사회적이고 전복적인

예술가의 모호한 위치를 어떻게 정의할 수 있을지에 대한 답이 여기에 있다. 만약 한 작가의 작품이 그의 개인적인 성격을 매우 강하게 담아내지 못한다면(이는 개인주의적인 위치, 결과적으로 반사회적이고 전복적인 위치를 내포한다), 그것은 어떠한 노력의 산물도 아니다. 그러나 만약 예술가가 자신의 개인주의적인 기질을 대중과의 소통을 완전히 거부하는 정도까지 밀고 나간다면, 이 기질이 너무나 심해져서 결국 제작한 작품을 아무에게도 보여주기 싫을 정도까지 된다면, 혹은 고의적으로 작품을 비밀스럽게 암호화하여 사람들의 눈을 피하려 한다면, 작품의 전복적인 성격은 사라진다. 그 작품은 마치 허공 속에 울렸지만 아무런 소리도 나지 않는 폭발음과 같다. 그리하여 예술가는 대중에게 등을 돌릴 것인가 아니면 정면에 나설 것인가 하는 두 가지 모순적인 열망으로 자극된다. (……)

성직자(특권계층에 봉사하고 편입되기만을 바라며, 특권층이 만들어낸 문화로 길러지고, 그 영광을 위해 헌신하는 사람들)들의 도움을 받는, 가진 것 많은 특권계층이 사람들에게 자신들의 성(城)이나 박물관, 서재 등을 개방하거나 창작활동에 전념하겠다고 결심하더라도 착각하지 말자. 그들은 아무런 노력도 하지 않는다. 그들이 문화적 선전을 통해 선동하려 하는 사람은 작가도 예술가도 특권계층도 아니며, 그저 독자이자 감상자일 뿐이다.

　그러나 문화적 선전은 시민들에게 자신들과 지배계층이 열쇠를 움켜쥐고 있는 귀한 보물들 사이를 가르는 깊은 골을 느끼게 해주며, 표시를 한 길 밖에서는 훌륭하고 창의적인 작품을 만들려고 아무리 노력해도 소용없다는 것을 절감하게 한다.

『숨 막히는 문화 *Asphyxiante culture*, 1968』

우리가 욕실에 마르셀 뒤샹의 작품을 놓은 걸 보면 친구들이 깜짝 놀라겠지.
장 필립 델롬므, 『인테리어의 비극』, 드노엘 출판사, 2000년

변기는 언제
예술 작품이 되는가?

여러분들이 '이 변기는 예술이다!' 하고 아무리 떠들어봤자 턱도 없다. 하지만 마르셀 뒤샹(1887~1968)이 그렇다고 정하자, 변기는 예술이 되었다. 1917년, 뒤샹은 남성용 변기 하나에 「샘물fountain」이란 이름을 붙여 전시회에 출품했다(뒤샹 자신이 전시회의 운영위원이기도 했다). 그 '오브제'는 공장에서 나온 수백 개의 똑같은 변기 중에서 고른 평범한 것이었다. 전 세계적으로 유명해진 이 '작품'이 여느 변기들과 다른 점은 바로 서명이 들어가 있다는 것이었다. 뒤샹은 자기 이름이 아니라 R. 머트(R. Mutt)라는 가명을 썼는데, 이는 뉴욕의 변기제조업자 '리처드 머튼'을 따른 것이었다. 그러나 전시회 운영위원들은 짓궂은 장난과 미학적 혁명 중간쯤에 있는 이런 행동을 무시하고 「샘물」을 전시장 칸막이 뒤에 버려두었다.

뒤샹은 그 오브제를 '레디메이드(ready-made)'(굳이 직역하자면 '쓸 준비가 된', 기성품)라고 불렀다. 그 변기는 전시회에 출품한 예술가의 의도에 따라 다른 비슷비슷한 변기들과 구분되었다.

설치공이 그 변기를 우리들의 학교에 갖다놓든, 예술가가 전시실에 갖다놓든 변기의 모양은 바뀌지 않는다. 하지만 미술관에 놓인 변기는 화장실의 그것과는 상징적 의미가 다르다. 변기 본래의 기능이나 목적은 이차적인 '미학적 목적'에 묻혀서 사라져버린다. '레디메이드'는 예술의 역사 속으로 들어갔고, 현대성이라는 측면에서 예술을 뒤흔들어 놓았다.

물론 이 미학적 쿠데타에 공식적으로 거세게 저항하는 사람들이 있었다. 그들은 뒤샹의 행동이 사기, 장난이며, 고약한 짓거리라고 목소리를 높였다. 또 변기같이 흔히 볼 수 있는 물건을 예술 작품이라 부르길 거부했다. 뒤샹은 평범한 변기에 전혀 손대지 않고 그저 서명만 한 채 작품이라고 내놓았다. 하지만 전통적인 미술계에서 작품이라고 인정을 받으려면 공들여서 만들어낸 흔적이 있어야 했다.

한편 전통적인 회화, 조각들만을 전시하는 방식과 손 끊고 싶어했던 급진적인 작가들은 뒤샹의 오브제가 예술사에 한 획을 긋는 뛰어난 작품이라고 치켜세웠다. 그리하여 구세대와 신세대, 보수주의자와 급진주의자, 복고주의자와 진보주의자들 사이에서 한 치의 양보도 없는 싸움을 벌어졌다.

지나간 20세기는 결국 마르셀 뒤샹의 손을 들어주었다. 그의 쿠데타는 성공했으며 예술을 보는 시선, 창작과 전시 방법을 완전히 뒤바꾸어놓았다. 하지만 오늘날에도 뒤샹을 부정하며, 현실을 있는 그대로 충실히 표현하는 데 만족하던 시대로 돌아가자고 부르짖는 사람들은 여전히 존재한다.

미(美)는 변기 물과 함께

변기가 일으킨 혁명의 의미는 무엇일까? 뒤샹은 '미'를 죽여버렸다. 마치 프랑스 혁명이 왕을 죽이고, 니체가 신을 죽인 것처럼. 뒤샹 이후로 사람들은 예술을 '미'의 관점이 아니라 '의미'라는 관점에서 접근하게 되었다. 예술 작품은 이제 아름다움이 아니라 의미를 지닐 것을 요구받게 되었다.

수세기 동안 예술가들은 아름다운 사물을 표현하는 것이 아니라 어떤 사물을 아름답게 표현해내는 데 치중했다. 저녁놀, 그릇에 담긴 과일, 바다 풍경, 여자의 몸. 이 모든 것을 가능한 한 아름답게 표현하는 것이 예술가들의 목표였다. 뒤샹은 미를 폐기처분하고, 완전히 관념적이고 지적인 예술을 창조했다.

그리스의 이상주의적 철학자(현실보다 관념을 중시하는 철학자)인 플라톤(B.C. 427~347) 이래로 관념적인 세계는 순수한 이데아로 가득 차 있다고 생각하는 전통이 있었다. 순수한 미, 순수한 현실, 순수한 정의, 순수한 선. 시간의 제약을 받아 도달할 수 없는 관념의 세계 저 너머, 표현의 밖에 있는 이데아들에게 현실의 감각적인 세계는 필요 없다고 여겨졌다. 플라톤과 그를 따르는 제자들은 아름다움이란 미의 이데아에서 온 것이며 그러한 성질을 띠고 있다고 생각했다. 미의 이데아에 가까울수록 아름답고, 멀수록 덜 아름답다. 이러한 예술에 대한 이상적인 관념은 뒤샹에 이르기까지 25세기를 이어왔다. 변기는 미학적 세계에 대한 플라톤적인 관점을 박살내버렸다.

뒤샹은 '소재'에 대한 고정관념도 확 바꾸어놓았다. 이전 예술가들은 금, 은, 대리석, 청동, 돌, 캔버스, 교회 벽 등 '귀족적인' 재료를 사용하여 작업했다. 하지만 뒤샹 이후로 모든 것이 예술을 위한 소재가 되었다. 20세기 미술사를 펼쳐보면 "어떻게 저런 것이!" 싶을 정도로 전혀 생각지도 못

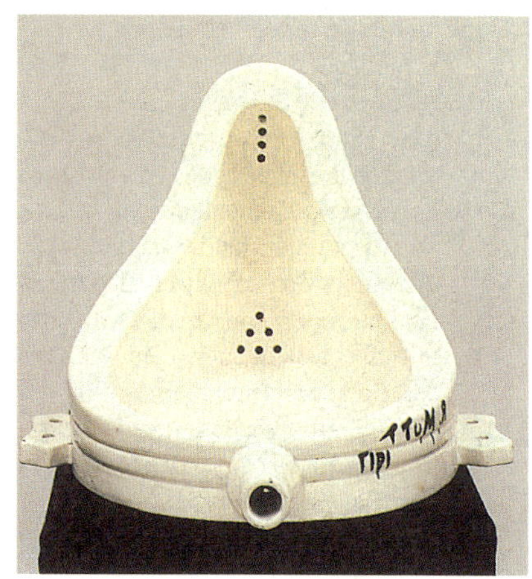

마르셀 뒤샹(1887~1968), 「샘」, 1917년

온 카와라, 「샹브르 거리 123번가에서
13th 거리 405 E까지」, 1966년

할 소재가 등장한다. 자신의 배설물(만조니)*, (보디아트body art나 오스트리아의 액셔니즘), 소리(케이지, 라 몬테 영), 먼지(뒤샹), 기름덩어리와 토끼털로 만든 펠트 천(보이스), 빛(비올라, 투렐), 플라스틱, 시간, 텔레비전(백남준), 개념(온 카와라), 언어(코수스), 쓰레기(아르망), 박박 찢은 포스터(앵스) 등, 갖다 붙일 수 있는 모든 소재는 다 가져다가 예술 작품으로 만들어내는, 그야말로 완전한 혁명이 시작되었다.

이처럼 모든 것을 뿌리째 뒤흔드는 혁명에는 늘 반대하는 사람이 나오게 마련이다. 아마 이 책을 읽는 사람들 가운데서도 탐탁지 않아 하는 사람들이 있을 것이다. 반대자들은 대부분 시대의 변화를 읽어내는 암호 해독기가 없는 사람들이며, 변화를 거부하는 사람들이다. 전기가 나왔을 때 석유등을 고집하고, 비행기가 나왔을 때 기차를 고집한 사람들처럼. 또 어떤 이들은 예술 세계를 보는 방식이 무너진 것을 슬퍼하며 추상화 이전의 전통적인 회화 기법을 선호하기도 한다. 사진처럼 정확하고 정연한 화면 구성을 자랑하는 17세기 푸생의 작품, 18세기 루벤스가 그린 나체의 여인들, 창문 밖을 내다보면 있을 것 같은, 옆집 아주

만조니(Piero Manzoni, 1933~1963)—이탈리아의 전위예술가. 주요 작품으로 「무색(1958)」, 「살아 있는 조각(1961)」, 「예술가의 숨결(1961)」 등이 있다. 자신의 배설물을 아흔 개의 깡통에 나누어 담아 「예술가의 똥」이라는 제목으로 내놓았다.—옮긴이

88

레이몽 앵스, 「양철판 위에 찢어진 포스터」, 1963년

요셉 보이스, 「침투 첼로를 위한 동일성」, 1967~1985년

백남준, 「로베스피에르」, 1989년

피에로 만조니, 「예술가의 똥」, 1958년

머니를 닮은 그 여인들을 그리워한다. 비록 잼을 만들어 먹을 수 있는 현실의 과일 같진 않지만 예쁘장한 19세기 세잔의 사과는 또 어떤가.

우리가 뒤샹을 싫어하든 좋아하든 상관없이 새로운 역사를 거부할 수는 없다. 오늘의 예술은 어제 혹은 그저께의 예술과는 엄연히 다르다. 그것을 분명하게 인정해야 한다. 만약 우리가 18세기를 살던 사람들의 옷을 입고 다닌다면 어떨까? 현대미술을 심드렁하게 생각한다면 잠시 그 마음을 접어두자. 섣불리 판단하기 전에 적어도 그것을 이해하고, 예술가가 숨겨놓은 암호의 해독을 시도해 보라. 그런 다음에도 아니다 싶으면 그때 쓰레기통에 던져버려도 늦지 않다.

관객을 예술가로

뒤샹은 예술가에게 무엇이 예술이고 무엇이 아닌지를 판단할 수 있는 전적인 권력을 쥐어주었다. 뿐만 아니라 예술의 다른 주체들, 즉 어떤 작품을 전시할지 결정하는 화랑 주인들, 전시회에 대한 기사를 쓰는 기자와 평론가들, 카탈로그 서문을 쓰고 특정 화가를 지지하는 글을 쓰는 작가들, 작품들을 전시하여 그 작품이 예술 작품으로 인정받게 하는 미술관장들 등에게도 같은 권력을 주었다. 또한 작품을 바라보는 우리도 예술을 만드는 매우 중요한 주체다. 관람하는 사람 없이는 예술 자체가 불가능하기 때문이다. 뒤샹은 관람객들이 그림을 만들어낸다고 생각했다. 이는 시대와 상관없이 모든 작품에 해당하는 진리다. 고전이건 현대작품이건 상관없이 어떤 작품 앞에 멈춰 서서 곰곰이 생각에 잠기는 관람객은 작가만큼이나 작품을 만들어내는 사람이다.

이것이 바로 관람객이 담당해야 하는 역할이다. 예술가의 입장에서는 관람객에게 그야말로 무한한 신뢰를 보내고, 낙관적으로 생각하는 것이다. 따라서 적절한 정보가 없어서 현대미술을 거부하며 무가치하다고 생

「베르사이유 궁」, 사진, 엘리엇 어윗

각하는 사람들은 거기에서 머물지 말고 작가의 의도와 작품에 숨겨져 있는 암호를 알아내도록 해야 한다.

현대미술은 무엇보다 보는 사람의 활발한 참여를 요구한다. 고전적인 미술작품을 볼 때는 주제를 충실하게 표현한 작가의 기교와 테크닉에 감탄하고, 또 실물인 것처럼 보이는 그림과 조각 앞에서 경탄하기만 하면 되었다. 그러나 뒤샹의 변기 이후로 미는 죽고 의미가 그 자리를 차지했다. 우리가 추구하고 발견해야 할 것은 퍼즐이나 수수께끼처럼 숨겨져 있는 각 예술 작품의 의미다.

옥타비오 파즈(Octavio Paz, 멕시코, 1914~1998)
시인, 에세이스트, 문학이론가, 미술비평가, 노벨상 수상자이자 인도 주재 멕시코 대사를 지냈다. 문화들 사이를 이론적으로 오갔으며, 문명들의 특수성을 드러내는 시대를 정면으로 다루기도 했다. 특히 아메리카 인디언에 관심이 많았다.

하나의 물건이 예술이 될 때

레디메이드들은 이름 없는 물건이지만, 예술가의 근거 없는 행동이 그것을 선택하는 단 한 가지 사실로 인해 예술 작품으로 변화한다. 이와 동시에 예술가의 행위는 '예술 작품'의 개념을 무너뜨린다. 모순은 이 행위의 핵심이다. 이는 말장난과 조형적으로 상통한다. 하나가 의미를 무너뜨리고, 다른 하나가 가치에 관한 생각을 무너뜨린다.

레디메이드들은 반(反)예술(anti-art)이 아니며, 다른 많은 현대적 창작품과 마찬가지로 예-술적(a-rtistc)이다. 예술도, 반예술도 아니며 그 둘 사이의 빈 공간에 무관심하게 놓여 있는 어떤 것이다.

사람들이 그 의미에 대해서 그토록 많이 이러쿵저러쿵 하는 것을 보면—아마 어떤 의견들은 뒤샹을 웃게 만들 것이다—조형적인 부분보다 비평적, 혹은 철학적인 관심을 더 많이 불러일으킨다는 사실을 알 수 있다. 그것들이 아름다운지 추한지를 논하는 것은 바보 같은 짓일 것이다. 이는 작품이라기보다는 작품 앞에 놓여진 물음표 혹은 가위표다. 레디메이드는 새로운 가치를 선보인 것이 아니며, 우리가 가치 있다고 생각하는 것들을 겨냥한 무기다. 살아 있는 비평이며, 미사여구의 받침 위에 얹혀진 예술 작품에 대한 발길질이다.

비평 행위는 두 단계로 진행된다. 첫 번째는 씻어내는 순서, 즉 지적인 청소다. 레디메이드는 취향에 대한 비판이다. 두 번째는 예술 작품의 개념에 대한 공격이다.

『마르셀 뒤샹—벌거벗은 겉모습
Apariencia desnuda: la obra de Marcel Duchamp, 1966』

마르셀 뒤샹(Marcel Duchamp, 프랑스 태생이지만 미국으로 귀화, 1887~1968) 선동적인 화가, 뛰어난 체스 선수, 미술 이론가. 소재와 표현 방법의 새로운 개념(오브제, 먼지, 낱말 맞추기, 방향 전환, 패러디 등)을 창출하면서 20세기 미학적 혁명을 불러일으켰다. 관람자에게 작품을 보고 지적으로 생각함으로써 미학적 작업의 반을 완수하라고 촉구했다.

반항자 예찬

오늘날 이 나라의 예술의 잘못된 점은, 분명 프랑스도 마찬가지인데, 바로 반항의 정신이 없다는 것, 젊은 예술가들에게서 새로운 아이디어가 나오지 않는다는 것이다. 젊은 예술가들은 선배들이 이미 다져놓은 길을 걷고, 그네들보다 더 잘하려고 시도한다. 하지만 예술에서 완벽이란 존재하지 않는다. 또 특정한 시기의 예술가들이 선배가 포기한 작업을 다시 시도하거나, 선배가 하던 것을 이어나가는 것에 그친다면 예술적인 휴지기가 생긴다.

한편 우리가 이전 시기에 속했던 어떤 것을 선택하고 그것을 여러분 자신의 작업으로 승화할 때, 이런 시도는 창의적일 수 있다. 결과는 새로울 게 없다. 하지만 독창적인 시도를 하는 한 그것은 새롭다.

예술은 직접 표현하는 개인들이 이어지면서 만들어진다. 이는 진보의 문제가 아니다. 진보란 우리들 입장에서 터무니없이 주장하는 것일 뿐이다.

『기호의 범위에 관해 *Du champ du signe, 1975*』

취향? 습관이다

질문: 선생님에게 취향이란 무엇입니까?

답: 습관입니다. 이미 받아들인 것을 반복하는 거죠. 만약에 우리가 어떤 것을 몇 번 새로 시작하면, 그게 취향이 되지요. 좋건 나쁘건 같아요. 취향이란 언제나 그렇죠.

『뒤샹, 잃어버린 시간의 기술자-피에르 카반느와의 대담
Duchamp, Ingénieur du Temps perdu, entretiens avec P.Cabanne, 1977』

플라톤(Platon, B.C. 427~347)

서양 철학의 주요 인물. 자기 사상을 대화의 형태로 남겼다. 이상주의자(이데아를 실제 현실보다 우선시함), 이원론자(현실은 두 개의 대립된 실체로 나뉘어져 있다. 영혼, 관념, 하늘―긍정적임, 몸, 감각, 땅―부정적임). 교부철학에 많은 영향을 미쳤다.

아름다운 육체에서 미(美)의 이데아로

사랑을 향해 인도되어 가는 어떤 사람이 아름다운 것들을 올바른 순서대로 바라보면서 목표한 곳까지 이르렀다면, 그 사람은 어느 순간 본질적으로 경이로운 아름다움을 깨닫게 될 것입니다. 그것은, 소크라테스여, 우리가 기울여왔던 모든 노력의 목표점인 아름다움 그 자체입니다. 이 아름다움은 첫째, 영원히 존재하므로 생겨나거나 없어지지도, 늘어나거나 줄어들지도 않는답니다. 둘째, 이 아름다움은 어떤 관점에서는 아름답고 어떤 관점에서는 못나거나, 어떤 때는 아름답고 어떤 때는 못난 것이 아니고, 어떤 것에 비해서 아름답고 어떤 것에 비해서는 못나거나, 여기에서는 아름다운데 저기에서는 못난 것이 아닙니다. 마찬가지로 어떤 사람에게는 아름답고 다른 사람에게는 못난 것도 아니랍니다.

　이런 아름다움은 그 사람의 얼굴에도, 손에도, 몸의 다른 어느 한 부분에도 나타나지 않습니다. 또 어떤 사유에도, 어떤 지식에도 나타나지 않습니다. 어떤 특정한 존재의 특정 부분 안에도, 예컨대 땅이나 하늘, 그밖에 어떤 곳의 생명체 안에도 나타나지 않습니다. 아름다움은 그 자체로 독립적이며, 근본적인 성격을 지닌 유일한 것으로 영원히 존재합니다. 한편 다른 모든 아름다운 사물들은 다음과 같은 방식으로 이 본질적인 아름다움에 참여하지요. 즉 그것들은 생겨나거나 사라지지만, 본질적인 아름다움을 늘리거나 줄이거나 또는 변하게 하지 않는다는 겁니다.

　따라서 어떤 사람이 이 세상의 아름다운 사물에서부터 시작하여 수준을 높이기 위해 노력하고, 소년에 대한 사랑을 올바르게 실천하여 최상의 아름다움을 알아차리기 시작했다면, 그 사람은 목표점에 거의 다다른 것이라 하겠지요.

　자기 스스로, 혹은 다른 사람에게 인도되어 사랑에 관한 것들에 접근할 수 있는 올바른 방법은 다음과 같습니다. 이 세계의 아름다움에서 출발하여 저편의 아름다움을 목표로 삼고, 사다리에 오르듯 끊임없이 한 단계씩 올라가는 겁니다. 다시 말해 하나의 아름다운 육체에서 출발하여 두 개의 아름다운 육체로, 두 개의 아름다운 육체에서 모든 아름다운 육체로 가는 거지요. 그런 다음 아름다운 육체에서 아름다운 활동으로, 아름다운 활동에서 아름다운 지혜로, 그리하여 가장 높은 단계인 지혜, 초자연적인 아름다움 그 자체를 인식하는 지혜에 도달하는 것이랍니다.

『향연 Symposium, B.C. 384』

난 선생 작품이 참 좋아요.
상페, 『생각도 못할 신기한 일들』, 드노엘 출판사, 1993년

예술에 대해 더 읽어볼 글들

조르주 바타이유(Georges Bataille, 프랑스, 1897~1962)

원래 가톨릭 신부가 되려고 했으나 포기했으며, 에로티시즘을 죽음까지 파고드는 삶이라고 정의했다. 제한된 육체적 상황에 매료되었던 소설가이기도 했다. 섹스, 죽음, 두려움, 희생, 도취, 악, 성스러운 것, 신비주의, 무절제, 성적 쾌락, 웃음, 소비, 불안 등을 다루었다.

동물과 인간 사이에 있는 것—예술

가장 오래된 선사시대 미술은 동물에서 인간으로 가는 전이과정을 나타내는 게 분명하다. 아마도 구상미술(figurative art)*이 생겨났을 당시, 인간은 그보다 훨씬 오래 전부터 존재하고 있었을 것이다. 하지만 일종의 흥분을 정당화하는 형태가 아니라, 인간으로서 우리는 서로 닮았는지 그리고 연대감을 느끼는지를 중요시한다.

> * 눈에 보이는 여러 대상을 사실대로 묘사하는 미술로, 추상미술과 대립되는 개념이다.—편집자

　인류학자들은 구석기시대의 인간을 호모 파베르(Homo faber)라 하는데, 호모 파베르는 직립 자세를 취할 수 없고, 현대인과 같은 다양한 능력을 갖추지 못했으며, 도구를 만들지도 못했다. 호모 사피엔스(Homo sapiens)로 넘어와서야 비로소 외모 면에서나 지적 능력 면에서 우리와 비슷해졌다. 즉각적인 효용성을 고심하는 것뿐만 아니라 도구, 더 나아가 감정을 담아낼 수 있는 예술 작품들을 만들 수 있는 능력 면에서도 그러했다.

　원시인간의 겉모습은 골격을 통해 간접적으로밖에 알 수 없다. 또한 지적 능력은 정신적인 것으로, 후대 사람들이 알기 어렵다. 결국 선사시대 미술은 동물에서 인간으로 변화하는 과정을 후대 사람들이 감지할 수 있는 유일한 통로인 것이다.

이런 사실이 인정된 것은 최근의 일이다. 선사시대 미술이 알려진 것은 불과 얼마 전의 두 시기에 걸친 발견 덕분이었다. 가장 먼저 발견된 선사시대 동굴벽화는 아무도 거들떠보지 않았다. 동화 속 이야기처럼, 1879년 마르셀리노 산스 데 사우투올라(Marcelino sanz de Santuola)의 다섯 살짜리 딸이 산탄데르 근처 알타미라 동굴에서 형형색색의 멋진 벽화를 발견했다. 아이의 키가 작았던 덕분에 너무 낮아 아무도 들어갈 수 없던 석실에 쉽게 들어갈 수 있었던 것이다.

그때부터 구경꾼들이 구름같이 몰려들었지만, 원시인들이 그린 그림은 그다지 멋진 예술품으로 보이지 않았다. 충격적인 부분도 있긴 했지만 학자들은 고개를 내저었고, 결국 이 믿기지 않는 그림은 더는 관심을 받지 못했다. 제대로 평가받지 못하고, 멸시받던 이 벽화는 1900년 이후에서야 비로소 과학적으로 명예가 회복되었다.

『동물에서 인간으로 전이와 예술의 탄생
Le passage de l'animal à l'homme et la naissance de l'art, 1988』

피에르 부르디외(Pierre Bourdieu, 프랑스, 1930~2002)
현대적인 사회 메커니즘을 분석했다. 취향과 사회학적 출신 성분, 그랑 제콜(grandes écoles, 프랑스의 엘리트 교육기관)과 엘리트 재생산, 학교 시스템과 불평등의 계승, 언론의 특권계급과 지배적인 사상의 유지 등. 전 세계적으로 가장 많이 인용되는 프랑스 사회학자다.

취향, 사회적 판단

소비재의 성질과 소비 태도를 통해 이해할 수 있는 교양의 자질과 문화적인 역량이, '시장', '학교' 혹은 '학교 밖' 등 합법적인 영역 안에서 각 주체들이 속한 범주와, 가장 흔하게는 미술과 음악부터 좀더 자유로운 분야인 의상, 가구, 요리에 이르기까지 각 분야에서 어떻게 달라지는지를 알기 위해, 다음의 두 가지 기본적인 사실을 밝힌다. 첫째, 문화적인 행위(혹은 그와 관련한 의견)는 교육자본(어떤 학위를 땄는지에 따라 가늠되는)과 밀접히 연결되어 있다는 것이다. 둘째, 사회적인 출신 성분(아버지의 직업이 무엇이냐에 따라 결정되는)과 또 다른 한편으로 그에 해당하는 교육자본의 관점에서 볼 때, 합법적인 영역에서 멀어져갈수록 그 행위와 취향을 설명해주는 시스템 내에서 사회적 출신성분의 비중이 더욱 커져간다는 것이다.

『차별 – 판단의 사회적 비판

La distinction. Critique sociale du jugement, 1979』

아르투르 쇼펜하우어(Arthur Schopenhaur, 독일, 1788~1860)
비관주의자(사람들보다는 차라리 자기 애완견을 더 사랑했다), 음악가(플루트 연주자), 염세주의자(이웃집 여자가 흠씬 두들겨 맞고 있더라도 아랑곳하지 않았다), 피해망상증 환자(베개 밑에 권총을 놓고 잤다)였다. 사람들을 위한 치료법으로 동정심과 미술을 연습하고, 자기 안의 모든 욕망을 없애라고 권유했다.

철학과 미술의 유사성

인생이란 무엇인가? 이 질문에 대해 진정으로 훌륭한 모든 예술 작품은 자기 식대로 언제나 좋은 대답을 내놓는다. 하지만 예술은 깊은 사유에서 나온 추상적이고 심각한 언어가 아니라, 오로지 직감에서 나온 순진하고 어린애 같은 언어만 구사할 뿐이다. 예술이 주는 해답은 언제나 스쳐가는 이미지일 뿐, 보편적이고 지속적인 이념이 아니다. 그러므로 그림이든,

조각이든, 시든, 연극이든, 모든 예술이 이 질문에 대답하는 것은 직감을 위해서다.

음악 역시 답을 내놓는데, 이 답은 다른 어떤 예술 장르보다 심오하다. 이성의 언어로는 표현하기 힘든 어떤 것이라도, 음악은 즉각적으로 이해할 수 있는 언어를 사용하여 모든 삶과 존재의 내밀한 중심을 표현하기 때문이다.

모든 예술 장르들은 인생의 의미에 대해 묻는 이들에게 이미지를 보여주며 다음과 같이 이야기한다. "이것 보라고, 이게 바로 인생이야!"

이 대답이 아무리 징확하다 해도 완벽하고 결정적이시 않고 일시적인 만족만을 줄 수 있다. 예술 장르들은 우리에게 일부분만을, 규칙이 아니라 일례만을 제시하기 때문이다. 이는 보편적인 개념이 줄 수 있는 전체적인 해답이 결코 아니다. 사유하고 추상적(in abstracto)으로 대답하는 것, 제기된 문제에 대해 지속적이고 영원히 만족스러운 해결책을 내놓는 것이 철학의 의무다.

그렇게 되길 기대하며 철학과 미술이 어떤 유사성이 있는지를 살펴볼 것이다. 또한 그 진행 방향과 부수적인 요소들이 너무나 멀리 떨어져 있는 두 분야를 어느 정도까지 일치시킬 수 있는지를 추론할 것이다.

『의지와 표상으로서의 세계 *Die Welt als Wille und Vorstellung*, 1818』

3. 기술

1940년대의 전화교환수

여러분은 휴대폰 없이 지낼 수 있는가?

아마 못 그럴 게 확실하다. 기술의 발전은 일단 한번 이루어지면 거스르기가 힘들기 때문이다. 기술의 발전에 저항하고, 마지못해 느릿느릿 따라가고, 일시적으로 거부할 수는 있지만, 결국 새로운 변화에 합류해야 한다. 모든 사람들이 새로운 흐름에 따라야 하기 때문이다. 오늘날 전기와 자동차, 발전된 현대 의학, 비행기 여행을 거부할 사람이 어디 있겠는가? 누가 석유등이나 촛불을 더 좋아하고, 걷거나 마차 타는 것을 더 좋아하며, 병이 걸려도 치료를 안 받고 버티다가 죽기를 바라겠는가? 기술의 발전에 맹렬히 반대하는 사람들조차도 그렇지 않을 것이다. 초고속 열차, 고속도로, 공항 확장에 반대하는 생태주의자들이 많은데, 그들은 여행을 할 때 걷거나 자전거만 타는가?

돛단배에서 증기기관까지

기술이란 자연적인 제약을 넘어서기 위해 인간이 만들어낸 모든 수단이다. 자연이 옭아매는 것을 기술이 푼다. 즉 기술은 자연의 힘이 부과하는 한계를 뒤로 물린다. 혹독한 추위, 비바람, 폭풍, 찌는 듯한 무더위 때문에 고생했던 선사시대 사람들은 집을 만드는 건축기술과 동물 가죽을 무두질해 옷을 만드는 기술을 고안해냈다. 배고픔과 갈증, 졸음 등과 같이 매우 오래된 자연적 욕구는 도기를 만드는 기술, 요리법, 각종 양념들, 발효 음료나 술을 만드는 방법, 거적 짜는 법, 방직기술 등을 이끌어냈다. 또 자연적으로 생기는 질병에 대해 의학은 건강을 회복할 수 있는 여러 방법을 제시해 준다. 심지어 죽음이 위협해 올 때도 병원에 가면 목숨을 건질 수 있는 방도를 찾을 수 있다.

원래 기술은 인간이 살아가는 데 적대적인 환경을 잘 받아들일 수 있도록 하기 위해 존재했다. 처음에는 생존 그 자체가 관심거리였다면, 갈수록 생존보다는 안락한 삶 쪽으로 초점이 맞춰졌다. 원칙은 변함없다. 자연이 부과하는, 특히 환경과 관련된 한계를 넘어서는 것이다.

인간은 땅에서 두 발로 서서 생활하는 쪽으로 진화가 되었기에 다른 환경에 익숙해지기 위한 기술을 고안해야 했다. 물에서 헤엄치는 동물들을 관찰하여 얻은, 물에 뜨고 움직이는 방법을 통해 수영을 연마한 사람에게 물은 더 이상 무서운 곳이 아니었다. 또 통나무가 물 위를 떠다니는 것을 보고 그 속을 파서 보트를 만들어 발을 적시지 않고도 물에서 이동할 수 있게 되었다. 배에 닻을 달고, 엔진을 발명함으로써 물 위뿐 아니라 물밑까지 누빌 수 있는 잠수함을 만들었다. 하늘에서도 마찬가지다. 새를 관찰하면서 하늘을 날 수 있는 기구들을 생각해냈다. 기술적인 모험은 열기

구에서 시작하여 낙하산, 프로펠러 비행, 항공기에 이어 우주왕복선이라
는 정점까지 도달했다.

일차적인 생존 욕구를 충족하고 자연을 정복하기 시작하자 사람들은
새로운 문제들을 해결하기 시작했다. 친지와 떨어져 있어 소식을 전하고
픈 욕구가 생긴 사람들은 고대시대 봉화에서 벨의 전화기, 휴대전화에 이
르기까지 통신 기술을 발달시켰다.

기술은 인간에게 세상 모든 물건들의 주인이 될 수 있는 가능성을 열어
주었다. 문제가 제기되면 해결 방식이 나타나고, 그에 걸맞은 기술이 발
달해 나갔다.

인류의 역사는 기술 발전의 역사와 궤를 같이 한다. 단순한 발견과 발
명이 엄청난 문명의 혁명을 이끌어내기도 한다. 예컨대 불이 그렇다. 불
을 사용한 제철, 제련 등 금속을 버리는 여러 가지 기술을 이용해 농기구
나 전쟁무기들을 만들어냈던 것이다. 바퀴는 또 어떤가. 바퀴 덕분에 사
람, 동물, 재산, 상품, 음식들을 운반하는 수단이 발명되었고, 거리 개념
이 예전과는 확연히 달라졌으며, 상업이 싹트게 되었다. 기계를 움직일
수 있는 에너지를 만들어내는 엔진이 발명되어 산업과 제조업, 자본주의
가 발달할 수 있었다. 또 엔진은 자동차, 트럭, 기차, 비행기의 발달을 이
끌어냈다. 전기 역시 문명뿐 아니라 난방, 조명, 가전제품 등을 통해 개인
의 일상적인 생활을 확 바꾸어 놓았다.

마지막으로 우리가 이제 막 발을 들여놓은 컴퓨터와 그것을 통한 가상
세계 역시 혁명의 도래를 알리고 있다. 컴퓨터는 우주여행에 필요한 계산
에서 인간 게놈 해독에 이르기까지 우리 생활 전반에 걸쳐 두루 영향을
미치고 있다.

그리고 증기기관에서 세상의 종말까지

기술의 발전은 우리의 삶을 좀더 윤택하고 편리하게 만들었다. 사람들은 고생을 덜할수록 점점 더 다양한 활동을 펼치고, 현실에 대한 지배력을 키워나갔다.

하지만 기술의 발전에 긍정적인 면만 있는 것은 아니다. 완벽하게 장점만 있는 발명이란 존재하지 않기 때문이다. 기차는 탈선의 위험이 있고, 비행기는 추락할 수 있으며, 자동차 사고는 다반사로 일어난다. 침몰되지 않는 배는 없으며 '버그' 없는 컴퓨터도 없다. 또한 유전공학은 키메라(chimera, 한 개체 속에 유전자형이 다른 두 종류 이상의 세포가 존재하고 있는 생물)나 돌연변이 괴물들이 얼마나 위험스런 존재인지를 전혀 모른 채 자연 속에 마음대로 풀어놓는다. 광우병의 참담한 결과를 여전히 얕보고 있는 것이다.

오늘날 기술의 세계는 자연과 정반대로 가고 있어 자칫 자연의 순리를 거스르게 될까 무척 염려스럽다. 자연을 효과적으로 다스리기 위한 기술의 발전은 간혹 자연을 학대하고, 훼손하고, 파괴하는 데까지 이른다. 페르시아와 전쟁을 하기 위해 엄청난 수의 배를 만드느라 숲의 나무를 마구

「광우병이라는 유령이……」, 사진, 리베르토 마카로

베어낸 고대 그리스인들, 오늘날 연료 사용으로 인한 오염, 생활 쓰레기와 핵폐기물, 도시와 도시 주변의 기간시설 및 도로 건설, 심지어 관광개발이라는 명목으로 파괴한 자연환경들을 생각해 보라. 이 모든 것은 지구를 병들게 하고 자연의 균형을 뒤흔든다. 때문에 현재 우리의 문명에서는 열렬한 기술 찬양론자들이 있는가 하면 기술 혐오주의적인 생태주의자들의 '사전예방원칙'이 떠오르고 있는 것이다.

기술의 발전은 빈곤계층의 고통 없이는 이루어지지 않는다. 이는 특정한 나라만이 아니라 전 세계적으로 나타나는 현상이다. 빈부격차는 갈수록 심해져, 부유층은 첨단 기술의 혜택을 마음껏 누리지만 빈곤층은 생존조차 보장받을 수 없다(국민소득이 높은 나라의 고등학생들은 휴대전화를 하나씩 가지고 있는 일을 당연하게 여기지만, 같은 시각 빈곤한 나라의 수백만 명의 어린이들은 먹을 게 없어 굶어 죽는다). 이럴 때 기술은 부유한 자들의 사치다. 살아남는 것조차 힘든 상황에서 사람들은 자연을 소유하고 지배하려는 욕망 따윈 잊어버리기 때문이다.

생태주의자들이 기술과 지구의 생존, 제3세계와의 연대 사이의 관계를 생각하는 것처럼, 기술의 발전을 부의 공평한 분배에 비추어 생각하는 정치인들이 생겨났다. 이들로부터 기술은 인간을 종속시키는 것이 아니라 인간에게 봉사해야 한다는 생각이 나왔다.

무가치한 기술의 발전은 빈곤화(부자는 점점 더 부유해지는 반면 가난한 사람은 점점 더 가난해지는 것)와 실업, 불안정한 일자리(생산비용을 낮게 유지하고 경쟁력을 최적화하기 위해 고용주들에게는 필요하다), 일자리 품귀현상(고용인들이 고용주에게 복종하는 분위기를 조성할 수 있으므로 고용주들이 반긴다), 자기 상실감(생활리듬이 빨라지고 결핍감이 높아지며, 생산성을 시간으로 측정하고 억지로 계산함에 따라)을 불러일으킨다. 이런 흐름을 뒤집고 기술이 인간을 이롭게 하는 데 쓰이도록 끊임없이 싸워야 한다. 그래야만

폭력과 약육강식의 법칙이 세상에서 조금이라도 힘을 잃게 되길 기대할
수 있다.

막스 호르크하이머(Max Horkheimer, 독일, 1895~1973)

마르크스주의를 재해석하고, 여기에 프로이트의 정신분석학과 미국 사회학의 방법을 결합시켜 현대 산업 사회에 대한 비판이론을 전개한 독일 학자 그룹(프랑크푸르트학파)을 주도했다. 가족과 권력, 기술과 이성의 사용, 자본주의와 전체주의적 체제에 대해 분석했다.

테오도르 W. 아도르노(Theodor W. Adorno, 독일, 1903~1969)

음악가, 사회학자이자 음악이론가, 철학자. 유대인으로서 나치에 쫓겨 미국으로 망명했으며 프랑크푸르트학파의 일원이다(호르크하이머 설명에서 참조할 것). 파시즘에 반대했으며 폭력의 구조를 만드는 사회 혁명의 조건에 대해 연구했다.

커뮤니케이션 수단이 사람들을 고립시킨다

여기서 '커뮤니케이션(communication)'이란 넓은 의미로 사용된다. 즉 '의사소통, 연락, 정보 전달, 홍보, 광고'뿐 아니라 '교통, 통로' 등 모든 것을 포괄한다.―옮긴이

커뮤니케이션* 수단이 정신적인 영역에서만 사람들을 고립시키는 것은 아니다. 라디오 아나운서의 허위적인 말들이 사람들 머릿속에 새겨져서 서로 이야기하는 것을 방해하고, 펩시콜라 광고가 여러 대륙이 완전히 무너졌다는 소식을 압도하며, 영화배우라는 유령을 모방하느라 아이들이 불장난을 일으키고 어른들이 간통을 저지르는 것을 의미하지만은 않는다는 의미다.

진보는 사람들을 말 그대로 갈라놓는다. 예전에는 역이나 우체국의 작은 창구에서 직원들끼리 농담을 하며 수다를 떨고, 그런 방법으로 그들은 일을 하면서 알게 되는 자질구레한 비밀들을 나눌 수 있었다. 그러나 현대적인 사무실의 환한 유리창과 많은 직원들이 한데 모여서 일하는 넓은

사무실은 드나드는 사람도 많고 관리자들의 눈에 띄기도 쉬워 잡담을 나누거나 느긋하게 있을 수 없다. 관공서에서는 납세자에게 공무원들이 시간을 허비할 일은 없을 것이라고 보장한다. 이렇듯 사람들은 집단 속에서 고립되어 있다.

교통으로서의 커뮤니케이션 수단은 사람들을 신체적으로 분리한다. 자동차가 기차를 대신했으며, 그것은 사람들을 좀더 고립시켰다. 사적인 공간인 자가용을 타고 여행하면서 다른 사람들과 만날 기회라곤 고작 고속도로의 주유소에서 기름을 넣을 때밖에 없게 되었다. 사람들은 고무바퀴 위에서 다른 사람들과 철저히 격리된 채 여행을 하는 것이다.

한편 어느 차 안을 봐도 비슷한 대화를 나눌 뿐이다. 가족들의 대화는 모두들 실용적인 관심에 쏠려 있다. 통계에 따르면, 각 가정은 소득의 일정 부분을 집, 영화 감상, 담배 소비에 쓴다고 한다. 어떤 자동차를 모느냐에 따라 대화의 주제도 달라진다.

여행자들은 일요일마다 각기 가격 수준에 따라 완전히 똑같은 메뉴의 식당과, 똑같은 모양의 방에서 서로 만난다. 사람들은 자기들이 사는 곳에서 점점 더 고립될수록 점점 더 비슷해진다. 커뮤니케이션은 사람들을 고립시키면서 획일화한다.

『계몽의 변증법*Dialektik der Aufklarung*, 1947』

나야. 그냥 여기 커다란 하얀색 구름이 떠 있다는 얘기를 하려고.
부치, 『인생의 거대한 회오리바람』, 르 쉐르쉬 미디 출판사, 1998년

폴 비릴리오(Paul Virilio, 프랑스, 1932~)

건축가, 가톨릭 사상을 주장하는 철학자. 현대 생활의 지배적 요소인 속도와 기술 발전을 분석하고, 비디오를 통한 개인 통제 수단의 발전을 비판했다. 서구 문명을 지극히 비관적이고 절망적인 시각으로 바라본다.

발전의 재앙, 재앙의 발전

오늘날의 신기술은 특정한 형태의 사고를 일으키는데, 이는 예컨대 타이

타닉호의 침몰이나 열차 탈선처럼 국지적이거나 특정 지역에서만 일어나는 것이 아니라, 전면적이며, 전 세계적입니다.

인터넷 망이 세계화를 불러왔다는 건 맞는 말입니다. 하지만 인터넷, 혹은 같은 성질의 다른 기술들이 전면적인 사고를 등장시켰습니다. 이제껏 유례가 없는 일이지요.

게다가 우리는 주식 대폭락이란 것이 전 세계 사람들과 동시에 관련이 있는 전면적인 사고가 될 수 있을지를 꿈에도 몰랐습니다.

『사이버세계-가장 나쁜 것의 정치, P.프티와의 대담집

Cybermonde. La politique du pire, entretien avec P.Petit, 1996』

전면적인 사고 쪽으로?

새로운 배를 만든다는 것은 새로운 침몰 사고를 만든다는 것이요, 증기 기관, 기관차를 발명한다는 것은 열차 사고, 탈선을 발명한다는 것이다. 마찬가지로 항공 산업이 등장했을 때, 비행기는 추락 사고를 추가했다. 자동차와 연쇄 충돌 사고, 전기와 감전사는 말할 것도 없고, 화학과 핵 산업이 발전하면서 생기는 심각한 기술적 위험들은 또 어떤가……. 기술이 발달하는 각 시기마다 여러 가지 도구와 기계들이 쏟아져 나오고 과학적 사고가 꽃피는 동시에 '부작용' 으로 밝혀지는 특정한 사고들이 뒤따라온다.

『사건들의 풍경 *Un paysage d'événements, 1996*』

철학자의 뇌를
운동선수의 머리에 이식한다면?

우선 몸과 뇌가 제각기 잘 어울리는지를 확인해 보라. 그래도 계속 바꾸고 싶다면 결정을 좀 미루도록 하라. 아직 기술이 그만큼 발전하지 못했으니까. 또 어쩌면 철학자의 몸에 운동선수의 두뇌를, 혹은 운동선수의 몸에 철학자의 두뇌를 가진 괴물이 나올 수도 있다. 아무래도 그런 상황은 피하는 편이 나을 듯하다. 그러나 이런 수술을 아무런 문제없이 뚝딱 해치울 수 있는 날이 분명 올 것이다. 뇌세포에서 뇌 조직을 거쳐, 뇌를 그냥 통째로 이식하는 것이다. 그렇게 되면 존재, 정체성, 개성, 기억, 주관성 등 수많은 개념이 무엇을 의미하는지에 대한 문제가 제기될 것이다.

현재 우리는 몸과 뇌를 함께 붙여서 생각한다. 여기서 질문! 이런 뇌 이식을 실현할 수 있는 가능성은 그런 일이 실제로 일어나야만 의미를 갖는가? 기술적으로 가능하다는 것만으로 실현 가능성이 있는, 혹은 실현 가능성이 없는 어떤 조치를 취할 수도 있지 않을까? 아니면 이 기술의 힘을 제한할 수 있는 다른 기준이 있는가? 예를 들어 도덕, 윤리, 가치, 선악의 구별 같은? 유전공학이 눈부시게 발달하고 있고, 전반적인 사고방식이 빠르게 변화하고 있으므로 이런 문제는 갈수록 늘어날 것이다. 동물 복제나 인간 세포의 동물 이식, 또는 반대로 동물 세포의 인간 이식 등, 이미 이루어진 과학적 성과를 토대로 이에 대한 해답을 생각해 보자.

인간 돼지와 돼지 인간 다음에는?

인간 게놈 해독(세포핵 속에 들어 있는 유전자 정보를 읽어내는 것) 이후, 우리는 도덕적인 문제를 포함한 새로운 도전에 맞닥뜨리고 있다. 오늘날 분자생물학의 기술적 가능성은 우리에게 아찔한 경험을 선사한다. 복제가 가능해졌으며, 인공 수정 기술도 다양해졌다. 정자를 냉동하는 기술이 발달해 한 여성이 생존하거나 혹은 사망한 자기 할아버지의 정자로 임신할 수도 있다. 또, 딸이 어머니를 위해 어머니의 난자에 이미 사망한 정자제공자(예를 들어 자기 아버지)의 정자로 임신할 수도 있다. 혈통, 전통적인 가족, 삶과 죽음, 부모와 자식, 동족결혼(가족 내에서 배우자를 고르는 것)과 족외혼(가족 바깥에서 배우자를 고르는 것) 사이의 통상적인 장벽이 완전히 무너져 내린 셈이다.

식물, 동물, 인간계를 가르는 장벽 역시 무너지고 있다. 예를 들어 반딧불의 DNA(디옥시리보핵산, 생명체의 모든 유전정보가 담겨 있는 고분자유기물)에서 형광 유전자를 추출해 어떤 식물에 넣었더니 그 식물이 갑자기 빛을 냈다. 또 식물을 유전공학적으로 조작해 혈액인자를 생성하는 기술을 개발하기도 했다. 한류성 물고기인 가자미의 유전자를 추출해 토마토에 이식하여 추위에 강한 토마토를 만들어내기도 했다. 식물과 동물 전문가들은 윤리적 가책이 전혀 없이 이런 실험을 하며, 현재로선 이와 같이 식물과 동물 종을 뒤섞는 실험에 대해 아무도 비난하지 않는다.

하지만 동물과 인간의 유전자를 섞는 실험에 대해서는 윤리적인 문제들이 뒤따른다. 기술적으로는 생쥐 몸에 인간의 귀 같은 장기를 키워낼 수 있고, 인간의 DNA를 주입해 인간에게 장기와 혈액, 피부 등의 이식이 가능한 돼지를 만들어낼 수도 있다. 이런 기술은 과연 어디까지 갈 것인가? 원숭이와 인간을 이종 교배한 인간을 만들어내는 건 어떤가? 인간의 영득한 머리와 동물의 튼실한 육체를 지닌 이 존재를 뭐라고 불러야 할까? 동물 인간 혹은 인간 동물? 이 존재를 동물처럼 다뤄야 할까 아니면 윤리적인 의무가 있는 인간처럼 다뤄야 할까? 생물의 영역에서 기술발달을 그저 방치하다가 뼈와 살을 지닌 괴물이 등장하고 나서야 비로소 고민해 봐야 할까?

의학 기술의 가능성에 한계를 긋는 일에는 도덕성이 필요하다. 열을 내서 연구에만 몰두하다 보면 이 위험한 장난에 선을 긋기가 자칫 힘들어진다. 또한 유전공학 분야에서 기술을 자칫 잘못 사용한 과학자들은 선무당이 되기 십상이다. 시작은 엄청나게 근사했지만 어떻게 그쳐야 할 줄을 몰라, 자기가 만들어낸 창조물이 의도와는 다르게, 그것도 무척 빠르게 변한다 해도 손을 쓸 수 없게 되는 것이다. 이런 프로메테우스적 논리(그리스 신화에서 제우스의 불을 훔친 티탄족인 프로메테우스는 '먼저 아는 자' 라는 뜻이며, 여러 기술을 인간에게 가르쳐주었다.)에서, 오직 도덕적 성찰만이 상황을 제어할 수 있다.

최악의 상황을 막고, 그런 상황이 아예 일어나지 않도록 하려면 우리 모두 사전예방 원칙을 염두에 두고 책임을 져야 한다. 어떤 이들은 괴물이 양산되는 것을 막기 위해, 우선 기술과 연구가 지닌 잠재적인 결과를 심사숙고하자고 제안한다. 원숭이와 인간의 배아를 어떻게 취급해야 하나? 과학자가 이것을 실제로 살 수 있는 단계까지 만들었다면? 인간의 신경세포를 이식한 돼지는 또 어떻게 해야 하나? 유전적으로 조작되어 아직 정복되지 않은 질병 인자를 지니고 있는 동물은 어떻게 해야 할까? 결론적으로, 실험은 해도, 걱정할 것이나 해가 전혀 없다는 점이 공식적으로 증명되어야 한다.

돼지인간 고기를 먹는다?

연구를 잠시 중단하고 결과를 미리 숙고하고 윤리를 고려한 다음 실험실에서 실제로 실험해 보는 것. 이것이 과학자들이 취해야 할 올바른 연구 과정일 것이다. 또한 우리는 과학 연구가 인간의 삶을 향상시키고, 질병을 뿌리 뽑고, 인간의 걱정을 덜어주는 게 아니라, 단순히 지적 호기심에 의한 장난이나 이목을 끌어서 유명해지는 데 목적이 있다면 그 연구를 금지할 수 있는 원칙을 생각해 볼 수 있다. 새로운 약을 발견하여 공중보건에 기여하겠다는 의도가 아니라 그 발견으로 특허를 내어 한몫 잡아보겠다는 경우 역시 금지해야 한다.

살아 있는 생물 혹은 유전적으로 조작된 생명체에 특허를 내는 일 또한 문제가 된다. 자연에 있는 모든 것들은 유전적으로 아주 약간만 조작이 가해져도 자연적인 것이 아닌 제조품이 된다. 이 유전자 조작생물을 만든 사람은 특허를 내고, 이를 연구하고자 하는 모든 이들에게 사용료를 받아 큰돈을 챙긴다. 이런 식으로 아마존의 식물 자원을 부유한 나라의 과학자들이 차지했다. 가난한 나라들은 잠재적인 재산을 눈뜨고 약탈당하는 셈이다. 자연 자원은 약간 조작되고 특허가 붙여져서 일종의 수단이 되고, 거대 기업들이 이를 차지하여 이용자들에게 돈을 요구한다.

기술은 지구를 인공화하고 자연을 죽인다. 그나마 살아남은 자연은 부유한 국가의 경제적인 지배를 받으며, 부유한 국가는 이러한 특권을 이용하여 전 세계에 대한 지배권을 보장받는다. 이 모든 것이 인간의 자유를 제한하고, 좀더 많은 이들에게 돌아가야 하는 가능성을 축소하고, 자연을 훼손하고, 유전적 재앙의 위험을 높이며, 행복한 삶을 추구하고자 하는 노력에 찬물을 끼얹는다. 때문에 사전예방 원칙, 더 나아가서 금지 원칙이 반드시 필요하다.

새로운 의학과 유전학 기술은 이데올로기와 세계관의 혁명을 예고한다. 인간적이고 생태주의적인 윤리 정책만이 이 분야가 새로운 경제 전쟁의 장으로 변하는 것을 막을 수 있다. 그런 상황이 온다면 전 지구가 파멸을 맞게 될 것이므로 반드시 막아야 한다.

읽어 보기

한스 요나스(Hans Jonas, 독일, 1903~1993)

현대 사회가 가지고 있는 생태학적 · 생물학적 · 기술적 위험에 대해 책임 윤리를 가지고, 지금의 행동이 먼 미래에 어떤 결과를 가져올 것인지를 곰곰이 생각한 후에야 비로소 행동에 옮길 것을 촉구했다. 예방 원칙의 선구자이기도 하다.

두려움의 좋은 점

우리가 가진 문제에 만능의 해결책이란 없고, 앓고 있는 병에 만병통치약이란 없습니다. 그러기에는 기술적 증후군은 너무나 복잡하고, 여기에서 벗어나는 건 생각조차 못할 일이지요. 우리가 중대하게 방향전환을 하든가, 우리의 습관을 전면적으로 바꾼다 하더라도 근본적인 문제가 사라지는 않을 겁니다. 기술적 모험 자체는 계속되어야 하니까요. 우리의 안전을 보장해 줄 수 있는 해독제가 필요하므로 기술과 과학의 새로운 목적이 끊임없이 생겨나며, 그것은 다시 새로운 위험을 양산해냅니다. 따라서 위험에서 벗어나는 것은 영원한 숙제이며, 그 숙제를 다 해내도 늘 너덜너덜한 조각보 같은 모양새로 남는 운명인 겁니다.

　다시 말해서, 미래가 어떻든 간에 우리는 실질적으로 불길한 재난의 그림자 속에서 살아야 한다는 의미입니다. 하지만 역설적으로, 바로 그런 그림자를 알아차린다는 데에 희망의 빛이 있습니다. 사실상 이 빛이 책임감의 목소리가 사라지지 않도록 하고 있습니다. 이 빛이 유토피아처럼 빛나진 않지만, 그 경고는 우리의 앞길을 자유와 이성에 대한 신앙처럼 비춥니다.

　그리하여 책임과 희망의 원칙은 결국 하나가 됩니다. 인류에게 맡겨진, 결코 빈약하지는 않지만 그래도 한계가 있는 유산을 생각해 볼 때, 더 이상 지상 낙원에 대한 과장된 희망이 아니라, 미래에도 이 세계에서 계속 살아갈 수 있는 가능성과 우리 인류에게 걸맞은 인간적인 생존에 대한 좀 더 절제된 희망이라 할지라도 그렇습니다. 내가 내밀고 싶은 건 바로 이런 카드입니다.

『자연을 위한 윤리 Une éthique pour la nature, 1993』

최저임금생활자는
현대판 노예인가?

아마 그럴 것이다. 만약 노예는 가진 것 없이, 살아남기 위해 다른 사람에게 종속되어 노동력을 제공해 주는 사람이라고 정의한다면. 물론 실업급여를 받을 수 없는 실업자와 노숙자, 나이와 성별 구분 없이 매춘을 하는 사람들, 하루에 열두 시간 넘게 일해도 겨우 입에 풀칠할 정도인 어린이와 어른들 등, 최저임금생활자보다 못한 상황에 처한 사람들도 있다. 이들은 모두 기술의 이용이 오직 돈과 이윤에만 연결되는 자유주의적 자본주의의 희생양들이다. 이러한 과정을 사회 내에서 그대로 겪어내고 아주 보잘 것 없는 역할이라도 감지덕지하며 감당해야만 하는 사람은 모두 노예다.

자유주의적 자본주의가 전 세계를 지배하기 이전에도 노예는 존재했다. 그들은 피라미드를 건설하고, 도시를 만들고, 운하를 파고, 도로를 닦고, 웅장한 성당을 지었다. 이처럼 시대를 막론하고 부를 생산하는 데에는 노동력을 착취당하는 다수와 착취하는 계층이 필요했다. 기술은 힘 센 사람들이 약한 사람들을 지배할 수 있게 해준다. 동굴시대에서 인터넷 시대에 이르기까지 기술은 늘 어떤 집단이 다른 집단을 지배하는 도구로 이용되었다.

다른 수단으로 지속되는 전쟁

오늘날 기술은 생산 수단을 가진 계층을 위해 봉사한다. 노동은 자유주의적인 방향으로 조직되고, 기술은 인간을 소외시키는 대신 이익을 창출하여 주주들에게 재분배하고, 투자자들의 자본을 늘려주고, 기업의 수지타산을 맞추는 것이 중요하다. 대중을 위한 소비재 생산은 줄이고 일시적인 유행 상품의 생산을 늘려 소비자들이 사게 하고, 돈을 유통시켜 자유주의적 경제 메커니즘에 집어넣는 일이 중요한 것이다. 다수의 행복이라는 목적은 이제 옛말이고, 기술은 이런 악순환을 유지시키는 일에 한몫을 한다. 돈을 최대한 만들어내어, '가상적으로' 돈을 굴려서 주식 보유자들의 투기에 전적으로 봉사하는 것이 기술의 목적인 것이다.

이처럼 인간을 소외시키는 기술의 사용에 대한 대안이 있다. 그것은 기술을 절대자유주의(libertaire, 무정부주의)적 목적으로 사용하는 것을 전제로 한다. 헤르베르트 마르쿠제는 전쟁 후 소비가 급속히 늘어나던 시기에 부의 생산이 오직 자본주의적으로 이용되며 기술이 자유시장의 목적에 종속되는 현상을 비판했다. 그는 기계가 인간을 배제하는 방식으로 사용되는 것에 반대하며, 기계는 인간의 안전과 평안을 위해 쓰도록 가치관을 바꿔야 한다고 주장했다. 직장에서 보내는 시간을 단축시키고, 일의 부담감을 덜어주며, 일의 위험성과 치명적인 유해성을 없애주고, 반복적인 일을 대신해 줌으로써 노동을 인간화하는 것. 기계가 인간을 위해 존재해야지 그 반대가 되어서는 안 된다는 것이었다.

비인간적이고 자유주의적인 방식이 아니라, 인본주의적이고 절대자유주의적인 목적으로 기술을 사용하면, 우리는 하루, 그리고 일생에 걸쳐서 여가 시간을 늘리고 직장에서 보내는 시간을 줄일 수 있다. 이처럼 사람들이 기계 사용의 혁명적인 변화에 힘을 쏟으면서 노동시간을 하루에 두세 시간으로 줄이는 최대한의 자동기계화를 꿈꿀 수 있게 된다. 단축된 노동 시간은 꼭 필요한 소비재를 생산하는 데에만 바칠 수 있다. 잉여 생산물이 많아진다 해도 개인의 복지에 쓰이지 자유주의적 독재체제를 뒷받침하는 데 쓰이지는 않는다.

새로운 저항세력, 새로운 협력자?

이러한 분석에 부분적으로 영감을 받은 몇몇 사회학자들은 기계의 발달로 일자리가 귀해지다 못해 점점 사라지면서 결국 노동의 종말이 올 거라고 예언하기도 했다. 그들은 세계가 단순히 상품의 교환에만 치중되는 것에 반대하며 인간적이고 사회적인 관계, 즉 부부, 가족과 친구, 이웃 사이의 관계를 높이 평가했다. 그에 따라 취약한 사회에 대처하기 위한 사회적인 조직을 만들 것을 촉구했다. 오늘날의 노예는 인간관계를 박탈당하고 세상에서 단절된 채 복지 네트워크(사회단체, 무료급식소 등)에 연결되어 있는 개인을 의미하기도 한다.

새로운 기술의 사용, 특히 정보 혁명은 인간중심적인 발전을 가능하게 해줄 것이다. 가상세계에서는 세계를 나누는 지역적 장벽이 없으며, 전 세계를 누구나 자유로이 드나들 수 있기 때문이다.

가상기술의 혁명으로 소비 사회, 부의 자본주의적 생산 방식과 자유주의적 분배 방식에 대한 해묵은 비판이 다시 수면 위로 떠오르게 되었다. 또 절대자유주의적인 기계사용, 노동의 종말, 새로운 사회적 관계의 필요성, 전투적이고 행동주의적인 시민 사회단체나 사이버 '반대(anti) 세력'에 대해서 정책을 확대해야 하는 필요성 등을 내다보게 되었다.

기술이 물질적인 발전을 가져온다는 것은 도덕적인 후퇴를 나타내기도 한다. 그럴 때 우리는 새로운 기술이 가져올 결과를 찬찬히 생각해 보아야 한다. 제1차 세계대전 때 어느 누가 핵분열이라든지 원자폭탄을 상상이라도 했겠는가? 마찬가지로 국가와 시민단체들은 전 세계적인 연대를 통해 새로운 에너지가 가져올 결과에 대해 예견해야 한다.

우리는 어쩔 수 없이 과거의 기술을 생각할 수밖에 없다. 현재의 기술이 어떻게 돌아가는지는 겨우 파악할 수 있을 정도이며, 미래의 기술은 루소나 볼테르의 시대에 20세기를 상상했던 방식으로 소설 속에서나 볼 수 있다.

기술이 이끌어내는 혁명은 시간이 흐른 뒤에야 그 결과를 알 수 있다. 활판 인쇄로 처음 책을 찍어냈을 때, 구텐베르크는 자기가 얼마나 큰 변화를 불러올지 상상조차 못했을 것이다. 책이라는 매체 덕분에 인간은 중세에서 벗어나 르네상스로 접어들 수 있었으며, 근대와 현대까지 올 수 있었다. 오늘날의 책은 쇠퇴의 징조를 보이고 있다. 사람들은 책을 점점 읽지 않으며, 어려운 책은 더욱 멀리한다. 하지만 동시에 사람들은 아무 글이나 닥치는 대로 더 많이 쓰고 출판도 더 많이 한다. 양이 질을 압도하고 있는 형국이다. 미래에는 책을 무용지물로 만드는 기술이 나올 것이며, 그때가 되면 책은 과거의 산물이 될 것이다. 종이 역시 인터넷 정보에 밀려 점차 사라지고 있다.

미래의 기술은 지금보다 훨씬 많은 정보를 양산할 것이다. 기존의 기계들, 예전 방식의 인간관계와 노동, 생산은 종말을 맞게 될 것이다. 지금의

장 밥티스트 세슈레, 「재앙 전의 기상청」, 몽드빌, 2000년

노예 상태는 끝날 테지만 또 다른 형태의 속박이 나타날 것이다. 이는 전 세계적으로 이루어지므로 더 교묘하고 위험하다.

이제 노예는 점점 사라지고 있는 최저임금생활자와 다르게 정의된다. 이는 자연에서 어긋난 인간, 기술이 지속적으로 주입되면서 잠재성이 높아지는 자연의 중요성을 모르는 인간을 의미한다.

기술이 승리하면서 '호모 아르티펙스(homo artifex, 기교의 인간)' 가 '호모 사피엔스(homo sapiens, 지혜 있는 인간)' 를 대신할 것이다. 과거의 노예가 몸만 저당 잡혔다면, 오늘날의 노예는 영혼까지 빼앗기는 셈이다.

읽어 보기

프리드리히 니체(Friedrich Nietzche, 독일, 1844~1900)

무신론자, 반기독교인. 평생 이런저런 병으로 괴로워했다. 종종 나치즘과 연관되기도 하는데, 이는 누이동생이 히틀러의 마음에 들도록 니체의 저작을 마음대로 바꾼 탓이었다. 십여 년 동안 정신착란과 절망에 시달리다가 죽었다. 그는 삶에 대한 열정을 가지고 '선악의 피안(彼岸)'에 선 자유로운 인간이 되길 촉구하며, 2천 년 동안 서구의 정신을 지배하던 기독교 사상을 버리기를 주장했다.

불가능한 계급

가난하면서도 기분 좋고 독립적인 것! 이 모두가 동시에 가능하다. 가난하면서도 기분 좋고 종속적인 것! 이 역시 가능하다. 나는 공장에서 노예처럼 일하고 있는 노동자들에 대해 이보다 더 잘 표현할 수는 없을 것 같다. 그들이 지금처럼 기계의 톱니바퀴로, 말하자면 인간 정신의 발명품에서 부족한 것을 메우는 임시대체물로 이용당한다는 사실에 치욕을 느끼지 않는다면! 쳇! 돈을 많이 받으면 자기네들의 비참함, 그러니까 그 비인격적인 노예상태가 본질적으로 치료될 수 있을 거라 믿다니! 쳇! 새로운 사회의 기계적인 구조 안에서 이러한 비인격성의 증대 덕분에 노예상태의 치욕스러움이 미덕이 될 수도 있다는 말을 곧이곧대로 믿다니! 쳇! 사람이 되길 그만두고 톱니가 되는 대가로 값어치를 얻다니!

당신들은 될 수 있는 한 많이 생산하기만 하고, 될 수 있는 한 부자가 되기만을 궁리하는, 현재를 살아가는 사람들이 벌이는 미친 짓의 공모자인가? 당신들의 임무는 얼마나 많은 내면적인 가치가 그런 외면적인 목표 때문에 낭비되는지를 기록한 적자대차대조표를 그 사람들에게 보여주는 것이다.

헌데 자유롭게 숨쉬는 것이 무엇을 의미하는지를 더 이상 알지 못한다면 당신들의 내면적인 가치는 어디에 있는가? 당신들이 자기를 통제할 수 있는 힘을 조금도 갖고 있지 않다면? 당신들이 김빠진 음료수 같은 자기 자신에게 너무 자주 넌덜머리를 낸다면? 당신들이 갖가지 신문에 귀 기울이고, 부자인 이웃을 흘끔거리고, 급격히 오르내리는 권력이나 돈, 또는 여론에 군침을 흘리게 된다면? 당신들이 누더기를 걸친 철학과 욕심 없는 사람들의 자유로운 정신을 더는 믿지 않게 된다면? 당신들 중에 좀더 정신적인 사람에게 딱 어울릴, 직업도 배우자도 없는 자유롭고 목가적인 가난한 삶이 웃음거리로밖에 여겨지지 않는다면? 아니면 반대로 정신 나간 희망으로 당신들을 불타오르게 하려는 사회주의자의 피리소리(쥐를 잡는 피리 부는 사나이의 그것)가 계속 당신들의 귓가에 맴돈다면? 이들 사회주의자들은 당신들에게 아무것도 하지 말고, 늘 준비하고 있기를 명령한다. 그리하여 당신들은 저 바깥에서 무언가가 오기를 기다리고 또 기다리며, 나머지 부분에서는 늘 살던 대로 산다. 이러한 기다림이 굶주림과 목마름, 열병과 광기가 될 때까지. 그리하여 마침내 승리감에 우쭐대는 짐승(bestia triumphans)의 날이 참으로 장엄하게 떠오를 때까지?

도리어 사람들은 모두 마음속으로 이렇게 생각해야 할 것이다. "차라리 이민을 가자. 세계로 나가서 아직 아무도 손대지 않은 미개한 지역의 주인이 되고, 무엇보다 나 자신의 주인이 되도록 해보자. 조금이라도 노예 상태의 조짐이 보이는 한 장소를 바꾸자. 모험과 전쟁을 피하지 말고 최악의 경우 죽을 각오를 하자. 옳지 못한 노예제도를 더 이상 참지 말아야 한다. 이렇게 가혹하고, 악의적이고, 음모적으로 변해서는 안 된다!" 이것이 올바른 정신자세일 것이다.

유럽의 노동자들은 이제부터 계급으로서 자신들의 상태가 인간적으로 참을 수 없는 상황이라고 선언해야 한다. 이제껏 습관적으로 해온 것처럼 가혹하고 잘못 조직된 구조의 희생자들이라는 식은 안 된다. 노동자들은 유럽의 꿀벌통 안에서 이제껏 한 번도 보지 못한 거대한 집단 이주의 시대를 열어야 할 것이다. 또한 이러한 대규모 이탈 행위로, 오늘날 그들을 위협하는 기계와 자본, 국가의 노예가 되든지, 혁명당의 노예가 되든지, 둘 중 하나를 택해야만 하는 선택에 저항해야 한다. 유럽에 사는 사람들 중 4분의 1 정도가 빠져나가 주기만 한다면! 그러면 유럽인들 마음 역시 더욱 가벼워질 것이다! 무리를 지어 모험을 떠나는 사람들 틈에 섞여 유럽에서 멀리 떨어졌을 때, 비로소 사람들은 어머니 유럽이 얼마나 많은 상식과 공평함, 그리고 얼마나 많은 건전한 불신감을 주었는지를 깨닫게 될 것이다. 아이들은 더 이상 어머니, 이 멍청한 노파 옆에서 삶을 견뎌낼 수가 없으며, 그 옆에 있으면 어머니처럼 침울하고 까다로우며, 흥청댈 것만 같다.

　유럽 밖에서 유럽의 미덕들이 이 노동자들과 함께 여행길에 오를 것이다. 고향에서 위험스런 불만과 범죄 성향으로 변질되기 시작하던 것들이, 밖에서는 펄펄 뛰는 자연 그대로의 아름다움을 띠고 영웅주의라 평가받을 것이다. 그렇게 해서 사람들로 넘쳐나고 의기소침하게 물러나 있던 늙어빠진 유럽에 더욱 순수한 공기가 불어 들어갈 것이다. 설령 그때 '일손'이 좀 부족하게 되더라도 중요치 않다! 아마 그때, 욕구를 충족하는 것이 너무나 쉬워진 그때부터 비로소 사람들은 수많은 욕구들에 익숙해졌다는 사실을 깨닫게 될 것이며, 몇몇 욕구들은 잊게 될 것이다! 아마 그때 사람들은 중국인들을 데려올 것이다. 중국인들은 일개미다운 사고방식과 생활방식을 가져올 것이다. 그렇다, 전체적으로 그들은 불안하고 기진맥진한 유럽의 피에 조용하고 관조적인 동양의 정신, 그리고 가장 필요한 약간의 동양적 끈기를 주입하는 데 이바지할 수 있을 것이다.

『아침놀 Morgenröte, 1881』

폴 라파르그(Paul Lafargue, 프랑스, 1842~1911)

카리브 출신 유대인인 어머니와 물라토(mulato, 흑백혼혈) 아버지 사이에서 태어난 그는 압제에 신음하는 세 민족의 피가 흐르는 것을 매우 자랑스러워했다. 마르크스의 사위였고, 늙어서 쇠약해지는 것을 피하기 위해 아내와 함께 자살했다.

노동에 대한 증오와 게으름 예찬

자본주의 문명이 지배하는 국가들에서 노동자 계급은 이상한 광기에 사로잡혀 있다. 이 광기는 개인과 사회에 온갖 재앙을 안겨 주었고, 그로 인한 재앙은 몇 세기 동안이나 슬픈 인류를 괴롭혔다. 이 광기는 노동에 대한 사랑이며, 노동에 대한 위험한 열정은 개인과 그 후손의 생명력을 말려버리는 지경까지 몰아갔다. 성직자, 경제학자, 도덕가들은 이렇게 정신 나간 생각에 맞서 싸우기는커녕 노동에 신성한 후광을 덧입혔다.

맹목적이고 유한한 인간들은 신보다 현명해지길 바랐다. 또한 연약하고 보잘 것 없는 인간들은 신이 저주했던 것의 명예를 회복시키길 원했다. 고백컨대, 기독교인도, 경제학자도, 도덕가도 아닌 나는 신의 판단으로 인간들의 판단에 이의를 제기한다. 또한 자본주의 사회에서 노동이 가져오는 무시무시한 결과로써 인간들의 종교적 · 경제적 · 자유 사상적 윤리에 대한 예언에 이의를 제기한다.

자본주의 사회에서 노동은 온갖 종류의 정신적 타락을 일으키는 한편, 모든 생명체를 기형으로 만드는 원흉이다. (……)

만약 자신을 지배하고 본성을 타락시키는 이 악습을 마음속에서 뿌리 뽑으면서, 노동자 계급의 무시무시한 힘을 과시하며, 자본주의적으로 착취할 권리에 지나지 않는 인권을 요구하기 위해서가 아니라, 비참할 권리에 지나지 않는 노동권을 요구하기 위해서가 아니라, 모든 사람이 하루에 세 시간 이상씩 일할 수 있는 준엄한 법을 만들기 위해 떨쳐 일어난다면,

지구는, 이 낡아빠진 지구는, 환희에 몸을 떨며 자기 안에서 새로운 세계가 솟아오르는 것을 느낄 텐데……. 하지만 자본주의적 윤리로 이미 썩어버린 프롤레타리아에게 단호한 결단을 내릴 것을 어떻게 요구할 수 있을까?

『게으를 수 있는 권리 Le Droit à la paresse, 1880』

앙드레 고르(André Gorz, 프랑스, 1924~)
기술 정책을 이용해 노동을 최대한 줄이는 방향으로 노동 문제를 다시 생각하자고 주장했다. 자본주의를 대체할 수 있는 경제적 생산 형태를 제안했다. 직업 활동을 하지 않아도 최저임금을 받을 수 있기를 바랐다.

사람들을 노예로 만들 것인가, 아니면 자유롭게 할 것인가?
우리가 기술에 기대할 수 있는 것과 없는 것은 다음과 같다. 우선 기술이 노동의 효율성은 높이고 시간과 수고는 줄여주리라고 기대할 수 있다. 하지만 기술의 힘이 커질수록 대가가 따른다는 것을 알아야 한다. 이는 노동을 삶에서, 직장 문화를 일상적인 문화에서 분리시킨다. 또, 자연에 대한 지배력을 키우는 대신 기술의 독재적인 지배력을 강요한다. 기술의 힘이 커질수록 감성적인 경험의 장과 실존적 자율성은 축소된다. 그리고 생산자에게서 생산물을 분리시켜, 생산자는 자기가 만든 것이 어떻게 완성되었는지를 알지 못하는 지경에 이른다.

　기술화의 대가는 기술이 노동과 시간을 절약할 수 있을 때에나 겨우 받아들일 수 있다. 기술화의 공공연한 목적이 바로 여기에 있기 때문이다. 다른 목적은 있을 수 없다. 기술화는 사람들이 시간과 노력을 적게 들이면서도 생산을 더 많이, 더 낫게 하도록 해줘야 한다.

새로운 형태의 노동자는 기존에 열 시간 동안 해야 했던 일을 한 시간 만에 해낸다. 혹은 서른 시간, 혹은 다섯 시간이라도 중요한 건 아니다. 노동 시간을 줄이는 것이 목표가 아니라면, 기술화는 아무 의미가 없다. 만약 어떤 사람이 노동으로 각자의 삶을 충만하게 하고, 노동을 의미의 원천으로 삼으려는 야망과 이상을 품고 있다면, 그는 정작 자기가 하는 일과는 완전히 거꾸로 가고 있다.

자기가 하는 일을 믿으려면 다른 사람들이 오로지 자기 직업으로만 삶을 완성하고 있는 건 아니라는 것 역시 염두에 둬야 한다. 일하는 것을 좋아한다면, 일이 전부가 아니며 일만큼이나, 아니 그보다 더 중요한 것들이 많다는 사실을 깨달아야 한다. 이는 사람들이 시간을 결코 충분히 낼 수 없는 일들, 하지만 더 많은 시간을 할애해야 하는 일들이다. 이 일들을 하는 데 '기계적인 기술주의'가 시간을 줄 수 있고, 반드시 줘야만 한다. 그래서 '생각과 감성적인 경험을 메마르게 만들고' 잃어버리게 한 데 대해 100배로 돌려줘야 한다.

나는 다음과 같은 이야기를 계속 강조하고 싶다. 노동을 줄이기 위한 목적인 동시에 정체성 확립과 자아실현의 중요한 원천으로서의 일을 찬양할 수는 없다. 현재 기술 혁명의 의미는 노동 윤리를 재건하고, 노동의 성격을 구분하는 데 있지 않다. 기술 혁명이 비직업적 활동의 장에서까지 남녀, 그리고 새로운 형태의 노동자들 모두를 다 기계화한 노동에서는 그 용도를 찾지 못하던 인성을 활짝 꽃피울 수 있도록 영역을 확장시켜야만, 그때에만 기술 혁명은 의미를 갖는다.

『노동의 변신 *Métamorphose du travail, 1988*』

헤르베르트 마르쿠제(Herbert Marcuse, 독일, 1898~1979)

유대계 독일인으로서, 나치에 쫓겨 미국으로 망명했다. 중산층과 빈곤층을 소외시키고 자본주의가 계속 살아남도록 만든다는 이유로 소비 사회를 격렬하게 비난했다. 이러한 부의 생산방식을 끝내기 위해 혁명을 일으킬 것을 촉구하며, 1968년 5월 혁명을 대표적인 예로 들었다.

발전이 거듭될수록 노예상태는 심화된다

기술적으로 발달하고, 예전에 유례를 찾아볼 수 없을, 자연이 완전히 정복된 문명 지역에서는 대다수 사람들의 욕구가 충족된다. 삶의 기계화와 표준화도, 정신적인 메마름도, 커져만 가는 발전의 파괴적인 힘도, 그 어느 것도 서구의 문명 발전을 규제한 '원칙'을 문제 삼기에 충분한 근거를 마

어떻게 더불어 살 수 있을까?
마르탱 베이롱, 2001년 1월자 『누벨 옵세르바퇴르Nouvel Observateur』지에 실린 삽화.

련해 주지 못하고 있다. 끊임없이 증가하는 생산성을 보면 모든 사람에게 더 나은 삶을 누리게 해주겠다는 약속은 여전히 실현 가능한 듯 보인다.

그러나 발전이 거듭될수록 노예상태는 점점 심화되어 가고 있다. 모든 산업 문명 세계에서 인간이 인간을 지배하는 현상은 매우 광범위하고 높은 비율로 늘어나고 있다. 이런 경향은 발전으로 가는 길에서 우발적이고 일시적으로 나타나는 퇴보가 아닌 듯하다. 집단 수용소, 인종학살, 세계대전, 원자폭탄 등은 야만으로 전락해서가 아니라 기술과 인간 지배가 현대사회를 너무나 과도하게 장악하고 있기 때문에 생긴 결과물이다.

인간이 인간을 매우 신속하게 노예로 만들고 파괴하는 현상은 문명의 맨 꼭대기에 자리를 잡고 있다. 이러한 시기에 인간성을 정신적·물질적으로 실현해야 정말로 자유로운 세상을 만들 수 있을 것이다.

『에로스와 문명 *Eros und kultur*, 1958』

기술에 대해 더 읽어 볼 글들

르네 데카르트(René Descartes, 프랑스, 1596~1649)
교회의 명령에 무조건 복종하던 시대와 결별하고, 이성을 자유롭고, 비종교적이고, 방법적으로 사용할 것을 제안했다. 대표적인 저서로 『방법서설 *Discours de la méthode*, 1637』과 『성찰록(*Meditationes de Prima Philosphia*)』이 있다. 말년에 즈음해서는 철학의 영역을 의학 분야까지 넓히는 데 관심을 가졌다.

자연의 주인이자 소유자로서

자연학에 관한 몇 가지 일반적인 개념을 얻고, 이를 여러 가지 특수한 문제에 적용해 보기 시작하면서, 이 개념들이 우리를 어디까지 인도할 수 있을지, 또 이제까지 우리가 사용했던 원리들과 얼마나 다른지를 주목하게 되었다. 그러자 나는 이를 감춰두는 것은, 힘이 닿는 데까지 모든 사람들의 일반적인 행복을 위해 노력해야 한다는 규칙에 반하는 엄청난 죄를 짓는 것이라는 생각이 들었다. 이 개념들을 알면 인생을 사는 데 매우 유익한 지식들에 도달하며, 학교에서 가르치는 사변적인 철학 대신 실천적인 지식을 발견할 수 있을 것 같기 때문이다. 그 실천적인 지식을 통해 불, 물, 공기, 별, 하늘과 그 밖에 우리를 둘러싸고 있는 모든 물체의 힘과 작용을, 마치 우리가 장인(匠人)의 여러 가지 일을 확실히 알고 있는 것처럼, 각각 적당한 용도에 사용할 수 있으며, 그리하여 우리는 자연의 주인이자 소유자가 된다는 것이다.

　이는 단지 땅의 모든 열매와, 지상의 모든 편의를 손쉽게 즐길 수 있게 해주는 무수한 기술들을 발명하는 데뿐 아니라 건강을 유지하는 데도 바람직하다. 확실히 건강은 이 세상에서 제일가는 선(善)이요, 다른 모든 선의 기초다. 정신조차도 체질과 신체 기관의 상태에 크게 의존하기 때문에, 만약 인간을 공통적으로 이제까지보다 더 현명하고 솜씨 있게 만드는 수단을 발견할 수 있다면, 의학 속에서 찾아야 한다고 생각한다.

『방법서설』

아리스토텔레스 (Aristoteles, 그리스, B.C. 384~322)
이데아를 중시한 플라톤과 달리 세계와 구체적인 현실에 관심을 가졌다. 생물학, 지리학, 논리학, 동물학, 시, 기상학, 형이상학, 윤리학, 정치학, 물리학 등 거의 모든 것에 대한 저서를 남겼다. 자기 방식대로 몇 가지 명백한 원칙의 통일성 안에서 다양한 현실을 모아 백과사전적 정신을 창조했다.

두뇌가 손을 낳았다

아낙사고라스 (Anaxagoras, B.C. 500?~B.C. 428)는 인간은 손을 가지고 있기 때문에 동물 중에서 가장 영리하다고 주장했다. 하지만 좀더 논리적으로 말하려면, 인간이 가장 영리하기 때문에 손을 가지고 있다고 하는 게 맞다. 손은 도구이기 때문이다. 자연은 현명한 사람들이 그렇듯, 각각의 기관을 잘 다룰 줄 아는 이에게 그것을 준다. 말하자면 이제 막 피리 연주를 배우는 사람보다 피리연주가에게 피리를 주는 것이 합당하다.

자연은 가장 크고, 가장 힘센 것에 가장 작은 것을 덧붙인다. 가장 작은 것에 가장 귀하거나 가장 큰 것을 더하는 것이 아니다. 이런 방식이 바람직하다면, 자연이 여러 가능성 중에 가장 좋은 것을 실현한다면, 인간이 손이 있기 때문에 존재들 중 가장 영리한 것이 아니며, 가장 영리하기 때문에 손을 가지고 있는 것이다.

사실 가장 영리한 존재란 가장 많은 수의 도구를 잘 사용할 줄 아는 존재다. 손은 한 가지가 아니라 여러 가지로 쓰이는 도구인 듯하다. 손은 다른 것들을 대신하는 도구이기 때문이다. 그리하여 가장 많은 수의 기술을 터득할 수 있는 존재에게 자연은 단연 가장 유용한 도구인 손을 준 것이다.

또한 인간은 불완전하고, 동물보다 타고난 자질이 부족한 존재라는 생각은(맨발에, 벌거벗었으며, 싸우는 데 필요한 무기도 없기 때문에 그렇다고 한다.) 잘못되었다. 동물들은 모두 방어 도구가 유일하며 다른 것으로 바꿀 수가 없기 때문이다. 동물들은, 잠을 자든 다른 어떤 일을 하든 늘 신발을 신고 있어야 하며, 몸에 두르고 있는 갑옷을 내려놓을 수도, 타고난 무기를 바꿀 수도 없다. 반면 인간은 가지고 있는 여러 가지 다양한 방어 수단을 언제나 마음대로 바꿀 수 있어서 원하는 무기를 원할 때 사용할 수 있다. 손이 호랑이나 독수리의 발톱이 될 수도 있고, 뿔이나 칼 등 모든 무기의 기능을 할 수 있기 때문이다. 이 모든 것은 손의 움켜쥐는 기능으로 인해 가능하다.

자연이 만들어낸 손의 모양은 그것이 가진 기능에 딱 들어맞는다. 손은 여러 부분으로 나뉘어져 있다. 역(逆)명제가 늘 참은 아니더라도, 손가락들이 벌어진다는 것은 다시 모일 수도 있다는 것을 의미한다. 그리하여 손은 한 가지, 두 가지 혹은 여러 가지 용도의 기관으로 사용될 수 있는 것이다.

『동물의 지체에 관하여 *De partibus animalium*, B.C. 4세기 경』

위르겐 하버마스(Jürgen Habermas, 독일, 1929~)
프랑크푸르트학파의 후계자. 20세기의 역사, 기술, 정치학이 띠고 있는 형태를 연구했다. 토의와 의사소통을 통해 민주주의를 실현하자(토의 민주주의)는 이론을 제시했다.

사이언스 픽션?

미래에는 통제 기술의 목록도 상당히 길어질 것이다. 허만 칸(Hermann Kahn)은 다가올 33년 동안 나올 만한 기술적 발견물의 목록*을 작성했는데, 나는 거기에 실린 앞에서부터 50개의 목록 가운데 사람의 행동을 통제하고 인간성을 변화시키는 기술을 상당수 가려낼 수 있었다. 30)개인뿐 아니라 조직들을 가능한 한 멀리까지 감시하고, 통제하고, 감독할 수 있는 새로운 기술. 33)공·사를 막론하고 인간 행동에 영향을 끼칠 수 있는 더욱 새롭고 확실한 '교육'과 선전 기술. 34)전기를 이용해 뇌와 직접 소통할 수 있고 자극을 줄 수 있는 기술. 37)효율적이고 새로운 시위 진압 기술. 39)피로, 긴장 완화, 활력, 기분, 지각과 상상력을 조절할 수 있는 다양한 새로운 약품들. 41)개인의 성별을 좀더 쉽게 '바꿔주는' 기술. 42)개인의 기본 체질을 유전적으로 통제하거나 영향을 미치는 기타 기술들⋯⋯. 물론 이런 식의 미래 예측은 논쟁의 여지가 매우 많다.

＊『2000년을 향하여(Toward the Year 2000)』, Daedalus, 1967년 여름.

어쨌든, 이 예측을 통해 인간 행동이 미래에는 말장난의 문법에 묶여 있는 규칙 체계에서 떨어져서, 직접적인 물리학적 통제나 심리학적 영향에 복종하는 인간 기계 유형의 자기 규제된 체계 속에 통합될 수 있는 가능성을 생각해 볼 수 있다.

『이데올로기로서의 기술과 과학

Technik und Wissenschaft als 'Ideologiie', 1968』

에른스트 윙거(Ernst Jünger, 독일, 1895~1998)

1914~1918년의 제1차 세계대전 중에 총검으로 적을 탈장(脫腸)시키는 방법을 고안했고, 1940년은 독일 점령군으로 파리에 머물렀다. 곤충학에도 조예가 깊어

나비를 발견해 자기 이름을 붙였고, 생전에 헬리혜성을 두 번 봤다. 103살에 세상을 뜨기 전까지 소설뿐만 아니라, 기술, 시대, 신화와 역사 등 다양한 분야에 대한 글을 남겼다.

마술 같은 기술

기술은 종종 정말로 놀랍습니다. 우습지만, 전화 통화를 하면서 나는 아직도 가끔씩 기술로 가능해진 일들이 마치 마술 같다는 생각을 합니다. 영화, 전화 외에 다른 것들도 마찬가지죠. 우리의 대화를 녹음하고, 카메라로 찍어서 100년 후에 보는 일이 가능해졌습니다. 어쩌면 다른 관점으로요.

　영화로 촬영된 장면은 이미 죽어서 추억도, 생김새도, 목소리도, 행동도 다 잊혀진 사람들을 다시 불러내옵니다. 내가 마술이라고 부르는 이런 일들은 더욱 인상적인 방식으로 다가오고 있습니다. 이미 사람들은 4차원 가상현실에 대해 많이 이야기하고 있지요. 생각조차 디지털화하고 있습니다.

『미래의 거인들*Les Prochains Titans*, 1995』

「매트릭스」의 가장 특징적인 영상. 여기에는 모든 것이 결국 프로그램 코드일 뿐이라는 암시가 들어있다.

영화 「늑대의 혈족The company of wolves」 중에서, 닐 조단 감독, 1984년

2부

어떻게 더불어 살 수 있을까?

「베프, 볼테라 감옥의 배우」, 사진, 알렉스 마졸리, 이탈리아, 1996년 →

4. 자유

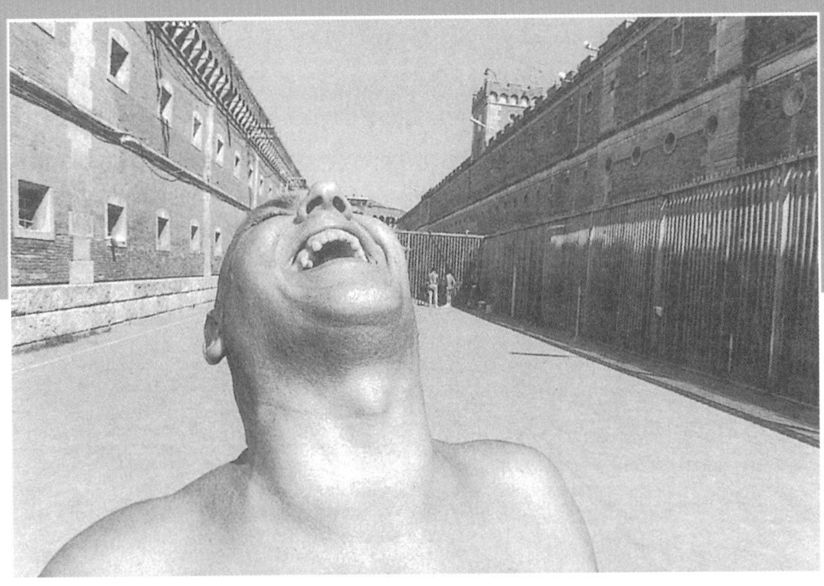

왜 학교는
감옥처럼 지어졌을까?

감옥과 마찬가지로 학교도 사람들이 자유롭게 나다니는 것을 싫어해서 어떻게든 제지하고 자유를 제한하려 하기 때문이다. 다만 학교와 감옥뿐만 아니라 그런 곳은 어디에나 있다. 아무런 제약 없이 자유롭게 오가고, 어디 갈 때 누구한테 보고할 필요 없고, 언제든 마음대로 시간을 쓰고, 잘 때와 일어날 때, 일하고 밥 먹는 등의 시간을 자기가 정하는 것. 이처럼 개인의 자율성(세세한 것까지 자기와 관련된 것을 스스로 정하는 것)을 보여주는 모든 행위는 사회 전체로 보면 상당히 거슬린다. 그래서 사회는 사람들의 공간과 시간을 감시하는 몇몇 제도와 기관들을 고안한 것이다.

사회는 자유를 싫어한다. 자유는 질서와 사회적 응집력, 쓸모 있는 공동체를 만들어내기는커녕 함께하는 활동을 와해시키고, 사회 구성원들은 개인화하고, 사회적인 분열을 일으키기 때문이다. 사실 자유는 개인에게 겁을 주고, 불안하게 한다. 개인은 스스로 자유롭게 선택할 수 있는 가능성과 그에 따른 책임의 중압감을 앞에 두면 의심에 휩싸이기 때문이다. 사회 역시 구성원들이 작은 집단으로 나뉘어 다양한 모습으로 살기보다는 각자를 위해 정해 놓은 계획에 따르기를 바라기 때문에 자유가 싫다.

자유에 대한 증오와 사회적 조련

자기 시간과 몸, 삶을 마음대로 사용하게 되면, 사회적 틀에 고분고분 복종하는 것보다 더 큰 불안감을 느끼게 된다. 가정, 학교, 직장 등은 사회가 제공하는 안정(직업, 지위, 사회적 인정, 돈 등)에 자유를 맡긴 사회적인 틀이다. 그렇기 때문에 사람들은 자유를 누리기보다 사회적 기계 속에 스스로 몸을 던지고, 결국 그 기계에 먹히고 소화되는 것이다. 별다른 근거 없는, 자유가 안겨주는 불안감을 피하려고.

학교는 여러분이 아주 어렸을 때부터 여러분을 맡아서 사회화한다. 다시 말해 아직 길들여지지 않은 여러분이 진정한 자유를 포기하고 법이 정하고 있는 자유를 더 좋아하도록 만드는 것이다. 그러면서 여러분의 몸과 정신이 완성된다. 세상을 보는 방식, 현실에 대처하고 사물들을 생각하는 방식이 주입되는 것이다.

여러분의 행동은 시시콜콜 규제의 대상이 된다. 초등학생, 중학생, 고등학생, 대학생들은 학교에서 중요하게 생각하는 기준에 어쩔 수 없이 따라야 한다. 평균 이상의 점수와 성적, 무엇이 중요하고, 무엇을 해서는 안 되는지를 결정하는 기준들, 평소 행실이 적혀 있는 생활기록부, 매우 정확한 규칙에 따라 작성해야 하는 보고서, 세세한 부분까지 규제하는 교칙, 상급

학교로 진학해야 하는 목표, 시스템의 편의에 따라 나누어진 과 구분, 학위 취득(학위 그 자체로는 아무 의미가 없지만 마치 반드시 따야만 하는 만병통치약처럼 여겨진다). 이 모든 것은 여러분의 실력을 높이기 위한 것이 아니라(학교에서 외국어를 7년 이상 배우는데 왜 술술 말할 수 없을까?) 여러분을 교사와 상급자들에게 좀더 고분고분하게 만드는 데 목적이 있다.

학교의 건물 모양에 대해 이야기해 보자. 감옥 같은 학교의 모양은 여러분이 학교에 발을 들여놓을 때부터 나갈 때까지, 매 순간 여러분이 어디에 있고 무엇을 하는지 다른 이들에게 알려져 있다는 것을 의미한다.

여러분이 시간을 어떻게 사용하는지는 엄밀하게 점검된다. 학교는 많은 사람들이 우르르 오가는 곳이다. 학생들은 교실에 있다가 다른 교실로 가기도 하고, 도서관, 매점, 식당, 체육관, 컴퓨터실, 미술실 등으로 옮겨다닌다. 이런 움직임은 하루 중 등교시간, 휴식시간이나 이동 수업시간, 하교시간 등으로 그 시간이 정확하게 정해져 있다.

보이지 않으면 잡히지 않는다

사람들의 흐름을 제어하는 사람이라면 그 구성원들을 통제하는 것도 가능하다. 학생들의 움직임은 특히 수업시간 중이라면 더욱 눈에 잘 띈다. 수업시간에 움직이는 것은 '뭔가 잘못되었다'는 것을 뜻하기 때문이다(수업시간 중에 잠깐 화장실을 가든지, 양호실을 가든지, 학생주임실에 가든지, 자료실에 가든지, 가만히 앉아 있어야 되는 시간에 돌아다니면 '방랑자'가 된다). 감독관이나 경비원들의 사무실이 사람들의 왕래가 잦은 곳에 있는 것은 바로 이런 이유 때문이다.

여러분이 어디에 있든 감시의 그늘 아래 있어야만 한다. 이것이 바로 건물 내부가 한눈에 훤히 보이는 구조인 파놉티콘(panopticon, 원형 건물)의 원리다. 파놉티콘 구조의 건물에서는 여러분이 어디에서 무엇을 하든 한

눈에 볼 수 있다. 학교도 여러분의 행동과 위치를 감시할 수 있는 구조로 지어졌다.

건축으로 공간을 감시하는 것이 가능하다면, 여러분의 시간, 1일, 1년은 시간표로 감시된다. 여러분을 감시하는 사람들은 학급(번호가 붙여진 교실)이라는 장소의 가로좌표와 시간표라는 시간의 세로좌표가 만나는 지점을 통해 여러분이 어디에서 무엇을 하는지를 계속 알 수 있다. 여러분이 가는 곳은 뻔하다. 수업시간이 끝났음을 혹은 시작됨을 알리는 종이 리듬에 맞춰 울려야 겨우 어디론가 이동할 수 있고, 출석부에는 여러분의 출결사항이 빠짐없이 기록돼 있다.

교실은 이런 감시 작업을 더욱 세밀하게 할 수 있게 해준다. 여러분은 정해진 시간, 정해진 장소, 정해진 자리(2제곱미터 가량)에 있으며, 허락을 받아야만 그 자리에서 뜰 수 있다(가령 선생님이 교실 앞으로 나와 문제를 풀든지, 유인물을 나누어주든지, 혹은 숙제 공책을 급우들에게 나누어주라고 하면 수업시간에 움직이는 게 가능하다. 그렇지 않으면 종이 울려야만 움직일 수 있다).

여러분의 개인적인 자유는 공간의 감시(건축)와 시간의 감시(학교 행정)로 인해 사라진다. 이러한 '파놉티콘'의 원리는 학교뿐 아니라 군대, 감옥, 공장 등에도 적용된다. 학교 종은 사이렌이, 출석 호명은 출근카드 찍기나 점호가, 교실

「파리의 랭보」(일부), 에른스트 피농 에른스트, 1978년

은 감방이, 성적은 등급이나 인사고과가, 반성문이나 부모님 호출은 기합이나 독방수감이, 퇴학은 해고가, 학생회나 선도부는 재판소가, 학생 주임은 작업반장이나 간수가 대신한다.

사람들은 좋은 학생, 좋은 군인, 좋은 시민, 좋은 노동자를 원한다. 그런 때 자유는 아무 소용이 없다. 우선은 완전한 자유가 주는 다양한 가능성을 틀어쥐고 사회적 규칙이라는 바늘구멍을 통과하도록 사람들을 강제해야 한다. 그 속에 숨겨놓은 목표는 제한 없는 자유가 내포하고 있는 엄청난 혼란을 막는 것이다.

개인적인 자유를 가장 많이 포기한, 가장 고분고분한 사람들에게 사회는 많은 보상을 해준다. 좋은 직장, 책임 있는 지위, 높은 계급, 넉넉한 봉급 등, 성공한 사람의 본보기로 만들어준다. 학위, 경력, 일, 수입 등, 사회는 자유를 억누르려는 계획에 적극적으로 협력하는 사람들에게 아낌없이 선물을 퍼준다.

반면에 자유가 있는 곳에는 어김없이 감시망이 펼쳐진다. 이런 감시 체계는 가정과 인간관계뿐만 아니라, 직장 내에서는 말할 것도 없고, 마을, 도시, 나라 등 도처에 존재하며, 머지않아 전세계로 확대될 것이다.

사이렌이 울려도 모이지 않고 딴청부리는 사람은 소수에 지나지 않는다. 이런 사람들은 자유를 택한 대가로 사회적으로 불안정한 상태이며 미래에 대한 전망도 불투명하다.

이처럼 소수의 저항세력이 될 것인가, 아니면 사회에 적극 협력하는 사람이 될 것인가? 선택은 여러분의 몫이다.

읽어 보기

질 들뢰즈(Gilles Deleuze, 프랑스, 1924~1995)
1970년대에 명강의로 이름을 날린 철학 교수다. 자본주의와 정신분석의 전체적인
기능을 비판했다. 철학자들과 문학, 미술, 영화에 대한 글을 썼다. 오랫동안 병마
에 시달리다가 결국 파리에 있는 자기 아파트의 창문 밖으로 몸을 던져 자살했다.

감금 이후에 통제가……

지금 막 떠오르고 있는 여러 가지 통제 체계에 대한 사회 기술적 연구는,
모두들 위기라고 이야기하고 있는, 처벌의 성격이 강한 감금 환경 대신
한창 자리를 잡아가고 있는 체계를 범주화하고 묘사할 수 있어야 한다.

과거의 왕권 사회에서 쓰였던 낡은 수단들이 적절한 손질을 거쳐 다시
등장할 수도 있다. 중요한 건 우리가 어떤 체계에 막 발을 들여놓았다는
사실이다. 감옥 체계에 있어서 적어도 죄질이 가벼운 범죄에 대해서는
'대체 형벌'을 모색하고 있고, 유죄 선고를 받은 사람에게 전자감응 목걸
이를 채워 특정 시간에는 집에 있도록 제재한다. 학교 체계에 있어서는 계
속적인 각종 통제 형태, 학교에서의 평생 교육 활동, 그에 따라 모든 연구
를 대학에 위탁하는 것, 모든 각급 학교에 '기업'이 끼어드는 것 등이 있
다. 병원 체계에서 있어서는, '의사도 환자도 없는' 새로운 의학이 나타나
잠재적인 환자와 위험 대상들을 골라내는데, 이는 흔히 말하듯 개인화를
향한 진보를 의미하는 것이 아니라, 개인적이고 수(數)적인 몸을 '비개인
적'인 방식으로 통제할 수 있는 숫자로 대체하는 것일 뿐이다. 기업 체계
에 있어서는, 낡아빠진 공장 형태를 거치지 않는 돈, 상품, 사람들에 대한
새로운 취급법이 나타난다.

이는 모두 사소한 예지만, 제도의 위기, 다시 말해 새로운 지배 체계가

여기저기에서 점차 들어서고 있다는 것을 이해할 수 있게 해준다.

가장 중요한 문제 중 하나는 노동조합의 무능화일 것이다. 생겨났을 때부터 줄곧 규칙과 감금 환경에 대한 투쟁을 해왔던 노조는 상황의 변화에 적응할 수 있을 것인가, 아니면 통제 사회에 대한 새로운 형태의 저항세력에 자리를 내줘야 할 것인가? 지긋지긋한 마케팅을 공략할 수 있을, 이러한 새로운 형태의 저항을 벌써부터 그려볼 수 있을까?

이상하게도 많은 젊은이들이 '동기를 부여받았으면' 좋겠다고 외치고, 연수와 평생교육을 받겠다고 거듭 요구한다. 선배들이 처벌의 궁극적인 목적이 무엇인지를 어렵게 알아낸 것처럼 젊은이 역시 자기들이 무엇에 이용되고 있는지를 스스로 알아내야 한다. 뱀의 똬리가 두더지 굴보다 훨씬 복잡한 법이다.(……)

감옥, 병원, 공장, 학교, 가정 등 모든 감금 환경은 전반적인 위기상황을 맞고 있다. 특히 가정은 '내부'이며, 학교, 직장 등 다른 모든 '내부'처럼 위기를 맞고 있다. 능력 있는 장관들은 필요한 개혁을 하겠다는 발표를 끊임없이 내뱉는다. 학교를 개혁하고, 산업, 병원, 군대, 감옥을 개혁한다고. 하지만 모두들 이런 개혁은 끝났든지, 아니면 조만간 끝날 것이라는 것을 알고 있다. 이런 제도들은 새로운 세력이 정착하여 문을 두드릴 때까지 그저 공포감을 억누르면서 사람들을 맡을 수밖에 없다. 통제 사회가 처벌사회의 자리를 넘겨받고 있는 중이다.

『대담(對談) Pourparlers, 1990』

제레미 벤담(Jeremy Bentham, 영국, 1748~1832)

공리주의 사상의 기초를 마련했다. 당시로서는 이례적으로 자신의 시신을 과학의 발전을 위해 해부하고, 해부한 후에는 유골에 옷을 입혀 런던 대학 복도에 전시하길 바랐다. 지금도 유골이 계속 거기에 있다.

보고, 통제하고, 그리하여 지배한다

만약 특정 수의 사람에게 어떤 일이 일어나는지를 샅샅이 알 수 있고, 그들을 둘러싸고 있는 환경을 임의로 배치할 수 있고, 원하는 감정을 그들에게 불러일으킬 수 있고, 그들이 무슨 행동을 하고, 어떤 관계를 맺고, 살면서 어떤 상황들을 맞게 되는지를 다 파악할 수 있는 등, 어떤 것도 우리가 바라는 결과에서 벗어나거나 역으로 가지 않도록 할 수 있는 수단을 발견했다고 하자. 이런 종류의 수단은 여러 정부들에 의해 매우 활발하고, 매우 요긴하게 여러 대상에게 적용할 수 있는 중요한 도구가 될 게 분명하다.

예컨대 교육은 아이가 노출되는 모든 환경의 결과물일 뿐이다. 교육에 신경 쓴다는 것은, 그의 모든 행동을 눈여겨보고 있음을 의미한다. 또한 우리가 주고 싶은 것을 주고, 우리가 심고 싶은 생각을 심는 등 영향을 미칠 수 있는 자리에 그 사람을 놓는다는 것이다.

혼자서 완벽하게 다수의 개인들을 감시하려면 어떻게 해야 할까? 다수가 한 사람을 완벽하게 감시할 수는 있는 방법은 무엇일까? 흔히 하는 것처럼, 뒤를 이어 끊임없이 들어오는 사람들을 받아들인다면 지도하는 데 통일성도 없으며 방법 면에서도 연속성을 기대할 수 없다. 그러므로 유용하고도 새로운 생각, 즉 한 사람에게 다수의 힘을 모두 모은 것보다 더 큰 권력을 줘서 감시하도록 하자는 데에 선선히 동의하게 된다. (……)

파놉티콘 건설

이런 관점에서 여러분에게 제안하는 형무소는 순환적인 구조의 건물이다. 아니면 건물 두 동을 서로 맞물리게 하는 구조가 좋겠다.

죄수들의 거처는 중앙을 비워두고 주변을 빙 두르도록 지어진 6층짜리 건물이다. 그들이 있는 감방은 안쪽 면이 열려 있는 것이나 마찬가지인데, 쇠창살을 통해 전부 노출되기 때문이다. 각 층에는 긴 통로가 있어 소통이 가능하며, 모든 감방은 통로 쪽으로 열리는 문이 있다.

중앙에는 탑이 자리 잡고 있다. 바로 감시자들의 거처다. 탑은 3층으로 나누어져 있는데, 이는 각 층에서 감방 두 층을 완전히 지배하기 위한 것이다. 감시탑에도 통로가 있는데, 여기에 투명한 미늘덧문(블라인드)을 설치한 덕분에 감시자의 시선이 감방 안에까지 미치지만, 감시자 자신은 보이지 않는다. 때문에 감시자는 한번 흘끔 보는 것만으로도 죄수들 중 3분의 1은 볼 수 있으며, 조금만 움직이면 1분 안에 모두를 볼 수 있다. 또한 감시자가 자리를 비워도 있는 것처럼 보이기 때문에 자리를 지키고 있을 때와 마찬가지의 효과를 거둘 수 있다.

감시탑에서 각 감방까지는 의사소통을 위한 양철 파이프가 설치되어 있다. 이것을 통해 감시자가 목소리를 높이거나 움직이지 않고도 죄수들에게 주의를 주거나, 작업을 지시하거나, 혹은 감시를 하고 있다는 느낌을 줄 수 있다. 감시탑과 감방들 사이에는 빈 공간이 있는데, 죄수들이 감시자들을 습격하는 것을 사전에 방지하기 위해 수로 같은 것을 파두었다. 전체적으로 이 건물은 마치 각 방이 중앙의 한 점에서 한눈에 보이는 꿀벌통 같다.

보이지 않는 감시자는 마치 유령처럼 지배한다. 이 유령은 필요한 경우 자기가 실제로 존재하고 있음을 드러낸다.

이 형무소는 파놉티콘이라 하는데, 이는 건물의 가장 중요한 장점인, 일어나는 모든 일을 한눈에 볼 수 있다는 것을 한마디로 표현한 것이다.

마지막으로, 이 원리는 학교, 군대 혹은 그 밖에 한 사람이 여러 명을 감시해야 하는 곳에서 매우 적절하게 적용될 수 있을 것이다. 파놉티콘을 이용해 단 한 사람의 신중함으로 다수의 올바른 행실을 보장할 수 있다. 이는 다른 어떤 구조에서도 불가능했던 일이다.

『파놉티콘 *Panopticon*, 1839』

미셸 푸코(Michel Foucault, 프랑스, 1926~1984)

광기, 감옥, 감금, 병원, 성(性)에 대한 글을 썼다. 모든 압제적인 논리를 비판했으며, 좌파 지식인으로 수감자들의 권익을 옹호하는 단체를 위해 열심히 활동했다. 생전에 비밀리에 동성애자였으며, 에이즈로 사망했다. 고대 그리스의 사상가를 참조해 새로운 도덕에 대해 생각하는 작품을 남겼다.

군대, 병원, 감옥, 학교……

질문: 파놉티콘이 무엇입니까?

답: 중앙에 뜰을 중심으로 둥글게 배치되어 사람들을 가둬놓은 감방을 감시할 수 있는 건축 형태입니다. 중앙의 감시자들은 자신들의 행동을 들키지 않으면서도 모든 것을 감시할 수 있지요.

권력은 사라지고 나타나지 않지만 여전히 존재하고 있습니다. 권력은 유일한 시선의 무한한 다양성 속에 녹아 들어가 있습니다. 현대의 감옥들은, 우리가 '본보기'로 여기는 가장 최근의 감옥 중에서도 많은 수가 이런 원리를 적용하고 있습니다.

하지만 벤담은 자기가 고안한 파놉티콘이 특별히 감옥에 적용되리라고는 생각하지 않았습니다. 그 모델은 새로운 사회의 어떤 구조에도 적용되었고, 적용될 수 있으니까요. 프랑스에서 고안되어 전 유럽 정부를 매료시킨 경찰 제도는 파놉티콘의 쌍둥이입니다. 현대의 과세제도, 정신요양원, 여러 가지 파일들, 텔레비전 회로와 그 밖에 우리를 둘러싸고 있는 기술들은 이를 구체적으로 적용하는 것입니다.

우리 사회는 베카리아*적이라기보다는 벤담적입니다. 현재 감옥의 형태를 이끌었던 지식의 전통, 즉 파놉티콘을 감옥으로 이끌었던 지식의 전통을 발견할 수 있는 장소들은 왜 감옥이 군대, 병원, 학교와 닮았고 왜 이 장소들이 감옥을 닮았는지를 보여주고 있습니다.

『어느 프랑스 철학자가 본 감옥

La prison vue par un philosophe fraçais, 1975』

아동성애자는 자신의 성적 취향을
스스로 선택한 것일까?

확실히 아니다. 선택할 수 있다면 사회적으로 덜 위험하고 사회적 발판(가족과 지위 등)을 잃거나 사람들에게 손가락질당할 염려가 없으며, 특히 당하는 사람들에게 평생 동안 잊혀지지 않는 정신적인 상처를 줄 위험이 없는 성적취향을 택했을 것이다. 아동성애자(pedophilia, 소아기호증)는 어린이에게 억누를 수 없는 성적 매력을 느껴, 자신의 충동을 어떻게든 만족시키는 사람을 말한다.

선택은 문제점을 명확히 알고, 문제시되는 상황이 아닌 다른 상황을 택할 수 있는 능력을 전제로 한다. 관찰하고, 비교하고, 계산한 다음 바람직한 행동을 택하는 것이다. 아동성애자가 자유로이 자신이 어떤 사람이 될지를 선택할 수 있었다면, 어린이에게 성욕을 느끼지 않는 사람이 될 수도 있었을 것이다. 입장을 바꿔 생각해 보면, 아동성애자가 아닌 여러분들(아니라고 생각하겠다)은 자신의 취향을 마음대로 선택했는가?

여러분이 자신의 성적 취향을 마음대로 선택할 수 없었던 것처럼, 이들 역시 마찬가지다. 이들이 홀린 듯 이끌리는 성적 취향에 여러분이 아무런 욕구를 느끼지 못하는 것처럼, 이들 역시 전통적인 성생활에서 아무런 욕구를 느낄 수 없는 것이다.

아동성애자는 태어난 것이 아니라 만들어진 것이다

선택할 수도 없고, 저항할 수도 없이 무작정 충동에 이끌리는 사람의 입장에서 말한다면(운 좋게도 사회적으로나 문화적으로 인정되는 여러분도 마찬가지다), 인간은 결정론을 따른다. 결정론은 한 개인이 분별 있는 선택을 할 수 없게 만드는 불가항력적인 힘을 전제로 한다. 우리는 모두 우리를 훌륭한 남편, 조신한 아내, 착한 어린이, 성실한 직원, 선량한 시민 등, 사회적 본보기로 변화시키려는 결정론에 따라 행동하고 있다. 하지만 교육 과정과 사회적 조련에도 불구하고 막기 힘든 일탈 행동이 있게 마련이다.

동성애가 그렇다. 동성애는 시대의 흐름에 따라 일상적으로 행해지거나 용인되기도 하고, 금지되거나 금기시·죄악시되기도 했다. 현재 프랑스에서 동성애는 사회의 지배적인 모델인 이성애와는 다른 방식의 성적 취향과 인간관계의 형태로 인정되고 있으며, 동성애자들에게 거부반응을 보이는 사람들도 점차 줄어들고 있다.

동성애자는 자신이 그 방식을 선택하지 않았으며 그저 그렇게 정해졌다. 이성애자들이 어느 날 갑자기 이성애자로 살기로 결정하지 않은 것과 마찬가지다. 우리에게 정해진 성적 취향이 사회에서 용인하고 받아들여지는 것이라면 정말 다행일 뿐이다.

플라톤이 살던 시대의 그리스에서는 아동성애자가 비난받거나 범죄자로 취급받지 않았다. 오히려 사회에서 그들은 옹호의 대상이었다. 당시는 사제 관계가 으레 성적 관계로 이어지던 시기였기 때문이다. 소크라테스는 알키비아데스, 카르미데스, 유티데모스, 파이드로스(이들 네 사람의 이름은 『플라톤의 대화편』에서 볼 수 있다), 아가톤 등 여러 명의 미소년 제자들을 사랑했다. 이런 철학자의 아동성애적 취향은 제자와 나누는 지극히 정상적이고 자연스러운 교육적 관계로 여겨졌다. 하지만 오늘날에 이런 교육자가 있다면 학부형들이 노발대발할 것이며, 고발당해 재판정에 서야 할 것이다. 또 학교에서 쫓겨나거나 교사 자격을 박탈당할 것이다.

결정론은 그 시대의 사회적·문화적 배경에 따라 만들어진다. 그 시기에 금지되고, 또 용인되는 것이 무엇인지에 따라 우리의 행동이나 존재 방식이 달라지는 것이다. 소크라테스가 이 시대를 살고 있다면 온갖 경멸의 눈초리를 받으며 감방에서 썩고 있을지도 모른다.

어떤 장소와 시대에서 범죄자인 사람이 다른 장소와 시대에서는 그렇지 않는 수도 있다. 시대, 역사, 지리, 문화, 문명이 우리가 빠져나올 수 없는 결정론들을 만들어낸다.

정체성의 형성에는 사회적인 영향이 매우 크다. 여러분은 부분적으로 환경의 산물이며, 교육적 영향, 심리적 한계, 가족구성 등이 뒤섞인 복잡하고 어려운 결과물이다. 즉, 여러분의 존재는 여러분이 다소, 혹은 전혀 저항

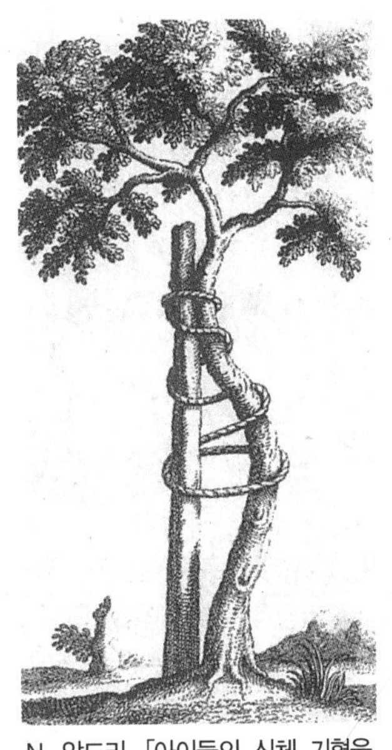

N. 앙드리, 「아이들의 신체 기형을 예방하거나 바로잡기 위한 정형술 혹은 기술」, 1749년

할 수 없던 수많은 결정론에서 유래했다는 의미다.

우리의 신체도 결정론에서 벗어날 수 없다. 유전의 경우가 그렇다. 우리는 자신의 신체적 특성이나 체질을 선택한 것이 아니라 유전적으로 물려받았다. 어떤 것은 열성(눈에 보이지는 않지만 몸 속에는 지니고 있어 나중에 후손에게 발현되는 인자)으로, 어떤 것은 우성(눈에 띄는 신체적 특성을 말한다. 눈이나 머리카락 색깔, 성별, 비만인지 마른 체형인지, 키가 큰지 작은지, 암, 고혈압, 당뇨병 등의 질병이나 혈우병 등의 유전병이 걸릴 가능성이 있는지 등)으로 물려받았다. 유전적으로 암에 걸릴 확률이 높은 사람이 암에 걸렸다고 해서 비난할 수 있을까? 우리가 지니고 있는 성직 싱향이나 건강 상태가 바로 그렇다.

조용한 방탕아 혹은 방탕한 모범생?

특정한 시대에 특정한 몸뚱이를 지니고 살고 있는 여러분들은 수많은 영향을 받아 결정되었다. 그 가운데 그 결과가 우리의 삶에 가장 강력한 파급효과를 미치지만, 가장 그렇지 않아 보이는 것이 바로 정신적인 영향이다. 정신분석은 무의식의 존재를 알려준다(의식에 관한 장을 참조할 것). 무의식은 사람들을 꼼짝없이 굴복시키고, 특정한 방식으로 행동하고 존재하도록 강제하는 힘이다. 무의식의 속을 들여다보면 기억과 충동, 자신과 다른 이들에게 반하도록 이끄는 삶과 죽음의 본능, 외상과 고통, 상처, 기쁨들로 가득 차 있다. 의식 상태에서는 드러나지 않기 때문에 진정한 모습을 알 수 없지만, 단편적으로 언뜻언뜻 보이는 경우도 간혹 있다.

좋고 싫음, 기쁨, 욕구, 갈망 등, 모든 것이 무의식에서 유래한다. 애초에 아동성애자나 노인성애자(gerontophilia, 노인들에게 성적으로 끌리는 사람), 동물성애자(zoophilia, 동물을 상대로 성욕을 만족시키는 사람), 혹은 분변음욕증자(coprophilia, 사람의 분뇨를 통해 성욕을 만족시키는 사람), 마조

히스트(masochist, 고통을 통해 쾌감을 느끼려는 사람), 사디스트(sadist, 고통을 주면서 쾌감을 느끼려는 사람), 시체애호자(necrophilia, 시체에 집착하는 사람)나 페티시스트(fetishist, 스타킹, 팬티 같은 특정 물품이나 발가락, 귀 등 신체 일부에 집착을 보이는 사람)로 정해져서 태어나는 것이 아니다. 이상성욕자는 태어나는 것이 아니라 만들어진다. 그렇게 되고자 자기가 택한 것이 아니라, 어린 시절에 각인된 정보에 따라 형성된 무의식에 의해서 정해진 것이다. 폭력적이거나 방임적인 부모, 정신적·육체적인 상처로 남은 기억, 아버지나 어머니의 사랑이 지나치거나 모자란 기억, 또는 부모가 집에 너무 많이 있거나 없었던 기억, 가족 중 누군가 죽거나 아팠던 경험, 부모와 아이 사이에 애정이나 신체적 접촉의 많고 적음, 가족 간의 의사소통의 부재 등이 이런 무의식을 형성하는 데 매우 중요한 역할을 한다.

현재 여러분이 어떤 사람인지는 이전에 이미 정해졌다. 얌전하든 호탕하든, 모범생이든 방탕아든, 툭하면 상대를 갈아치우는 바람둥이든 한 사람밖에 모르는 성실한 배우자든 간에 마찬가지다. 우리가 어떤 사람이 될지가 결정되지 않고 선택할 수 있었다면, 대부분의 사람들은 다른 사람들과의 관계를 지금보다 더 충만하고, 즐겁고, 조화롭게 맺을 수 있기를 바랄 것이다. 그렇지 않다면 왜 그토록 많은 폭력과 불행, 애정 결핍이 생기는 걸까? 원하기만 하면 다른 존재가 될 수 있다면 그토록 많은 사람들이 불행한 삶을 참아낼 이유가 없다.

대부분의 사람은 지극히 적은 자유를 누리고, 수많은 속박으로 묶여 있다. 어떤 이들은 자유는 조금도 없이 자신의 환경, 시대, 유전자로 인생의 거의 모든 것이 결정된다(자폐증 환자, 다운증후군 환자, 제3세계와 제4세계 어린이들). 좀더 운이 좋은 사람들은 자신의 상황을 미리 정하지 않았지만, 맞닥뜨렸거나, 맞닥뜨리고 있는 운명의 짐이 비교적 가벼워서 더 많은 자유를 누리고 있다.

「파키스탄, 정신 질환자들을 위한 에디 재단」, 사진, 크리스 스틸 퍼킨스, 1997년

　자유의 정도는 각 개인에 따라 다르다고 생각할 수 있다. 어떤 이들에게는 자유가 전혀 허용되지 않는가 하면, 어떤 이들은 비교적 자유롭다. 하지만 어떤 경우라도 성격이나 기질의 큰 틀이 결정되는 데 있어, 사람들은 자신보다 더 강한 것에 의해 선택되며, 그에 따를 수밖에 없다. 자유에 대한 믿음은 환상에 지나지 않는 셈이다.

읽어 보기

돌바크(D' Holbach, 프랑스, 1723~1789)

유물론자, 반교회주의자, 무신론자, 화학자. 『백과사전』을 집필했다. 당대 최고의 지식인들이 모인 살롱에서 사상가 클럽을 이끌었으며, 이 클럽에서 이끌어낸 결론은 급진파 혁명가들의 자양분이 되었다.

필연성만 존재한다

인간이 살아가는 동안 자유로운 순간은 단 한 순간도 없다. 인간은 자기가 원래부터 타고난 기질을 마음대로 바꿀 수 없다. 자기 생각이나 뇌를 마음대로 바꿀 수도 없다. 생각은 자기도 모르는 사이에 계속해서 자신에게 영향을 미치는 원인 때문에 형성되었다. 인간은 사랑스럽거나 성욕을 자극한다고 느껴지는 대상을 사랑하지 않거나 탐하지 않을 수 없다. 일이 자기에게 결국 어떤 결과를 가져올지가 확실치 않아도 마음대로 깊이 생각할 수 없다. 가장 득이 된다고 믿는 것을 마음대로 선택할 수 없다. 스스로 선택한 자기 의지가 정해졌을 때는 그와 다르게 행동할 수도 없다. 사정이 이럴진대 인간이 어느 순간에 자기 행동을 자유롭게 원하는 대로 한다고 할 수 있겠는가?

인간이 앞으로 하는 일은, 자신이 과거에 했던 일, 현재에 하는 일, 행동을 하는 바로 그 순간까지 하고 있는 일의 연장선상에 있다. 가능한 한 모든 상황에서 고려되는 우리의 현재, 그리고 전체적인 존재는 그 속에 우리가 할 행동의 모든 동기를 감추고 있다. 이는 아무도 부인하지 못하는 진리다.

우리의 삶은 필연적인 순간의 연속이다. 또한 우리의 선행 혹은 악행, 도덕적인 혹은 방탕한 행동, 자신이나 다른 이들에게 도움이 되거나 폐가 되는 행동은 우리가 사는 모든 순간만큼이나 필연적인 행동들이 연결되는 것이다.

산다는 것, 그것은 필연적으로 이어지는 시간의 점들 가운데에서 필연적인 방식으로 존재하는 것이다. 원한다는 것, 그것은 우리가 지금 그대로 남는다는 데에 동의하거나 혹은 동의하지 않는 것이다. 자유롭다는 것, 그것은 우리 안에 가지고 있는 필연적인 동기에 무릎을 꿇는다는 것이다.

우리의 장기(臟器)가 어떻게 돌아가는지를 안다면, 그 장기들이 받는 충동과 변화와 그 결과들을 떠올릴 수 있다면, 우리는 우리의 모든 행동이 숙명에 복종하고 있다는 것을 알게 될 것이다. 숙명은 우리 각자의 구조뿐 아니라, 우주 전체의 구조를 지배한다.

자연에서도, 또 우리에게도 우연히 일어나는 일은 하나도 없다. 이미 살펴봤듯 우연이란 건 아무런 뜻도 없는 공허한 단어다. 우리에게, 혹은 우리를 통해서 일어나는 모든 일, 자연에서 일어나거나, 혹은 우리가 자연에 행하는 모든 일은 필연적 법칙에 따른 필연적인 이유 때문에 생기는 필연적인 결과물이다.

『자연의 체계 *Systéme de la Nature*, 1770』

바루흐 스피노자(Baruch Spinoza, 네덜란드, 1632~1677)

포르투갈계 유대인 상인의 아들로 태어나, 렌즈를 가는 일로 생계를 이었다. 정치적으로 군주제를 비판했고, 철학적으로 유물론자도 관념론자도 아닌 범신론자인 그는 '신은 곧 자연'이라고 생각했다. 대표적인 저서인 『에티카(윤리학, *Ethica in Ordine Geometrico Demonstrata*, 1675년 완성)』로 18세기 사상계에 큰 영향을 미쳤다.

허공에 던진 돌멩이 하나 같은 생각들

돌멩이 하나가 일정량의 운동을 하도록 밀쳐내는 외부 요인을 받아 필연적으로 운동을 계속하다가 외부 자극으로 정지를 합니다. 이렇게 돌멩이가 계속 운동을 하는 것은 하나의 구속이지요. 필연적이라서가 아니라 외부 자극으로 정해지기 때문입니다. 돌멩이에 있어서 참인 것은 모든 개별적인 대상에 있어서도 마찬가지입니다. 얼마나 복잡하든, 또 얼마나 많은 능력이 있든 간에 말이지요. 사실 모든 개별적인 대상은, 명확하고 결정적인 어떤 법칙(*modus*)에 따라 행동하고 존재하도록 하는 외부 요인에 의해 필연적으로 결정되어 있습니다.

이제 돌멩이가 계속해서 운동할 때, 그 돌멩이는 자신이 계속 움직이기 위해 가능한 한 모든 노력을 기울이고 있다는 것을 알고, 또 그렇게 생각한다고 상상해 보세요. 이 돌멩이는 확실히 자신의 노력만을 인식하고 아무 생각이 없는 게 아니기 때문에, 자기가 자유롭고 또한 자기가 하고 싶다는 단지 그 이유로 운동을 끈질기게 계속한다고 믿을 겁니다. 이것이 바로 사람들이 모두 누리고 있다고 자만하는 인간의 자유라는 겁니다.

인간의 자유는, 사람들이 자신의 욕구를 알지만 그 욕구를 결정하는 이유에 대해서는 모르고 있는 데 바탕을 두고 있지요. 그리하여 아기는 젖을 원하는 게 자신의 자유라고 믿고, 화가 난 사내아이는 화풀이를 하는가 그냥 참든가를 정하는 게 자신의 자유라고 생각합니다. 술 취한 사람은 말을 할지 입을 다물지를 자기가 마음대로 결정하는 것을 자유라고 믿고요. 정신병자, 수다쟁이 외에 비슷비슷한 사람들도 이와 마찬가지로 자기네들이 자유롭게 결정을 한 것이지, 어떤 자극에 휩쓸려서 그렇게 행동하는 것이 아니라고 생각합니다.

이런 편견은 모든 사람들이 천부적으로 타고난 것이기 때문에 벗어나기가 쉽지 않습니다. 경험상 사람들은 자기 열정을 다스리는 데 그다지

능숙하지 못하며, 종종 터무니없는 열정에 사로잡혀 가장 좋은 것을 생각하면서도 행동은 가장 나쁘게 한다는 사실을 우리는 잘 알고 있습니다.

그런데도 사람들은 자기네가 자유롭다고 믿고 있는데, 이는 그네들이 어떤 대상에 대해 그저 보잘 것 없는 열정만을 지니고 있고, 다른 대상에 대해 갖고 있던 기억을 자주 떠올리며 그 열정을 쉽사리 거둬버리기 때문입니다.

『슈테르에게 보내는 편지 *Lettre à Schutter*, 1674』

사도(대답 A), 마조(대답 B), 50 대 50(대답 C) 중에 성적 취향을 고르신다면 어떤 걸로 하시겠어요?
부치, 『사랑은 언제나 이긴다』, 르 쉐르쉬 미디 출판사, 2000년

사드(Sade, 프랑스, 1740~1814)

성적인 묘사와 유물론적인 철학적 개념이 뒤범벅된 에로틱한 글들을 많이 썼다. 신과 영혼은 없으며, 선악의 구별도, 죄나 원죄도, 자유나 책임감 같은 것도 없다고 주장했다. 복잡하게 생각하지 말고 자연이 우리에게 원하는 대로 복종하자고 권유했다. 일생의 3분의 2를 감옥에서 보냈다.

곱사등이는 자기가 선택해서 그리 되었는가?

"세상에서 가장 우스운 건 말이요, 사랑스러운 쥐스틴." 클레망이 말을 이었다. "사람의 취향을 가지고 논쟁을 벌이고, 비난하고, 벌을 주는 것이오. 그게 우리가 사는 나라의 법이나 사회 관습에 맞지 않는다고 말이오. 이게 무슨 짓이오! 어떤 취향이라도 다소간 이상하고, 다소간 범죄적이라고 지레 짐작할 수 없으며, 우리가 본능적으로 타고난 체질의 결과일 뿐이라는 사실을 사람들은 결코 이해할 수 없을 거요. 사정이 이럴진대, 한 인간이 다른 인간에게 무슨 권리로 감히 강요하며, 그 사람의 취향을 바꾸거나 사회 제도에 맞추려 한단 말이오? 대체 무슨 권리로, 법조차도 오로지 인간의 행복을 위해 만들어졌거늘 어찌 감히 스스로 고칠 수 없는 취향을 탄압하고, 법이 지켜줘야만 할 이 행복을 희생시켜가며 누가 그렇게 하기를 강요한단 말이오? 헌데 취향을 바꾸기 바라는 사람들, 그 사람들은 그렇게 할 수 있소? 우리가 우리를 다시 만들 수 있소? 지금의 우리 모습이 아닌 다른 사람이 될 수 있느냐 말이오? 기형으로 태어난 사람에게도 똑같이 강요하겠소? 정신적으로 우리의 취향이 적절치 못하다는 것이 육체적으로 기형인 사람의 결함과 다를 게 뭐가 있소? 구체적으로 얘기해 봅시다. 내가 아는 당신의 정신적 수준으로 봐서, 쥐스틴, 당신도 내 이야기를 이해할 수 있을 것이오.(……)

그리하여 만약 취향이 모두 인정하는 선입견에 비추어 충격적이고, 사회의 모든 원칙에 상처 입히는 환상을 품고 있으며, 법과 도덕, 종교적 법칙을 모욕하는 기행을 벌이는 존재들이 세상에 존재한다면, 그네들이 범죄라는 형태로 시험해 보는 그 단 한 가지 성향, 범죄를 저지르는 이유가 오로지 자기들의 쾌락을 위해서일 뿐일진대, 바로 그 성향 때문에 당신네들 눈에는 그네들이 한마디로 불한당이나 괴물처럼 보일 것이오. 그러나 그네들을 보고 놀라지 말고, 설교도 하지 말고, 벌을 주지도 말 것이며, 오히려 도움을 주고, 만족시키며, 그네들을 성가시게 하는 모든 제약을 없애줄 것이며, 당신네들이 공정한 사람이 되고 싶다면, 그네들에게 자기 욕구를 무사하게 충족시킬 수 있는 모든 수단을 줘야 한다오. 그런 이상한 취향을 가진 것은 그네들이 정한 게 아니기 때문이오. 마치 당신네들이 거룩하든 짐승 같든, 번듯하게 태어났든 곱사등이로 태어났든, 당신들이 정한 게 아니듯 말이오.

  그건 우리가 어떠어떠한 환상을 품을 수 있도록 하는 장기들이 생성된 어머니의 뱃속에서였소. 처음으로 대한 물건들이, 처음으로 들은 말들이 본능적인 충동을 결정한 것이오. 취향이 형성되고 습관이 생겼으며, 세상 그 어느 것도 이를 무너뜨릴 수 없다오. 교육도 소용없고, 아무것도 바꿀 수 없다오. 범죄자가 되어야 하는 사람이라면, 아무리 좋은 교육을 받았다 해도 반드시 범죄자가 돼오. 마찬가지로 장기들이 선한 쪽으로 배치된 사람이라면 교육자가 아무리 용을 써도 반드시 선한 사람이 되지요. 이처럼 선인이든 악한이든 양쪽 모두 자기들의 체질, 선천적으로 받은 인상에 따라 행동하며, 한쪽은 벌 같은 건 받을 필요가 없는 사람이, 한쪽에는 상을 줄래야 줄 수 없는 사람이 되는 거요."

『새로운 쥐스틴La Nouvelle Justine, 1797』

막스 호르크하이머(Max Horkheimer, 독일, 1895~1973)

마르크스주의를 재해석하고 여기에 프로이트의 정신분석학과 미국 사회학의 방법을 결합시켜 현대 산업 사회에 대한 비판이론을 전개한 프랑크푸르트학파를 주도했다. 가족과 권력, 기술과 이성의 사용, 자본주의와 전체주의적 체제에 대해 분석했다.

테오도르 W. 아도르노(Theodor W. Adorno, 독일, 1903~1969)

음악가, 사회학자이자 음악이론가, 철학자. 유대인으로서 나치에 쫓겨 미국으로 망명했으며 프랑크푸르트학파의 일원이다(호르크하이머 설명에서 참조할 것). 파시즘에 반대했으며 폭력의 구조를 만드는 사회 혁명의 조건에 대해 생각했다.

"죄수는 병자다"

죄수는 병자다. 그들의 나약함은 몸과 마음에 영향을 끼쳤고, 앞으로도 계속 끼칠 상황으로 그들을 몰고 갔다. 죄수들 중 대부분은 자신들을 감옥으로 이끈 행위를 저질렀을 때 이미 병들어 있었다. 체질적으로나 인생의 여러 상황들 때문에 그들은 이미 병자였다. 그렇지 않은 죄수들은 일반적인 건강한 사람이 똑같은 자극과 동기를 받았을 때 그랬음직하게 행동했는데, 다만 운이 나빴던 것이다. 나머지 죄수들은 대부분의 자유인들보다 더 사악하고 잔인하고, 세계를 호령하는 파시스트적 권력자들만큼 천성적으로 사악하고 잔인하다.

흔히들 저지르는 범죄 행위는 생각이 짧은 증거요, 개인적이며, 즉각적으로 파괴시킨다. 생명의 실체는 누구에게나 동일하고 모든 개인에게 똑같은 압력을 가한다고 할 수 있다. 그러므로 극단적인 행위가 저질러진 상황들을 고려해 봤을 때, 만약 이리저리 뒤엉킨 상황을 판별할 수 있는 은총이 우리에게 주어지지 않았다면 여러분이나 나나 살인자와 똑같이

행동했을 것이다. 하지만 죄수가 된 사람들은 맹목적인 처벌, 그들이 도
저히 손쓸 수 없는 사건, 암에 걸리거나 집이 무너지는 것 같은 불행을 겪
는 운 나쁜 사람들이다.

  감옥은 마치 불치병 같다. 이 사실은 죄수들의 표정, 조심스러운 걸음
걸이, 온통 뒤죽박죽이 된 사고방식에서 알 수 있다. 죄수들은 마치 병자
들처럼, 자기 병에 대해서만 이야기할 수 있다.

『계몽의 변증법Dialektik der Aufklarung, 1947』

인터넷 포르노 사이트를
아이들이 보도록 내버려두겠는가?

어떻게 하는가? 못 보게 막는가? 아니면 자녀들이 가슴 큰 여자 사진을 보려고 정신없이 마우스를 클릭해도 그저 모르는 척할 테인가? 단지 이런 문제뿐만 아니라 아이들의 자유에 제한선을 그어야 할 때가 생긴다. 여러분은 아이들에게 "다 너희들 잘 되라고 그러는 거야." 하고 말하겠지만, 솔직히 말하면 자신의 마음이 편해지려고 하는 행동이다. 여러분도 부모님에게 사사건건 간섭받았는데, 이제 여러분이 부모가 되어 자녀들을 간섭하는 것이다.

모두들 자기는 으레 하는 일도 자기 자녀들이나 다른 이들이 하는 건 못마땅해할 때가 많다. 몰래 숨어서 비디오나 케이블로 포르노 영화를 보

레리 클라크 감독의 영화 중 한 장면

거나 야한 사이트를 훔쳐본 경험이 전혀 없는 사람은 아마 없을 것이다. 그래서 모두가 잘못 되었는가? 부모님의 말씀을 어기면서 야한 장면을 보면 왠지 더 재미있어 보이지 않던가? 어른이 되어 자유를 갈구하는 쪽이 아니라 폼 나게 자유를 주는 입장이 된다면 누가 마다할 것인가?

청소년이라면 부모님이 해달라는 대로 다 해주지 않고 자유를 찔끔찔끔 주는 것이 퍽 못마땅할 것이다. 밤늦도록 자지 않는 것, 저녁에 마음대로 놀러 다니는 것, 담배를 피우는 것, '필름이 끊기도록' 술 마시는 것, 밤새도록 마음대로 전화로 수다 떠는 것(물론 통화료는 부모님이), 용돈을 좀더 많이 받는 것, 주말에 놀러나가는 것, 휴대전화를 갖는 것, 부모님의 자동차를 몰고 다니는 것 등.

자유를 요구하는 편이 주는 편보다 훨씬 쉽다. 이 법칙에는 예외가 없다. 여러분이 부모로서의 책임을 져야 할 어른이 되면, 자신이 더 많은 자유를 열망하던 시기에 느꼈던 것을 잊어버린다.

자유를 누리는 법을 배워야 할까?

모두들 경험상 잘 알 것이다. 아무런 제지 없이 모든 것을 허용하기란 불가능하다는 것을. 아무런 한계가 없는 자유라는 것은 정확히 정의할 수도, 표현할 수도, 감을 잡을 수도 없다. 한계만이 자유의 방향과 일관성을 제시해 준다.

자유의 한계는 어떤 때 생기는 것일까? 자유를 누리면서 자기에게, 혹은 다른 이들에게 피해를 끼치게 될 때 한계선을 그을 수 있다. 그렇다면, 어떤 점이 피해를 끼치고, 어떤 점이 괜찮은지는 누가 결정할까? 부모님으로 대변되는 어른, 힘이 센 사람, 권력이 있거나 혹은 경험이 풍부한 사람들이다. 만약 여러분이 자유롭게 어떤 행동을 했는데 그 행동이 자신이나 다른 사람에게 불쾌감과 고통을 주거나 해를 끼쳤다면 여러분의 자유는 없어진다.

물론 어떤 것이 자신이나 다른 사람에게 해로운지 아닌지를 판단하는 입장에 선다는 것은 어려울 때가 많다. 이런 판단을 늘 다른 사람에게 맡기는 것은 더더욱 어렵다. 그 사람이 자신의 권위를 남용할 수도 있기 때문이다.

외부로부터 규제를 받는 것보다 스스로 규제하는 편이 남용의 위험이 덜하다. 따라서 자유를 누리는 데는 수련이 필요하다. 우리는 자유로운 존재로 태어나는 것이 아니라 그렇게 만들어진다. 결과를 전혀 걱정하지 않고 아무 일이나 하든지, 하도록 내버려두는 것은 진정한 자유가 아니며, 야생 동물처럼 그저 충동에 따르는 것일 뿐이다.

우선 선생님과 부모님들이 선과 악의 기준에 따라 여러분에게 자유의 한계를 가르친다. 여러분을 어떻게 키워야겠다는 관심도와 미리 정해진 원칙에 따라 자유를 누리는 데 있어 넘어서는 안 되는 선과, 여러분의 자유가 어떤 벽에 부딪히게 될지를 가르친다. 물론 어떤 이들은 너무 빨리, 또 어떤 이들은 너무 늦게 그런 한계를 알려준다. 전자의 경우, 비유하자면 아직 어린 여러분의 자유는 사지가 꽁꽁 묶이는 셈이며, 후자의 경우는 자유가 아무런 제약 없이 활개를 치고 돌아다니는 셈이다. 전자의 경우는 독재자 밑에서 노예 생활을 하는 것과 같으며, 후자의 경우는 여러분 자신이 독재자의 권력을 마음껏 휘두르는 것이다.

자유는 사회를 건설하고 유지하는 규칙의 종교적·윤리적 명령의 틀 속에 갇혀 있다. 사람들은 자유를 누리는 과정에서, 혹은 그것의 남용이 다른 사람에게 해가 되거나 자신의 권리, 재산, 안전에 해가 되면 자유를 제한한다.

여러분이 다른 사람에게 해를 끼치지 않는 이상 무엇이든 할 수 있다. 이것이 바로 자유에 대한 전통적인 정의인데, 우리는 다음과 같은 사항을 덧붙일 수 있다. 금지되지 않은 것은 뭐든 할 수 있는 것, 즉 법이 금지하지 않는 모든 것을 할 수 있는 것이 자유다.

여기에서 자유의 성질을 간파할 수 있다. 자유란 우리가 법이라는 완충 장치에 부딪히기 전까지 마음대로 행동할 수 있는 능력을 말한다. 법을 넘어선 어떤 권력자가 나타나 여러분의 행동을 좌지우지하지 않는다면, 법과 제도 안에서 여러분은 자유롭다.

다른 사람들과 더불어, 혼자, 적대시하며, 혹은 무시하면서?

무엇을 할 수 있는지의 여부를 결정할 만한 지적·도덕적 능력이 없는 개인은 어떻게 해야 할까? 정신적·사회적인 미성년자, 혹은 어린이라면? 이런 경우 사회나 국가의 법만으로 충분하지 않으므로 문제는 더욱 복잡

하다. 때문에 도덕적인 법칙 역시 고려해야
한다. 언제나 더 많은 것을 요구하는 아이들
의 경우가 그렇다. 예컨대 포르노 영화에 대
해 아이에게 안 된다고 말하려면 어떻게 해
야 할까? 원칙적으로 아이는 자기한테 도덕
적으로 해가 되는 것이 무엇인지를 모른다.
그러므로 아이는 부모가 좋다고 믿는 바대
로, 하라는 대로 할 수밖에 없다. 아이는 전
적으로 부모 손에 맡겨진 존재이며, 아이의
자유는 부모가 아이를 위해 정해 준다(심지어
자신들이 옳다고 믿는 종교의 교리에 따라 아이
의 목숨이 위태로워도 수혈조차 하지 않는 부모
들도 있다).

「북아일랜드의 젊은 영국군인」, 사진, 피터 말로우

　사람들은 정신장애자나 치매에 걸린 노인
을 대신해서 그들의 행동범위를 결정하기도
한다. 또, 우리 사회는 감옥에 갇힌 수감자들
을 대신하여 결정한다. 이들은 자유를 빼앗
겨 이동하거나 다른 사람을 만나고 왕래하는
것, 시간을 마음대로 사용하고 자신의 몸을
아무런 제약 없이 그대로 두는 것이 불가능
하다. 뿐만 아니라 사회는 군대에서 복무하
는 병사들의 의사결정권도 대신 행사한다.
어떨 때는 병원에 있는 환자들의 자유를 제
한하고, 축소하고, 심지어 없애버리기도 한
다. 사회적 미성년자라는 이유로 매번 사회

는 이들에게 법과 제도에서 정한 자유를 뺏고 대신 결정한다.

자유는 허용과 법, 즉 하고 싶은 것을 하는 능력과 법에 따라 행동해야 하는 범위 사이에서 벌어지는 끊임없는 줄타기다. 또한 자유는 그 근원에 질서와 권위, 위계, 세상을 지금 있는 그대로 '합법적으로' 유지하는 법과 제도의 힘을 전제로 한다. 법이 정해놓은 가정이라는 울타리는 도덕이라는 명분을 내세워 아이의 자유를 제한한다. 같은 논리가 학교와 학생, 어른과 청소년, 군대와 병사, 감옥과 수감자, 양로원과 노인에게 적용된다. 남성과 여성, 부자와 가난한 자에게도 마찬가지다. 또한 대다수 사람들의 자유를 증진한다는 이유라면 몇 사람의 자유를 제한하는 것쯤은 대수롭지 않게 된다.

사람들과 관계를 맺으면서 어느 정도의 자유가 가능하고 바람직한지를 알 수 있게 해주는 '선험적인' 법칙은 없다. 매 경우마다 상황이 다르기 때문이다. 자유를 제대로 누리려면 상황 판단력, 일의 중요성에 대한 이해력이 좋아야 하고, 상호간에 대화와 의견제시를 가능한 한 많이 해야 한다. 자유는 스스로 세워지고 만들어지며, 일방적인 결정에 따를 줄 모르기 때문이다.

태어날 때부터 자유의 성질과 중요성을 완벽하게 인식하는 사람은 없다. 그러므로 교육은 아이가 욕구를 넘어서서 자율적으로 결정할 수 있도록 하여, 자기뿐 아니라 다른 사람들의 자유까지 생각할 수 있는 사람으로 만드는 데 초점을 맞추어야 한다. 그렇게 해야만 공동생활은 정글의 약육강식이 아닌 윤리적·정치적 법칙이 통하는 장이 될 수 있다.

읽어 보기

존 스튜어트 밀(John Stuart Mill, 영국, 1806~1873)

공리주의 철학자(개인은 도덕을 통해, 집단은 정치를 통해 최대의 행복을 누리도록 하자는 사상). 『여성의 종속 *The subjection of women, 1869*』이라는 저서를 통해 여성의 권익을 보호하자고 주장한 매우 흔치 않은 철학자 중 한 명이었다.

위험한 자유를 제한해야 할까?

개인적으로나 혹은 집단적으로나, 인간에게는 자신을 확실히 보호하기 위해 다른 사람이 가진 행동의 자유를 저지하는 일이 허용되지 않는다. 이 원칙에 따르면 문명사회에서 어떤 구성원에게 합법적으로 힘을 행사할 수 있는 유일한 경우는 바로 그 사람이 다른 이에게 해를 끼치는 것을 막을 때뿐이다. 신체적이건 정신적이건 자신이 유리하기 위해서라는 건 충분한 변명거리가 되지 못한다. 자신을 위해 그렇게 행동하는 게 더 좋을 것이라는 이유도, 그렇게 하면 기분이 좋아질 것 같다는 이유도, 아니면 다른 사람들이 그렇게 행동하는 게 현명하고 온당하다고 말하기 때문이라는 이유도, 어떤 이에게 행동하거나 행동하지 말라고 강제하는 것을 정당화해 줄 수 없다.

그 사람을 질책하거나, 함께 따져보거나, 설득하거나, 사정하는 것은 얼마든지 가능하다. 하지만 그의 자유를 구속하거나 다르게 행동하라고 벌을 줘서는 안 된다. 이는 우리가 바꾸려는 그 사람의 행동이 다른 어떤 사람에게 해를 끼쳤을 때에만 정당화될 수 있다.

사회에 속한 어떤 사람의 행동은 다른 사람들과 관련되었을 때만 겉으로 드러난다. 혼자 있을 때, 그 사람의 독립성은 절대적이다. 그 자신에 대해, 몸과 정신에 대해서, 개인은 최고로 존엄하다.

이런 견해가 그 능력이 성숙하게 무르익은 사람들에게만 적용될 수 있다는 점은 아마 이야기할 필요도 없을 것이다. 우리는 법에서 정한 성년에 다다르지 못한 어린이나 청소년들에 관해 이야기하는 것이 아니다. 아직 다른 사람의 보살핌이 필요한 이들은 자신의 행동에 대해서, 또 외부로부터의 고통에 대해서 보호받아 마땅하다.

『자유론 On liberty, 1859』

칼 포퍼(Karl Popper, 오스트리아, 1902~1994)
인식론자(인식과 지식의 기원, 구조, 범위, 방법 등을 탐구하는 학문)이며 자유주의 정치사상 이론가. 일찍부터 닫힌사회(전체주의의 또 다른 이름)를 지향하는, 열린사회의 적들을 비난했다. 역사가 진보한다는 개념에 근거하여 미래를 이론화하는 것을 거부했다.

텔레비전을 도덕적으로 만들자

나는 정부가 텔레비전 프로그램의 제작과 관련된 사람들을 대상으로 한 정치 비슷한 것을 만들기를 제안한다. 이로부터 프로그램 제작에 참여하는 사람이라면 누구든 면허증이나 자격증을 가지고 있어야 하며 정해진 원칙에 어긋나면 영원히 자격을 박탈당할 것이다. 마침내 이 분야에 대한 규칙이 만들어지기 시작하는 것이다. 텔레비전에서 일하는 사람들은 모두 어떤 조직에 소속되고 허가증을 소지하게 될 것이다. 이 조직에서 정한 규칙을 위반하면 면허를 상실하게 된다. 면허를 박탈하는 힘을 갖게 될 조직이 일종의 질서를 잡게 될 것이다. 이처럼 조직이 감시하는 가운데 모두 끊임없이 책임감을 느끼고, 실수를 저지르면 면허를 잃을 각오를 해야 할 것이다. 이런 식의 지속적인 관리가 검열보다 훨씬 효과적일 것이다. 또한 면허는 연수를 거치고 시험을 본 후에야 발부될 것이다. 연수의 목적은 텔레비전 프로그램을 제작하려는 사람들에게 자신들이 파급 효과가 엄청나게 큰 교육 과정에 참여한다는 사실을 주지시키는 데에 있다. 텔레비전을 어린이와 청소년들이 시청한다는 사실 하나만으로, 그 분야에서 일하려는 사람은 싫든 좋든 간에 자신들이 교육자의 역할을 맡고 있다는 사실을 분명하게 알아야 한다. (……)

8년 전, 한 세미나에서 나는 우리가 아이들에게 폭력을 가르치고 있으며, 변화는 늘 쉬운 길을 통해서 오기 때문에 우리가 개입하지 않으면 상황은 계속해서 나빠질 것이라는 논문을 지지한 적이 있다. 달리 말하면, 우리는 늘 노력을 가능한 한 적게 들이면서 골칫거리와 문제들을 해결할 수 있는 쪽으로 가려 한다는 뜻이다. 폭력, 섹스, 선정주의는 텔레비전 제작자들이 가장 쉽게 사용하는 방법들이다. 늘 확실하고 적절하게 대중을 유혹할 수 있는 비법이기 때문이다.

『텔레비전-민주주의에 대한 위험

La Télévision: un danger pour la démocratie, 1994』

자유에 관해 더 읽어볼 글들

장 그르니에(Jean Grenier, 프랑스, 1898~1971)

알베르 카뮈의 철학 선생이었고, 미학 강사였다. 선택과 행동, 자유와 자유의 향유, 불안과 책임감에 대해 사유했다. 『정통파의 정신에 대한 에세이 *Essai sur l'esprit d'orthodoxie*, 1938』를 통해 동구권 국가의 사회주의가 위선적임을 처음으로 지적한 사람 중 하나였다.

불안, 도취, 현기증

한 사람이 내게 말하기를, 지리적인 장점 덕에 유럽 전역으로 가는 기차들이 출발하는 밀라노 역에 가면 리옹, 베를린, 베니스, 마르세이유, 비엔나, 콘스탄티노플까지 어디든 갈 수 있다는 생각에 끔찍하게 불안해진다고 했다.

그 사람은 아무것도 가지고 있지 않은 운 좋은 상황에 처해 있다. 직업도 없고, 가족도 없고, 아무런 속박도 없다. 이것은 자유롭다는 뜻으로, 물론 '상황에 맞는 자유'는 아니다. 이런 다양한 가능성에 자신의 힘에 대한 강렬한 내면적 감정이 더해졌다. 즉 나는 원한다면 어디로 가는 표든 손에 넣을 수 있으며, 직원은 자신을 만족시키기만을 바란다는 것이다. 그는 마치 가게의 유능한 점원이 그렇게 하듯이 가장 멀고, 가장 비싼 여행을 더 권하려고 하지도 않을 것이다. 그는 나를 자유롭게, 햄릿처럼 자유롭게 내버려둔다.

여기에서 불안감과 동시에 도취감이 생겨난다. 선택할 수 있는 다양한 사항을 눈앞에 둔 불안감, 자신이 펼칠 수 있는 흠 없고 언제나 새로운 힘, 하지만 잘못 사용하거나 잃어버릴 수도 있는 그 힘을 눈앞에 둔 도취감이다.(……)

　　그러므로 선택할 수 있는 다양한 가능성을 눈앞에 둔 인간을 사로잡는 현기증은 불안감과 동시에 도취감에서 온 것이다. 또, 이제까지는 거의 정상인들에 대해서 이야기했다.

『자유를 잘 사용하는 것에 대한 대담집
Entretiens sur le bon usage de la liberté, 1948』

피에르 조제프 프루동(Pierre Joseph Proudhon, 프랑스, 1809~1865)
가난한 식자공의 아들로, 정의를 강박적으로 추구하고 개인을 존중하자고 주장한 무정부주의자. 정부를 없애고 자본주의적 생산방식 대신 협회, 계약, 연합단체, 자유제조업자들의 공제조합 등, 대안적 사회 조직을 만들 것을 제안했다. 그런 사상 때문에 감옥에 갇히기도 했다.

"지배를 받는다는 것"

오, 인간이여! 그대가 자그마치 60세기 동안 이러한 비천한 처지에 머물렀을지도 모른다면? 그대는 자신이 신성한 성녀라 생각하지만, 사실 그대의 몸종과 사제, 그대의 용병들에게 지칠 줄 모르고 거저 몸을 주는 창녀에 지나지 않는다. 그대도 이 사실을 알고 괴로워한다! 지배를 받는 것, 그것은 직책도, 교양도, 도덕 같은 것도 없는 존재들에게 감시당하고, 감독당하고, 염탐당하고, 관리당하고, 법으로 규제당하고, 가둬지고, 교화되고, 설교를 듣고, 조종당하고, 평가받고, 감상되고, 검열받고, 명령받는 것이다. 지배를 받는 것, 그것은 활동, 거래, 행동을 하나하나 낱낱이 기록당하고, 조사받고, 거기에 값이 매겨지고, 표가 붙여지고, 가치가 정해지고, 번호가 매겨지고, 내야 할 돈을 할당받고, 영업허가를 받고, 면허를 받고, 허락받고, 추천받고, 방해받고, 개혁되고, 다시 세워지고, 수정당하는 것이다. 공공의 이익이라는 미명으로, 보편적 이익의 이름 아래 이용당하고, 돈을 뜯기고, 착취당하고, 독점당하고, 횡령당하고, 쥐어 짜이고, 속고, 도둑맞는다. 저항은커녕 불평을 하려고 입을 벙긋이라도 하면 진압당하고, 지적받고, 망신당하고, 몰아세워지고, 들볶이고, 목숨을 빼앗기고, 무기를 빼앗기고, 포박당하고, 감옥에 갇히고, 총살당하고, 일제사격당하고, 재판받고, 유죄를 선고받고, 수용소에 끌려가고, 희생당하고, 팔리고, 배신당하고, 게다가 장난거리가 되고, 야유당하고, 모욕당하고, 욕보인다. 이게 바로 정부이며, 그 정의, 그 도덕이라는 것이다!

우리 가운데 정부에 좋은 점이 있다고 주장하는 민주주의자들이 있음을 지적해야겠다. 또, 자유, 평등, 정의를 지지한다는 사회주의자들도. 프롤레타리아들 중에도 공화국 대통령 후보로 출마하는 자들이 있으니, 이렇게 치욕적일 수가! 위선자들 같으니……!

『19세기 혁명에 관한 일반적인 견해
Idée générale de la révolution au XIXe siècle, 1851』

미하일 바쿠닌(Mikhail Bakounin, 러시아, 1814~1876)
식탁에서나, 역사를 대할 때나 아무튼 모든 면에서 대식가였다. 직업이 '혁명가'였으며, 행동주의자였다. 바쿠닌의 무정부주의적 사회주의에 반대했던 마르크스는 그를 시베리아로 유형 보냈다. 무정부주의 이론가였으며, 그 이론으로 이탈리아, 에스파냐, 러시아의 혁명운동에 지대한 영향을 끼쳤다. 신을 개인적인 적으로 삼기도 했다.

신의 죽음, 인간의 탄생
그러니 형이상학자들과 종교적 관념론자들, 철학자들, 정치가나 시인들에게 실례를 무릅쓰고 이 얘기는 꼭 해야겠다. 신에 대해 생각하는 것은 인간적인 이성과 정의를 포기하는 것을 의미한다. 이는 인간의 자유를 가장 결정적으로 부정하는 것이며, 필연적으로 인간들을 명실상부한 노예 상태로 이끌 것이다.

인간이 노예 상태로 전락하고 타락하는 것을 원치 않는다면, …… 우리는 신학적인 신에게도, 형이상학적인 신에게도, 한 치도 양보할 수 없으며 해서도 안 된다.

이처럼 신비로운 글자 속에서 신으로 시작하는 사람은 반드시 신으로 끝나야 할 것이다. 신을 숭배하길 바라는 사람은 유치한 환상을 품지 말고, 단호히 자신의 자유와 인간성을 포기해야만 한다.

신이 존재하면 인간은 노예다. 하지만 인간은 자유로울 수 있고, 자유로워야 한다. 따라서 신은 존재하지 않는다. 나는 이런 논리에서 벗어나는 사람은 누구라도 불신한다. 이제 선택하자.

『신과 국가 *Dieu et l'État*, 1871』

막스 슈티르너(Max Stirner, 독일, 1806~1856)
급진적인 개인주의자. 『유일자와 그의 소유 *Der Einzige und sein Eingentum*, 1844』단 한 권만 남겼는데, 이 책에서 그는 순수한 개인성의 확장을 가로막는 모든 것, 법, 제도, 국가, 가정, 소유, 일, 도덕, 종교, 고향, 교육 등을 주저 없이 공격했다. 무정부주의자로 소개되기도 한다.

개인들의 연합이 자유를 만들어낸다
더 많은 자유를 가져오는 연합은 '새로운 자유'로 여겨질 수 있다. 사실 이 연합에서 우리는, 국가나 사회 내에서는 우리의 삶과 도저히 떼어놓을 수 없는 속박에서 벗어나는 게 가능하다. 그러나 거기에도 자유에 대한 제한과 의지에 대한 장애물들은 수없이 많다. 연합의 목적은 정확히 자유가 아니며, 자유가 희생시키는 개인성 그 자체이기 때문이다.

개인성에 관해서 국가와 연합은 큰 차이를 보인다. 국가는 개인의 적이요 암살자인 반면, 연합은 개인의 딸이요 보조자다. 전자는 정서적으로 또한 실질적으로 숭배받기를 바라는 정신이며, 후자는 내 자아에서 태어난 내 작품이다. 국가는 내 정신의 주인으로 절대적인 믿음을 바라며, 신앙고백, 법을 지키겠다는 신앙고백을 강요한다. 국가는 나에게 도덕적 영향력을 행사하며, 내 정신을 지배하고, 내 자아를 추방하고, 그 자리에 자기를 나의 진정한 자아로서 대체해 넣으려 한다. 다시 말해, 국가는 신성하며, 나라는 개인 앞에서 국가는 진정한 인간, 정신, 유령인 것이다. 반대로 연합은 나의 작품, 나의 창조물이다. 연합은 신성하지 않으며 나의 정신보다 우월한 정신적인 힘이 아니다.

『유일자와 그의 소유』

5. 법

「풀 메탈 재킷」 중 한 장면, 스탠리 큐브릭 감독, 1987년

학생 주임선생님의 말도 안 되는 지시는 거부해도 될까?

그래도 된다. 그가 정말로 여러분에게 말도 안 되고, 쓸데없고, 여러분이 생각하는 공평함과 도덕에 맞지 않는 짓을 하라고 시킨다면 그래도 된다. 예컨대 어떤 친구를 비난하고, 고자질하고, 교칙 준수를 위한 일이라는 명목으로 어떤 학생이나 교사, 고용인의 학교 내 생활에 대해 몰래 알리라는 등의 터무니없는 일을 지시한다면, 생각할 필요도 없다. 거부하라. 여러분은 이러저러하게 행동해야 한다는 의무와 함께 반항하고 불복종할 권리가 있기 때문이다.

법은 인간, 평등, 형평성, 도덕을 전제로 하고 우선시하는 생각에서 비롯되었다. 때문에 법은 언제나 부차적이다. 도덕이 만류하는 일을 법이 여러분에게 강요할 수는 없다. 합법성을 도덕보다 우선순위에 두지 말며, 부도덕하고 불공평한 법을 선택하지 말라.

명문화되지는 않았지만 자연적·암묵적으로 모든 사람들에게 타당성을 인정받는 법을 자연법이라 부른다. 자연법은 인위적인 합의와 법, 계약과는 무관하게 두 사람이 만나기 시작했을 때부터 생기는 둘 사이의 관계를 규제하는 법이다. 실정법이 당사자들 간에 맺은 합의와 성문법에서 나온 것과는 반대로, 자연법은 인간을 우선시한다. 즉 문서보다는 사람을 대하고 있음을 일깨운다. 상대방의 존엄성을 인정하고, 생계수단을 보장하고, 건강과 정체성, 가치관을 유지할 수 있도록 기본적으로 보호해 주며, 죽은 후에는 시신을 거두어주며 충분히 관심을 쏟는 등.

자연법에서는 법 이전에, 또한 법과 별개로 이러한 윤리적인 의무가 우선시된다. 그러니 실정법과 자연법이 어긋날 때 여러분은 자연법에 따라 합법적으로 불복종과 반항, 거부를 할 수 있다.

안티고네

그리스 신화에 나오는 안티고네는 자기 오빠를 매장할 권리를 강하게 주장하며 자연법을 옹호했다(그리스의 비극작가인 소포클레스(B.C. 493~406)는 안티고네를 소재로 작품을 쓰기도 했다). 이야기는 다음과 같다. 테베의 왕 크레온은 안티고네의 오빠 폴리케이네스가 나라에 죄를 지었다며 그의 시신을 매장하지 못하도록 했다. 밤이 되자 안티고네는 도시를 빠져나가 사랑하는 오빠의 시신이 떠돌이개나 다른 짐승들에게 먹히지 않도록 흙을 덮어주었다. 그 모습을 보고 놀란 경비병들이 안티고네를 잡아서 동굴에 가두었고, 결국 그녀는 목매어 자살했다. 이후 크레온의 가족들과 크레온 자신까지 줄줄이 죽음을 맞게 되었다.

안티고네가 주는 교훈은 무엇일까? 사람이 정한 법은 사회에 유용하며 그 나름대로 존재의 의미가 있지만, 안티고네의 눈에는 마음의 법이 더욱 중요했다. 마음의 법은 누구도 침해할 수 없는 법이기 때문이었다.

이 이야기는 시대와 장소를 초월하여 오늘날까지도 법 철학자들에게 시민들이 지켜야 하는 사회의 법과 개인적인 윤리의 대립에 대한 생각거리를 던져준다. 또 실정법(지역적이고, 인위적이며, 날짜가 정해져 있는)과 자연법(일반적이고, 시대를 초월하는)이 어떤 관계를 유지해야 하는지를 정해 주었다.

우리들은 각각 안티고네 또는 크레온, 감정 또는 이성, 애정 또는 법, 정의 또는 질서 등 어느 한쪽에 치우쳐 있다. 법이 불공정하다며 따르기를 거부하는 사람들은 법적 심판이라는 절대적인 명령 앞에서 격분하고, 저항하거나 반란을 일으킨다(예를 들어 1940년대 비시 정부 하의 프랑스에서 벌어진 유대인의 격리나 차별 정책). 반면 악법이라도 전적으로 협력하고, 동의하며, 충실히 따르는 사람들도 있다. 전자가 인간성과 정의를 그 무엇보다 중요하게 생각한다면, 후자는 모든 것을 희생하더라도 법과 질서를 떠받든다.

여러분은 복종과 항복의 기질을 좀더 많이 타고났다. 어떤 이들은 사회적 질서의 열렬한 수호자가 되기 위해 개인적인 자유를 기꺼이 포기하기도 한다. 국가, 학교, 정부, 기업 등 자신들을 지켜주는 제도라면 질서의 노예가 되기를 마다하지 않는다. 아직 사형제도가 시행되고 있는 나라에 산다면 사형집행인의 역할도 기꺼이 떠맡는다. 사회가 월급을 주면서 시켰다는 이유로 한 인간을 참수하고, 교수형에 처하고, 전기의자에 앉히거나 가스를 들이마시게 하는 것이다. 자기한테 개인적으로는 아무런 해도 끼치지 않은 사람임에도.

20세기에 일어난 모든 잔혹한 정치사는 '마음의 법'을 무시하고 말 그대로 바보 같은 제도와 부당한 법에 협력한 개인들이 있기에 가능했다. 나

앤디 워홀(1930~1987), 「전기의자」, 1967년

치즘, 볼셰비즘, 파시즘, 프랑코주의를 비롯하여, 자기와 다를 것도 없는 사람들을 몰살함으로써 힘을 과시한 정책들(알제리의 이슬람 근본주의자들이 저지른 학살, 구 유고슬라비아와 르완다 내전)을 생각해 보라. 사형집행인들은 크레온 편에, 희생자들은 안티고네 편에 서 있다. 이런 대립은 전체주의적인 정부와 약하거나 강한 개인들이 존재하는 한 계속될 것이다.

저항, 절대적인 의무

1789년 인권선언에서 1958년 헌법까지, 프랑스의 법은 거부와 반란의 권리를 인정하고 있다. 프랑스의 헌법은 다음과 같이 명시하고 있다. "헌법이 보장하는 자유와 권리를 정부가 침해할 경우 그 어떤 형태의 저항이라도 할 수 있다. 이는 모든 권리 중 가장 중요한 신성불가침의 권리이자 가장 절대적인 의무다."

신성불가침의 권리이자 절대적인 의무. 이 말이 가지는 무게는 매우 묵직하며, 법과 제도 위에 이를 지키도록 만드는 사람들이 아니라, 범죄와 살인, 멸시, 비열함과 시민의식을 부정하는 것들과는 결코 타협할 수 없는 인간과 인간성이 있음을 의미한다.

프랑스의 헌법 조문은 저항과 반란, 폭동이 일어날 수 있는 무한한 가능성을 열어준다. 세부적인 사항은 모호하게 해놓고, 우리가 도무지 인정할 수도, 존경할 수 없는 권력에 반대하기 위해서라면 어떤 형태의 저항 방식도 인정되고, 정당화될 수 있다고 적고 있기 때문이다. 계약은 쌍방에 모두 적용되어야 하는 게 원칙인데, 둘 중 한쪽이 계약의 부당함을 주장하고 나선다. 이때 정부는 경찰력을 동원해 개인을 억압하고, 개인은 정부에 대해 폭동으로 응수한다. 사람들은 법은 먼저 도덕을 따라야 하고, 법을 지키기로 한 개인들의 안전과 자유를 보장해 주어야 한다고 말한다.

그렇다면 법에 대한 저항권은 어떻게 행사하는 것이 좋을까? 법의 힘을 더 이상 인정하지 말고 그것이 도덕에 부합하기를 바라야 한다. 권력이라는 것은 그 힘의 범위 아래 있는 사람들의 동의로부터 효력이 생겨나기 때문이다. 어떤 권력이든 마찬가지다. 그 권력을 더 이상 신뢰하지 않고 하찮게 여긴다면 그냥 스러져버릴 것이다. 더 이상 지지하지 않으면 폭력이나 게릴라 전술을 쓰지 않아도, 길거리에서 시위하다 많은 사람이 죽지 않아도 저절로 무너져내릴 것이다.

말도 안 되는 행동을 강요하는 논리에 대한 개인적인 반항도 좋은 방법이다. 지지하기를 거절함으로써 균형을 무너뜨리는 것이다. 권력은 더 이상 신임받지 못할 때 스스로 무너진다. 바보 같은 법에 따르지 않음으로써 우리는 그로부터 빚어질 엄청난 결과를 막을 수 있다. 독재정치는 독재자

「1989년 톈안먼 시위 때 진압군 탱크 앞에 홀로 선 청년」, 사진, 스튜어트 프랭클린

들이 하는 것이지만, 개인적으로 혹은 집단적으로 저항하지 않고 무기력하게 그것을 받아들이는 국민들의 동의가 있기 때문에 가능한 것이다.

법이 자연법에 비추어 형평성보다는 독단에 치우쳐 있다고 판단한다면 순순히 따르지 말고 양심에 따라 저항하라. 법과 규칙이 있는 곳이라면 어디든 마찬가지다. 여러분이 생각하는 정의와 인간의 존엄성, 인간성에 어긋나는 명령이라면 힘을 보태는 것을 단호히 거부하라. 여러분은 법적으로 그럴 권리가, 도덕적으로 그럴 의무가 있다.

도덕성을 갖추지 못한 법은 사람을 강제할 수도, 강제해서도 안 된다. 만약 그런 법이 성공적으로 시행되고 있다면, 그것은 여러분이 동의하고, 소극적으로 대처하고, 또 협력해서 그런 것이다. 법과 제도는 사람을 위해 존재한다. 그 반대가 아니다.

에피쿠로스(Epikouros, 그리스, B.C. 342~270)
유물론자(그는 원자와 빈 공간에서 이루어지는 원자들의 결합만을 믿었다), 신들에게 무관심했으며(신들도 사람들에게 관심이 없다고 생각했다), 쾌락주의자(존재하면서 최대한의 행복을 추구했다)인 에피쿠로스는 천부적이고 불가피한 욕구(목마를 때 마시고, 배고플 때 먹는 것)만을 충족하여 행복에 이르자고 제안했다.

계약에 대한 간략한 이론
자연의 법칙은 서로서로 손해를 끼치지도 받지도 않으려면 어떤 것이 유익한지를 알게 해주는 도구다.

  손해를 주지 않거나 받지 않을 준비가 된 계약을 맺을 수 없던 모든 생명체들, 그들의 입장에서 보면 아무것도 정당하지도, 부당하지도 않다. 손해를 주지 않거나 받지 않을 준비가 된 계약을 맺을 수 없고, 맺기를 바라지도 않은 사람들의 입장에서 봐도 마찬가지다.

  정의는 그 자체로는 별것 아니다. 하지만 어떤 장소인지는 중요치 않지만, 사람들이 모여 있을 때의 정의는 그들과 그들의 중요성에 따라 매번 손해를 주지 않거나 받지 않을 준비가 된 특정한 계약이다.

『편지와 잠언 *Lettres et Maximes*』

에티엔 드 라보에티(*Étienne de la Boétie*, 프랑스, 1530~1563)
17세 즈음에 주요 저서인 『자발적 노예상태에 대한 담론 *Discours de la servitude*

volontaire, 1547』을 통해 권력의 속성에 대한 이론을 내놓았다. 즉, 권력은 전적으로 그 힘이 미치는 사람들이 동의하기 때문에 발생한다는 것이다. 더 이상 자진해서 권력을 섬기지 말 것, 그것이 자유를 누릴 수 있는 조건이라고 말했다.

"더 이상 섬기지 않겠다고 단호히 결정하라"

그대들을 지배하는 자는 눈도 두 개요, 손도 두 개요, 몸도 하나일 뿐, 그대들을 파괴하라고 그대들 자신이 그에게 쥐어준 특권 외에는 우리들 마을에 수없이 많은 보잘 것 없는 사람과 다를 것이 하나도 없다. 그대들이 주지 않았다면, 그가 어디에서 그렇게 많은 눈을 가져와서 그대들을 감시하겠는가? 그대들이 가져다주지 않았다면, 그가 어디에서 그렇게 많은 손을 가져와서 그대들을 때리겠는가? 그대들의 도시를 짓이기는 발들, 그대들 것이 아니면 그가 어디서 그것을 가져왔겠는가? 그대들에 의해서가 아니면 그가 그대들 위에서 어떻게 권력을 부릴 수 있었겠는가? 그대들과 내통하지 않았다면, 그가 어떻게 감히 그대들에게 덤벼들었겠는가? 그대들이 그대들을 약탈하는 강도를 숨겨주는 것이 아니라면, 그대들을 죽이는 암살자의 공범이 아니라면, 그대들 자신의 배신자가 아니라면, 그가 감히 어떻게 그대들에게 그런 짓을 할 수 있었겠는가?

그대들은 그가 난장판을 만들게 해주려고 열매들의 씨를 뿌린다. 그에게 약탈거리를 주려고 집에 집기를 채우고 가구를 갖춘다. 그의 정욕을 만족시켜 주려고 딸들을 기른다. 그대들이 아이들을 키우는 것도, 그가 전쟁터로 이끌고 나가든, 도살장으로 몰아가든, 자기 탐욕에 협력자로 쓰든, 자신의 복수를 집행하는 자로 만들든, 할 수 있는 한 마음껏 쓰게 하기 위해서다. 그대들은 그가 몹시 기쁘게 귀여워하고, 더럽고 추한 쾌락에 빠지게 하기 위해 힘겹게 자기 사람들과 결별한다. 그가 더 강하고 억세져서 그대들의 고삐를 좀더 바짝 조일 수 있도록 하기 위해 그대들은 점점 더 약해진다. 이토록 심한 모욕은 동물들조차 당하지 않을 것이요, 또 동물들조차 견딜 수 없을 것이다.

굳이 해방되는 것을 목표로 삼을 것 없이, 해방되길 바라는 것만이라도 시도해 본다면, 그대들은 해방될 수 있다. 더 이상 섬기지 않겠다고 단호히 결정하라. 그러면 그대들은 자유로워진다.

나는 그대들이 그를 밀쳐내거나 위태롭게 하길 바라지 않는다. 다만 그를 더는 지지하지 말라. 그러면 그대들은 그가 마치 기반이 무너진 거대한 동상처럼, 무게를 이기지 못하고 밑에서부터 무너져내리는 것을 보게 되리라.

『자발적 노예상태에 대한 담론』

장 메슬리에(Jean Meslier, 프랑스, 1664~1729)
신부지만 무신론자였다. 아르덴(Ardennes)의 수도원에서 신부로 남의 눈에 띄지 않게 조용히 생활하면서, 비밀리에 하느님과 종교, 기독교, 신앙, 군주제, 왕, 성직자를 비판하는 비망록을 썼다. 혁명이 발발하기 훨씬 전에 혁명을 주장했다.

반란의 용도

내가 방금 언급한 이 모든 찬란하고 오만한 나라들을 먹여 살리는 풍부한 정수(精髓)는 매일 그대의 손으로 하는 고통스러운 일, 힘겨운 노동에서 그들이 뽑아낸 엄청난 부(富)와 커다란 수입이다. 세상의 모든 재화와 부를 풍부하게 만들기 위해서는 그대들(에게서)밖에는, 그대들의 산업, 그대들의 힘겨운 노동을 통한 방법 외에는 다른 길이 없기 때문이다. 그들이 그대들 손에서 뺏은 이 풍부한 정수가 그들을 유지시키고, 먹이고, 살찌우고, 그토록 강한 힘을 만들어주며, 그토록 거만하고, 그토록 자신만

만하고, 당당하게 만들어준다.

　헌데 (그대), 민중들이여, 그대들은 이런 찬란하고 오만한 나라들의 뿌리를 깡그리 말려버리고 싶은가? 그대들의 손에서 수고와 작업을 뽑아내서 만든, 이 풍부한 정수만 빼앗아라. 그대들 자신이, 그대들의 손에 의해, 그대들의 땀을 내어 만든 이토록 풍부한 모든 부와 모든 재화를 꽉 움켜쥐어라. 그대들 자신을 위해, 그리고 그대들의 모든 동포를 위해 이 모든 것을 꽉 붙잡아라. 찬란하고 쓸모없는 나라들에 아무것도 주지 말라. 화려하고 떵떵거리는 게으름뱅이들에게 아무것도 주지 말라. 모든 수도사들과 성직자들에게 아무것도 주지 말라. 오만하고 거만한 귀족들에게 아무것도 주지 말라. 거들먹거리고 거만한 독재자들에게, 그들을 섬기는 자들에게 아무것도 주지 말라. 그대들의 모든 자녀들, 부모들, 친인척들, 벗들에도 그들을 떠나고, 그들을 섬기는 것을 완전히 그만두고, 그들을 위해서 아무것도 하지 말라고 알릴지니. 그대들의 사회에서 그들을 모조리 내쫓아라. 그대들 사이에서 추방자들을 보는 것처럼 그들을 아래위로 쏘아보라. 그리하면 그대들은 그들이 마치 풀과 나무의 뿌리가 땅의 정수를 빨아들이지 못해 말라버리는 것처럼 말라버리는 것을 보게 될 것이다.

『장 메슬리에의 비망록(1718년 이후)*Mémoires de Jean Meslier(après* 1718)』

헨리 데이비드 소로(Henry David Thoreau, 미국, 1817~1862)
시인, 문필가. 노예제도에 기반을 둔 사회에 대한 반대 운동에 참여했으며, 학생들을 매질하기 싫어 교사생활을 그만두었다. 인두세(人頭稅) 납부를 거부하여 감옥에 갇혔으며, 벌금을 내고 감옥에서 출소하는 것도 거절했다. 한동안 숲 속에 오두막을 짓고 고독하게 살기도 했다.

법 덕분에 정의로운 사람은 아무도 없다

나는 우리가 먼저 인간이어야 하고, 그 다음에 국민이어야 한다고 생각한다. 법을 존중하기보다 먼저 정의를 존중해야 한다. 내가 마땅히 받아들일 권리가 있는 유일한 책무는, 언제든 내가 보기에 정당한 대로 행동하는 것이다. 단체에는 양심이 없다고들 하는데, 이는 옳은 말이다. 하지만 양심적인 사람들이 만든 단체는 양심을 갖춘 단체다.

법이 사람들을 한 치라도 더 정의롭게 만든 적은 단 한 번도 없다. 오히려 법에 대한 존중심 때문에 선량한 사람들조차 불의의 대리인이 된다. 법을 지나치게 존중한 탓에 생기는 이 당연한 결과를 우리는 군인들—대령, 대위, 하사, 사병, 기술병 등—이 있는 군대에서 보게 된다.

군인들은 산을 건너고 계곡을 지나 전쟁터를 향해 일사분란하게 진군한다. 하지만 이들은 자신들의 의지, 심지어 자신들의 상식과 양심에 어긋난 행동을 하고 있기 때문에 괴롭고 심장은 마구 뛴다. 그들은 자신들이 맞을 상황이 악몽일 것이라는 사실을 의심치 않는다. 모두 원래의 성품은 평화롭기 때문이다. 하지만 이제 그들은 무엇이 되었는가? 세상에서 가장 몹쓸 인간? 혹은 파렴치한 어느 권력자의 명령을 따르는 움직이는 작은 요새나 무기 창고?

『시민 불복종 *One civil Disobedience*, 1848』

존 로크(Jone Locke, 영국, 1632~1704)

의사, 정치가, 경험주의 철학자(인식과 지식의 근원을 가장 구체적인 현실에 대한 관찰, 경험에서 찾는 사조). 정치 분야에 있어 진보적인 사상 때문에 망명 생활을 했다.

저항할 수 있는 권리는 정당하다

입법자들이 민중들에게 속한 물건들을 강탈하고 파괴하려 하거나 독단적인 권력 하에 노예상태로 묶어두려 한다면, 그들은 민중과 전쟁 상태에 돌입한 것이다. 이제부터 민중은 입법자들에 대한 모든 종류의 복종에서 면해지고, 복종하지 않아도 용서가 되며, 또한 힘과 폭력에 대항하는 데 쓰라고 신이 모든 인간에게 주신 공통적인 해결책을 사용할 수 있는 권리를 갖는다. (……)

만약 이 신사양반들이 이런 견해는 민란과 내부 불화만 일으키며 세상의 평화를 무너뜨릴 뿐이니, 결과적으로 이를 인정하거나 받아들이면 안 된다고 판단한다면, 같은 근거와 논리로 그들은 "선량한 사람들은 도둑이나 사기꾼에 맞서면 안 된다. 그래봤자 혼란과 유혈사태만 생기기 때문이다."라고 말할 수 있을 것이다. 그러나 이렇게 부딪히는 와중에 불행과 재난이 닥친다면, 이는 단지 자신의 권리를 보호하려고 한 사람들의 잘못이 아니며, 당연히 이웃에게 속한 것을 침범하려 한 자들 탓이다.

『시민정부론 *The Two Treatises of Civil Government*, 1690』

바루흐 스피노자(Baruch Spinoza, 네덜란드, 1632~1677)

포르투갈계 유대인 상인의 아들로 태어나, 렌즈를 가는 일로 생계를 이었다. 정치적으로 군주제를 비판했고, 철학적으로 유물론자도 관념론자도 아닌 범신론자로 '신은 곧 자연'이라고 생각했다. 대표적인 저서인 『에티카(윤리학)*Ethica in Ordine Geometrico Demonstrata*, 1675년 완성』로 18세기 사상계에 큰 영향을 미쳤다.

표현의 자유는 어디까지인가?

사실, 누구든 법령에 반하여 행동하면 왕권이 위험에 처하게 마련이다. 하지만 그가 단순히 말하는 것과 가르치는 것을 넘어서지 않는 이상, 그가 책략이나 분노, 증오, 정부 내에서 자신의 권력으로 어떤 것이든 간에 바꾸려는 의도가 아니라 단지 이성에 따라 자신의 의견을 옹호하는 이상, 그는 의견을 내세우고 판단할 수 있으며, 그에 따라 말할 수 있는 전적인 자유가 있다.

예컨대 만약 어떤 사람이 법이 이성에 반한다는 것을 증명하고, 그 법이 폐기되어야 한다고 주장한다면, 동시에 그가 자신의 의견을 왕의 판단에 맡긴다면(왕만이 법을 만들고 폐기하는 권한이 있다), 그는 법이 폐기되기를 기다리는 동안 그 법이 정한 바에 반하는 행동은 모두 삼가야 하며, 국가에 어울리는, 가장 훌륭한 시민으로 살아야 한다. 그렇지 않고 당국의 타락을 성토하고 가증스러운 집단으로 몰며, 당국을 무시하고 반란을 일으켜 이 법을 폐기하려 한다면, 그는 질서를 해치는 교란자요 폭도다.

그러므로 우리는 왕권과 권력이 위험에 처하지 않고, 다시 말해 나라의 평화를 위해, 각자는 어떤 법을 따른 뒤에야 비로소 생각한 바를 말하고 가르칠 수 있어야 한다고 생각한다. 이 조건에서 각자는 왕에게 모든 행동과 관련한 법 제정의 임무를 넘겨주고, 이 법령에 반하는 어떤 행동도 절제해야 한다. 비록 종종 자신의 판단이나 선하다고 가르치는 일에 반하는 행동을 해야 할지라도 말이다.

『신학정치론 Tractatus Theologico-Politicus, 1670』

피에르 가상디(Pierre Gassendi, 프랑스, 1592~1655)

자유주의(자유 위에 어떤 것도 두지 않는 자유인)적인 신부였고, 에피쿠로스의 유물주의적 철학을 기독교화하려고 시도했다. 데카르트와 서신을 주고받으며 철학적인 논쟁을 벌였으며, 17세기 자유주의 조류에 커다란 영향을 미쳤다.

자연법, 긍정적인 법의 본보기?

정의는 공공선을 위해 고안된 것이므로, 법, 혹은 정당한 것을 존중하는 바가 지향하는 목표는 필연적으로 사회의 모든 구성원에게, 개인적으로나 혹은 집단적으로나 이롭다. 또한 각자는 자연이 이끄는 대로 자신에게 이로운 것을 구하기 때문에, 법, 혹은 정당한 것을 존중하는 바에 대해 자연에 부합하는 어떤 것이며 이를 자연적이라 평가해도 이치에 맞다.

내가 이 문제를 다루는 데에는 이유가 있다. 사실 가끔씩 사회 내에서 우리가 법 혹은 정당한 것을 존중하는 바로서, 사회에 이익이 되지 않으며 자연에 부합하지 않고 오히려 반하는 것은, (말하는 방식에서 지나치지 않다면) 정당한 쪽으로 나아갈 수 없는 경우가 생긴다. 정말로 자연법에서 생겨난 것, 다시 말해 자연에 따라 정당한 것은 진실로 유용하고 선하기 때문이다.

또한 자연법, 다시 말해 자연에 따라 정당한 것은, 정확히 말해 특권을 보장하는 것이라 하겠는데, 이 특권이라는 것은 전체적인 욕구에 따라 서로에게 해를 끼치지 않고 각자가 자기를 이끄는 자연에 따라 좋은 것을 구하며 안전하게 사는 것을 의미한다.

따라서 나는 유용함과 선이 동일하다고 주장하며, 이는 어떤 사안이 법에 따라 정당하거나 혹은 보장되는 다음의 두 가지 조건에 달려 있다고 생각한다. 즉 그것이 유용하거나 혹은 공공의 이익, 사회적 안녕을 목표로 하는가, 그도 아니면 만장일치의 사회적 합의로 정해졌는가 하는 것이다. 실제로 사회가 만장일치로 동의하고 존중하지 않는다면 완전히 정당해지는 것은 아무것도 없다. 때문에 사람들은 관습적으로 법과 정당한 것을 사회공공의 이익, 그리고 합의와 동격으로 놓는 것이다.

　법과 유용함은 뗄 수 없을 만큼 이어져 있어서, 법은 그 자체로서 유용하다. 뿐만 아니라 우리가 법률이라고 부르는, 사회에서 만장일치로 정한 합의와 규정, 예컨대 각자에게 무엇이 유용하고 정당한지를 정한 법률 역시 마찬가지다.

『에피쿠로스 철학에 대한 담론 *Traité de la philosophie d'Épicure*, 1649』

소포클레스(Sophocles, 그리스, B.C. 496~406)
비극작가로 123편의 작품을 남겼으며, 비극 경연대회에서 여러 번 우승했다. 안티고네, 엘렉트라, 오이디푸스 등 그가 무대에 올린 여러 인물들은 오늘날의 철학자들과 정신분석학자들이 자신의 견해를 설명하는 데 좋은 본보기를 제공해 주고 있다.

마음의 법이 훨씬 중요하다

크레온: 간단히 말해 보거라. 내 명령을 알고 있었느냐?

안티고네: 제가 어찌 모를 수가 있겠습니까? 세상이 다 아는데요.

크레온: 그런데 감히 내 명령을 어겼다고?

안티고네: 네, 제우스께서 내리신 명령이 아니니까요. 하계의 신들을 다스리는 최고의 정의께서는 인간에게 그런 명령을 내리신 적이 없으니까요. 저는 숙부님의 명령이 사람에게 신성한 법을 어기도록 할 만큼 그렇게 큰 힘이 있다고는 생각하지 않습니다. 하지만 신의 불문율은 결코 손댈 수 없지요. 이는 오늘이나 어제만 존재하는 것이 아니라, 아무도 근원을 볼 수 없었던 태초부터 적용되고 있는 겁니다. 여기에 불복종하면, 한 인간의 권력에 비겁하게 무릎 꿇다가 결국 신들의 준엄한 심판을 받을 게

아니겠어요? 저는 제가 죽을 걸 잘 알고 있어요. 숙부님의 포고령이 없었다 해도 죽음은 피할 수 없지요! 명을 다하지 못하고 죽는다 해도, 저는 그 죽음을 은혜라고 생각하겠어요. 악의 구렁텅이에서 살고 있는데 죽는 게 더 못하다고 어떻게 생각할 수 있겠어요? 아니오, 저를 기다리고 있는 운명은 제게 하나도 괴로울 게 없답니다. 다만 제 어머니의 피붙이를 묻지도 않고 그냥 내버려뒀다면, 그 때문에 저는 결코 슬픔을 달랠 수가 없었을 거예요. 이제 저는 더는 괴로울 게 없습니다. 숙부님이 저를 미쳤다고 생각하신다 해도, 아마 숙부님도 광기에 대해서는 저보다 나을 게 없을 것 같군요!

코러스장: 그 아버님에 그 따님이시군요! 성격이 아버님처럼 어쩌면 그렇게 막무가내인가요. 적 앞에서 도무지 굽힐 줄을 모르시는군요!

『안티고네 Antigone, B.C. 441』

휴고 그로티우스(Hugo Grotius, 네덜란드, 1583~1645)

시인, 번역가, 법학자, 역사학자, 신교(新敎) 신학자, 고전학자, 변호사. 종신형에 처해졌지만 아내의 도움으로 탈출해 프랑스에서 망명 생활을 했다. 근대 자연법과 국제법의 아버지라고 불린다.

자연법은 어디에 있는가?

자연법부터 시작하려면, 우리에게 도덕적으로 타당하거나 혹은 타당하지 않은 행동이 무엇인지를 알려주는 올바른 이성이 도리에 맞고 자연에 따르는가 혹은 그렇지 않은가, 결과적으로 자연의 창조주인 신이 그런 행동을 명령하는가 혹은 금하는가 하는 데 대한 몇 가지 원칙을 세워야 한다.

이성에 따라 원칙을 세울 수 있는 행동들은 신이 무엇을 명령하거나 금하는지를 필연적으로 알기 때문에 그 자체로서 의무적이거나 혹은 불법적이다. 이것이 바로 자연법을 인간의 법뿐만 아니라 신의 법과 구분하는 특징이다. 신의 법은 그 자체로서 자연적으로 의무적이거나 불법적인 것들을 명령하거나 금하지 않으며, 자기가 명령하는 것만을 의무화하고, 자기가 금하는 것만을 금한다.

자연법에 대해 올바르게 정립하려면, 우리가 자연법이라고 부르지만 정확히 유사하지는 않고, 말하자면 마치 학교에서 말하는 것처럼 자연법에 반하지 않는 범위 내에서 축소하거나 상황에 적응시킨 것들이 있다는 사실에 주목해야 한다. 마찬가지로 우리는 불의하지 않은 것을 보고 정의롭다고 말하기도 한다. 때때로 우리는 자연법을 어떤 방식으로든 강요받지 않았지만, 어찌되었든 이성이 정직하다고 보도록, 혹은 반대의 것들보다 낫다고 보게 하는 것이라고 잘못 말하는 경우도 있다.

자연법이 단지 인간의 의지와 동떨어져서 존재하는 것들만 감싸지 않고, 이 의지에 의한 어떤 행위가 잇달아 이어지는 여러 가지 것들을 대상으로 함을 알아두는 것이 좋다. 그리하여 예컨대, 오늘날 통용되는 대로, 재산을 소유하는 것은 인간의 의지가 이끌어낸 것이었다. 하지만 이것이 도입되자 이내 범죄를 저지르지 않고는 어떤 사람에게 속한 것을 강제로 빼낼 수 없는, 자연법의 규칙이 되기까지 했다. (……)

게다가 자연법은 변함없으며, 신조차도 손 댈 수 없다. 제아무리 무한한 신의 힘이라 할지라도 그 힘이 채 미치지 못하는 것들이 있다. 이런 것들은 의미를 가지고는 있지만 명백한 모순을 감추고 있는 명제들을 통해 표현할 수밖에 없기 때문이다.

그러므로 신조차도 2 곱하기 2가 4가 되지 않게 할 방도가 없다. 또한 그 자체가 나쁜 것을 본질적으로 변화시키는 일 역시 불가능하다. (……)

때로 자연법에 규정되어 있거나 옹호되는 행동들 내에서 그 행동들을 가까이에서 보지 못하는 사람들을 속이는 일종의 변화가 있는 듯하다. 자연법 밑바닥에 무엇이 있든지 간에 언제나 한결같으며 자연법이 정한 규칙의 대상이 되는 것에 있어서는 변화가 없다고 하는 것, 이런 것이 오히려 변화할 가능성이 있다.

자연법인 금언들도 있는데, 이 금언들은 순수하지도 단순하지도 않지만 사물들의 어떠한 상태를 상정한다. 이 자연적인 금언 덕분에 사람들은 사유재산이라는 개념이 도입되기도 전에 자신의 눈앞에 놓인 모든 것들을 사용할 수 있는 전적인 권한이 있었다. 또, 시민법이 생겨나기도 전에 사람들은 자기 스스로 복수했으며, 자신의 권리를 지속시키는 데 힘을 사용하였다.

『전쟁과 평화의 법 *De Jure Belli ac Pacis*, 1625』

규칙을 쓰레기통에 던져버려야 할까?

좀더 생각해 봐야 한다. 모든 것은 여러분이 문제의 규칙을 어떻게 생각하느냐, 혹은 거기에 개인적으로 서명하고 동의했느냐에 달려 있다. 여러분이 동의했으면 이미 늦었다. 그런 경우, 남은 일이라곤 민주주의의 덕목을 살려 토론과 협의, 개혁의 바람을 불러일으키는 것뿐이다. 이론적으로, 또 규칙을 만든 사람들의 말을 믿는다면, 이 종이쪼가리는 구성원 각자가 권리와 의무를 지니는 공동생활의 기초를 만들고 원칙을 정하기 위한 것이기 때문이다.

만약 여러분들에게 권리는 주지 않고 의무만 잔뜩 지운다면, 여러분은 노예나 죄수 같은 상황에 놓일 것이다. 반면 여러분에게 권리만 한아름

안겨준다면 여러분은 독재자가 될 것이다. 의무만 있고 권리는 없는 사람은 노예밖에 없고, 권리만 전부 누리고 의무는 외면하는 사람은 독재자밖에 없다.

절대로 노예가 되지 않도록 노력하라. 하지만 독재자가 되기 쉬우니 늘 조심하라.

나 먼저

학교에서뿐만 아니라 일상생활에서도 마찬가지로 사람들은 으레 의무는 회피하고 권리만 누리기를 바란다. 이처럼 까마득히 오래된 욕망은 자유를 잘못 정의하고 있기 때문이다. 자유는 흔히 생각하듯 자기가 하고 싶은 일을 하고 싶은 때, 하고 싶은 사람과 함께, 마음대로 할 수 있는 허가나 능력이 아니다. 그런 건 자유가 아니라 정글의 법칙이다. 모두들 원하는 건 다 할 수 있기를 바라며, 제지당하고 싶어하지 않는다. 마찬가지로 옆 사람이 뭐든 다 할 수 있는 권리를 갖는 것을 바라는 사람은 아무도 없으며, 만약 그렇게 된다면 누가 그 성가신 사람을 좀 막아주기를 바란다. 우리는 가능한 한 많은 사람들과 좋은 관계를 유지할 수 있는가보다 완전한 자유를 누릴 수 있는가에 더 민감하게 반응한다.

완전한 자유, 즉 방종은 만인의 만인에 대한 폭력이며, 가장 힘세고 교활한 사람에게 최대한 힘을 집중시켜 주는 것이다. 대부분의 경우 완전한 자유는 힘센 지배자(마치 숲에 사는 동물들처럼)들의 몫이며, 그들은 약자와 가진 것 없는 자들에게 자신들의 법칙을 강요할 때 자유를 부르짖는다. 공장장들은 자신의 몫을 늘리려고 직원들을 해고시키는 데 자유를 주장한다. 암흑가의 인물들은 자동차를 훔치고, 거리를 공포로 몰아넣고, 불법무기를 사용하고, 힘없는 노인과 여자들을 강탈하면서 자유를 부르짖는다. 행운의 편지나 써대는 사람, 야밤에 장난전화를 걸어 다른 사람

「1990년 독립한 나미비아의 첫 번째 총선」, 사진, 피터 말로우

의 단잠을 깨우는 사람, 여직원들을 성희롱하는 상사, 학생들을 감정적으로 대하는 교사 등 타인에게도 존엄성과 안전하고 조용하게 살 권리가 있음을 부정하는 모든 사람들이 자유를 주장한다. 그러나 이것은 자유가 아니라 방종이며, 강자의 법칙이다.

약자와 어린이, 사회에서 소외된 사람들, 장애인들이 다치는 것을 막기 위해, 공동생활에서 입을 수 있는 피해를 최대한 방지하는 규칙의 형태로 법의 힘을 적용해야 한다.

만일의 사태에 대비하기 위해 공동체에는 규칙이 필요하다. 하지만 규칙이 제대로 적용되려면 법의 원칙에 따라야만 한다. 즉, 권리와 의무가 형평성 있게 나누어질 수 있도록 당사자들의 협의를 거쳐서 만들어져야 하는 것이다. 당사자 모두 규칙을 만드는 데 동참하고, 발언권을 갖고, 의견을 나누어야 한다. 이는 모든 권리가 공동체의 일부 사람이 독점하게 되는 불상사를 막고 규칙의 필요성에 대해 구성원 모두가 동감할 수 있도록 만들기 위해서다.

법은 자유를 실현한다. 법이 있어야 자기에게 닥칠 일을 염려하지 않고 마음껏 행동할 수 있기 때문이다. 만약 내부 규칙이 원칙만 고집하고, 여러분이 논의하지도 만들지도 않은 내용을 여러분에게 강요하는 권력만 옹호한다면, 이는 여러분의 몸과 마음을 완전히 지배하려는 권력의 야욕을 아슬아슬하게 가리는 가리개에 지나지 않는다. 내부 규칙이 진정한 가치를 얻으려면 서로 간에 해를 끼칠 위험이 있는 힘을 포기해야 한다. 또, 쌍방에 균형이 맞아야 하며, 어떤 힘을 포기해야 하는지, 상대방에게 기대하는 바가 무엇이고, 무엇에 대해 논의하고자 하며, 무엇을 타협할 수 없는지를 밝혀야 한다.

법과 함께 자유를

개인과 집단이 있는 곳이라면 어디든, 학교도 마찬가지로, 사회적 계약은 시행되어야 한다. 제한 없는 자유의 위험성을 이야기하는 것, 더불어 살고자 하는 것, 또 더불어 사는 삶이 가능하도록 계획을 세우는 것, 상대방에게 위해를 가할 만한 힘을 포기하기로 하는 것, 유사시에 참조할 수 있는 규칙을 만드는 것. 이것이 바로 사회적 계약의 본질이다. 하지만 학교의 교칙을 비롯한 내부 규칙은 금지된 항목과 여러분이 해야 할 의무를 죽 늘어놓은 목록에 지나지 않는 경우가 많다.

진정한 내부 규칙은 관련된 사람들의 권리와 의무를 공평하게 나눈다. 이런 규칙이 정당하다고 생각하면 여러분은 이에 동의하고, 서명한다. 그때부터 여러분은 계약에 묶이는 것이다. 반드시 서명을 해야 하는 건 아니지만, 일단 한다면 규칙을 반드시 지켜야 한다.

협의를 통해 만들어진 법은 자유를 만들어낸다. 법은 무질서하던 자유에 질서를 덧입히고, 정글의 법칙을 문명으로 인도하고, 폭력적이고 야성적인 자연을 안정적이고 조용한 문화로 바꾸어놓는다. 야성과 교양 사이에 사회적 계약, 대화와 타협, 평화롭게 더불어 살고자 하는 욕구, 쌍방에게 이익이 되는 공평한 거래 등이 놓여 있다.

거래가 공평하지 않다면? 구성원들의 충분한 사전 대화 없이 내부 규칙을 만들었다면? 규칙이 아무런 반대급부 없이 의무만 잔뜩 적어놓은 목록에 지나지 않는다면? 만약 교칙에 동의하지 않으면 학교에 다니는 일이 불가능해진다면? 여러분은 계약을 형평성의 원칙(권리를 얻거나 포기하는 데)에 따라 민주주의적으로 작성하고, 개정 혹은 개혁할 수 있다. 교칙도 마찬가지다.

당사자 양측의 의도를 표현하고 있는 법은 개정되고, 수정되고, 폐지될 수 있다. 또 법은 양측의 욕구를 반영하고 있으므로, 계약 당사자 중 한쪽이 내용에 만족하지 못하면 자유롭게 협상을 제시할 수 있다. 그리하여 더 자유스럽고, 거의 아무것도 제한하지 않는 조건을 만들어 넣는 것이다. 법이 자유를 만들어내는 게 아니라 오히려 자유를 제한할 때, 여러분은 원칙에 따라 당사자들(교칙의 경우는 학생들과 학교 측)의 욕구와 열망, 가능성에 더욱 부합하도록 개선하자고 당연히 주장할 수 있다.

법과 제도는 공동생활에서 나타날 만한 위험을 줄여줄 때 정당성을 갖는다. 법이 개인 위에 군림하는 권력을 앉히는 데 봉사한다면, 법은 권력자의 지배 도구에 지나지 않으며, 개인들은 자유를 속박하는 부당한 제도 때문에 괴로워해야 한다. 요구하는 사람들과 주는 사람들, 학교라면 권력을 가진 사람들과 학생들 사이에 활발한 움직임이 계속될 때에만 법은 자유를 만들어낼 수 있다.

그렇지 않을 경우(단지 그럴 경우에만), 우리가 선택하지 않았고 부당하다고 생각하는 법을 거부하는 일이 의무가 된다. 이 의무는 개인적 사정

영화 「이프, If……」 중 한 장면, 린제이 앤더슨 감독, 1968년

이 아니라 윤리적 필요성이 전제되어야 한다. 계약에 사인을 하든지 혹은 거부하든지, 협상하든지 혹은 싸우든지, 민주적으로 법을 거부하거나 혹은 개정하는 권리를 행사하든지. 이 모든 일은 바로 여러분의 몫이다.

마르셀 콩쉬(Marcel Conche, 프랑스, 1922~)
대학 교수이며, 고대 그리스의 철학자들(소크라테스 이전 시대의 아낙시만데로스, 헤라클리토스, 회의론의 원조라 불리는 피론, 루크레티우스 같은 이들)과 몽테뉴에 대해 연구하였으며, 전통에 근거한 고전적 · 인본주의적인 개인의 윤리를 세울 것을 제안했다.

처벌할 수 있는 권리에 대한 변명

우리는 자신이 벌을 받고 있다는 사실을 이해할 수 있는 사람만 처벌할 권리가 있다. 만약 이성이 마비되어 자폐적인 생각에 빠진 사람이 상습적으로 범죄를 저지른다면, 그를 처벌해야 하는 이유는 무엇일까? "무슨 소용이 있을까?" 하는 질문에 대답할 수 없는데 어떤 권리로 처벌한단 것인가? 완벽한 냉혈한이 아닌, 아직 자신의 행동을 자각할 수 있고, 자신이 마땅히 벌을 받을 만하다는 것을 깨달을 수 있는 사람은 처벌을 받아야만 한다. 그러나 우리에게는 냉혹한 범죄자, 다시 말해 자신이 무슨 짓을 했는지를 전혀 자각하지 못하는 이를 처벌할 권리가 없다. 그 사람이 위험하다면 오로지 격리하는 수밖에 없다.

　대중들은 사소한 경범죄자들은 '미친 사람'으로 보지 않는다. 그들은 처벌 대상일 뿐이다. 그러나 자기 행동을 자각하지 못하고 갱생의 여지도 없는 중범죄자는 인간의 한계를 넘어선 것으로 보아 '미친 사람'이라 부른다. 이런 속수무책의 중범죄자들을 우리가 무슨 권리로 처벌할 수 있을지 모르겠다.

　그들은 위험한 정신질환자들을 다루듯 신경 써서 격리해야 한다. 처벌을 받는 사람들을 위한 감옥이 아니라, 정신요양원 형태의 치료소에 격리

되어야 한다.

사회 구성원 모두에게 외면받는 데서 오는 중압감, 니체가 말했듯 "애정 어린 커다란 무관심"이 아마 그들 마음속에서 이성이 눈 뜰 수 있게 해주는 마지막 치료법일 것이다.

『도덕의 원리 *Le Fondement de la morale*, 1993』

장 자크 루소(Jean-Jacques Rousseau, 스위스, 1712~1778)
계몽주의 사상가, 교육철학자. 자연을 이상화하고 인간이 자연과 조화롭게 살았을 법한 때를 꿈꿨다. 이제는 사라진 그런 상태로 되돌리기 위한 정치적 이론을 『사회계약론 *Du contrat social*, 1762』에 제시했고, 이는 프랑스 혁명에 지대한 영향을 미쳤다. 『에밀 *Emile*, 1762』은 자연주의 교육 이념을 제시한 그의 저서로 교육철학의 고전이라 평가받고 있다.

나는 포기한다, 고로 나는 존재한다

나는 자연 상태에서 인간의 생존에 해를 끼치는 장애물들의 강력한 저항력이, 각 개인이 현재의 상태를 유지하는 데 사용할 수 있는 힘을 능가해 버렸다고 가정한다. 이런 원시상태는 더 이상 유지될 수 없으며, 존재 양식을 바꾸지 않는다면 인류는 멸망할 것이다. 하지만 인간은 새로운 힘을 만들어낼 수 없고, 단지 기존의 힘을 모아서 새로운 방향으로 향하게 할 수밖에 없으므로, 인간의 생존을 위해서는 장애물들의 저항을 이겨내기 위한 힘을 합하는 일을 단 하나의 동기로 작동하게 하고 단결하여 행동하는 것 외에 다른 방도가 없다. 이러한 힘의 총합은 여러 사람이 힘을 합쳐야만 생겨난다.

인간 생존의 가장 기본적인 수단인 힘과 자유, 이를 각 개인이 자신을 해치거나 스스로를 돌보아야 하는 의무를 소홀히 하지 않고서도 사용할 수 있을까? 이와 같은 어려운 문제를 나의 주제에 귀착시켜 보면 다음과 같은 말로 표현할 수 있다. "모든 공동의 힘으로부터 각 구성원의 신체와 재산을 방어하고 보호할 수 있는 연합의 한 형태, 그리고 이를 통해 각 개인은 전체와 결합하고 자기 자신에게만 복종하고 이전과 마찬가지로 자유롭게 지낼 수 있는 그런 연합의 한 형태를 발견할 것." 이것이 사회계약이 풀어야 할 근본적인 문제다.

이러한 사회계약의 조약들은 그 법의 성격상 엄격하게 제한되어 있으므로, 아주 조금만 수정하더라도 무의미해지고 효력을 잃어버린다. 때문에 이 조항들은 이제껏 공식적으로 선포된 적은 한 번도 없지만, 어디에서나 동일하고 누구에게나 암묵적으로 받아들여지고 인정받아 왔다. 이는 사회계약이 파기되고 각자가 자신들의 계약상의 자유를 버리고 최초의 권리로 돌아가 자연권을 되찾을 때까지 계속된다.

이 조항들을 잘 이해하면 모든 것은 하나로 요약되는데, 즉 각 구성원은 자신의 모든 권리를 공동체 전체에 완전히 양도하는 것이다. 왜냐하면 첫째, 각자 전적으로 자신을 양도하게 되면 조건은 누구에게나 평등해지고, 조건이 누구에게나 평등하면 아무도 다른 사람들을 괴롭히는 데 흥미를 갖지 않을 터이기 때문이다.

다음으로, 양도는 전적으로 이루어진 것이므로, 결합 역시 더할 나위 없이 완벽할 것이며, 구성원의 요구는 전혀 없어지게 된다. 만약 개인에게 몇몇 권리가 남아 있다면, 그들과 대중 사이에 심판을 내려줄 상급자가 없으므로, 각자 어떤 부분에서는 스스로 재판관이 되고, 급기야 모든 사람들이 재판관이라고 주장하고 나설 것이다. 이로 인해 자연 상태는 계속 유지되며, 연합은 필연적으로 전제성을 띠거나 수포로 돌아갈 것이다.

마지막으로, 각 개인은 자신을 전체에 양도함으로써 아무에게도 양도

하지 않는다. 또 구성원은 누구나 자신에 대한 권리와 동일한 권리를 남에 대해 갖게 되는 것이므로, 결국 자기가 잃어버린 모든 것과 동일한 권리를 얻게 되고, 자기가 갖고 있는 것을 보존하기 위한 더 큰 힘을 얻게 된다.

그러므로 사회계약에서 본질이 아닌 것을 제한다면, 다음과 같은 말로 요약되는 부분을 찾을 수 있다. "우리는 각자 자신의 신체와 모든 능력을 전체적인 의사의 최고 감독 하에 공동의 것으로 만든다. 그리고 우리는 각 구성원을 전체와 불가분의 부분으로서 한 몸으로 받아들인다."

『사회계약론』

에릭은 책을 제 시간에 도서관에 반납하지 못한 것을 후회하기 시작했다.
글렌 박스터, 『정상적인 상태로 돌아가기』, 호에베크 출판사, 2001년

경찰은 여러분을
골탕 먹이는 존재일 뿐일까?

꼭 그렇지만은 않다. 하지만 경찰은 간혹 이중적이라는 인상을 줄 때가 있다. 예를 들어 경찰이 현직 정치인들이 저지르는 심각한 범죄를 단속하는 게 아니라 그냥 흘려보내도 될 작은 말썽, 해결하기 쉬운 소동이나 처리하는 것처럼 여겨질 때가 그렇다. 한쪽에서는 경찰이 수상쩍은 물건을 찾는답시고 젊은 아이들의 주머니를 뒤지거나, 오토바이족의 면허증 유효날짜를 확인하고, 불량 청소년들의 신분증 검사를 하는 반면, 다른 한쪽에서는 대통령 측근이나 시장 같은 거물급 정치인들의 뇌물 비리, 재계 고위 인사가 저지르는 경제 범죄 앞에서 얌전히 눈을 내리깔고 있다. 이런 걸 보고도 정말로 경찰을 옹호해 주고 싶은 마음이 들 수 있을까?

원칙적으로는 경찰 편에 안 서는 게 오히려 이상하다. 법과 질서를 유지하고, 우리 사회가 정글이 아니라 법이 통하는 곳이 되도록 감시하는 경찰력이 없는 사회를 상상할 수 있는가(소방관도, 의사도, 경찰도 들어가지 않는 몇몇 슬럼가의 무법상태를 생각해 보라)? 경찰이 못마땅하다면, 경찰 없는 도시가 바람직해 보이는가? 생각조차 할 수 없다. 경찰이 없는 도시에서는 곧 가장 강한 자의 원칙이 통하게 되기 때문이다. 국가 차원에서도 마찬가지다.

채찍과 주먹

'경찰(police)'은 고대 그리스의 도시국가를 뜻하는 '폴리스(polis)'가 어원이다. 자신의 이익만 생각하느라 공동생활에 해를 끼치는 개인들을 제재하고, 선량한 사람들을 보호하여, 시민들로부터 인정받고 존경받으며, 도시의 질서와 체계를 유지하는 세력이 바로 경찰인 것이다. 프랑스어 속어로 경찰을 '플릭(flic)'이라 하는데 이는 채찍의 철썩거리는 소리를 따서 만들어졌다. 아니면 라틴어로 '때리다'는 뜻의 '플릭타레(flictare)'에서 나왔을 것이다. 경찰을 가리키는 또 다른 속어인 '꼬뉴(cogne)' 역시 '때리다'란 뜻의 동사인 '꼬네(cogner)'에서 나왔다.*

이를 보면, 아마 프랑스 사람들은 경찰한테 맞을까봐 무척 염려했던가 보다. 지나간 시대상일까, 아니면 지금도 계속되고 있는 악습일까?

경찰은 범죄가 난무하는 일상과 법과 제도라는 이상적 세계 사이에서 활동한다. 악의에 찬 범죄와 순수한 법의 정신 중간에서 법을 구현하고, 법에 실제성과 효율성을 부여한다. 또, 경찰은 범죄를 예방하고 범죄 용의자를 잡아들임으로써 사회 질서를 유지한다. 이런 경찰을 두고 누가 쓸모없다고 말할 수 있겠는

우리 나라 말로 경찰을 나타내는 속어인 '짭새'는 '잡는다'의 '잡'과 '마당쇠', '먹쇠'처럼 명사나 어근에 붙어 '~하는 남자'라는 뜻의 접미사인 '쇠'가 붙어 '잡쇠'에서 '짭새'가 되었다고 한다. 또 예전에 도둑 잡는 곳을 '포도청(捕盜廳)', 도둑 잡는 사람을 '포졸(捕卒)'이라고 부른 것에 착안해, 경찰의 애칭을 '포(捕)돌이', '포(捕)순이'로 붙였다. 경찰의 프랑스 속어가 '때리다'에서 변형되었다는데, 우리 나라 속어는 '잡다(捕)'에서 변형되었다는 게 흥미롭다. —옮긴이

가? 국가에서 법을 적용하는 데 있어 핵심적인 역할을 하는 경찰의 일을 줄여야 한다고 누가 단언할 수 있겠는가? 경찰 조직은 문명이 자리잡을 수 있고, 자리잡아야 하는 법치국가에서 떼려야 뗄 수 없다.

경찰이 필요악이라고 생각한다면 '악' 부분보다 '필요' 부분에 초점을 맞추도록 해보라. 물론 경찰력이 과도하게, 무작위로 사용된다면 좋지 않다. 하지만 이 제도는 과부와 고아를 보호한다는 매우 훌륭한 원칙에서 착안되었다. 어떤 제도나 그렇듯 믿음직스러운 사람들만 있는 것이 아니라 부패한 사람들이 함께 일하기 때문에 문제가 생기는 것이다.

경찰의 설립 목직을 옹호하는 것이 경찰의 시시콜콜한 활동을 모두 다 정당화하는 것은 아니다. 경찰의 좋은 기능이 일부 경찰들이 비리를 저지를 가능성마저 정당화해 주지는 않는다. 그래도 '현실'이라는 이름으로 좋은 목적까지 깎아내리지는 말자.

인간이 사회를 이루고 사는 한, 약육강식이 아니라 문명 세계를 만들기 위해 경찰은 반드시 필요하다. 여기서 우리는 공화주의적 질서 유지의 조건인 경찰과 군인에 대해 곰곰이 생각해 볼 필요가 있다. 이런 조직들은 그 존재의 의미가 아무 잘못도 없는 선량한 사람들을 보호하는 한편 법의 심판을 두려워하는 범죄자들을 잡아들이는 데 있으며, 불행히도 우리 사회에서 없어서는 안 된다. 이런 경찰을 최대한 투명성과 시민의식으로 무장하게 하고 운영할 수는 없는 걸까?

경찰은 정치 체제와 깊은 관련이 있게 마련이다. 독재국가의 경찰과 민주국가의 경찰이, 전체주의 체제의 경찰과 공화주의 체제의 경찰이 같을 수 없다. 또한 아프리카 부락의 '경찰'을 첨단 과학 장비로 무장한 현대 경찰과 비교할 수도 없다.

어떤 형태를 지녔든 간에 경찰은 소수의 범죄자들로부터 다수의 시민을 보호할 때 옹호받을 수 있다. 과거, 현재, 그리고 미래에도 경찰은 시민사회가 유지되는 데 필요한 세력으로 남을 것이다.

이상 국가를 꿈꾼 철학자들은 경찰이 없는 세상을 주장하기도 했다. 이상 국가에서는 모든 나쁜 것들이 마법처럼 사라지며, 사람들은 사랑과 선천적으로 타고난 선량한 마음, 함께 화목하게 살고자 하는 욕구만을 지니고 살아간다. 이런 몇몇 이상주의자들은(대표적인 사람이 '유토피아'라는 말을 만들어낸 토머스 모어다. 유토피아는 '어디에도 없는 곳'이라는 뜻이다) 경찰, 군인, 돈, 사유재산, 부(富)를 비롯하여 일반인들을 성가시게 만드는 모든 것을 폐지하자고 주장했다.

제프 쿤스, 「곰과 경찰」(일부), 1988년

역설적이게도, 정치나 역사를 이끌어나가는 사람들이 유토피아적 욕구를 독점할 때, 결과적으로 자기네가 없애고 싶은 부정적인 면을 더욱 늘려버리는 상황에 부닥친다. 경찰에 대해서도 마찬가지다. 유토피아적 욕구를 독점당한 사회들은(예를 들어, 소련이 강력한 영향력을 행사하던 시대의 동유럽권 국가들) 경찰과 그로 인한 폐해를 줄이기는커녕, 곳곳에 경찰 아닌 경찰을 만들어버렸다. 누구나 이웃을 감시하는 감시자가 되었고, '불순한 사람'을 발각하면 곧바로 시베리아 수용소로 보내버릴 수 있는 정보원이 되었다. 어떤 전체주의 체제에서도 그처럼 시민들에게 경찰 노릇을 강요한 곳은 없었다.

사이버 경찰

시대가 바뀌면 경찰도 바뀐다. 오늘날의 경찰은 예전

처럼 눈에 띄게 활동하는 건 아니지만, 좀더 과학적이고, 기술적이 되어 여전히 범죄 행위의 흔적을 뒤쫓고 분석하는 일에 골몰한다. 우리의 문명은 경기장, 대사관, 현금자동지급기, 은행 등 특별히 보호받고 있는 장소나 거리에 설치된 수많은 비디오(CCTV) 카메라에 둘러싸여 있다. 현금카드, 휴대전화, 유선전화 등을 사용하면서, 인터넷을 통해 사이트 이곳저곳을 방문하면서, 모뎀으로 정보를 전송하면서 우리는 곳곳에 흔적을 남긴다. 우리가 말하고, 움직이고, 돈을 인출하거나 지불하는 등의 일거수일투족이 기록되고 감시당한다.

채씩을 휘두르던 예전의 경찰이 우리가 흘리고 다니는 디지털 흔적을 읽어내는 새로운 경찰에게 자리를 넘기고 있다. 사회의 규율은 예전보다 느슨해졌지만 감시는 더욱 심해지고 있다. 모니터 뒤에 앉아서 우리가 어디에 있는지를 쉴 틈 없이 확인하는 권력자와 공무원들의 시선, 아무도 이런 '빅 브라더'*의 커다란 눈을 벗어날 수 없다. 완전한 '파놉티콘'이 실현되고 있는 것이다. 한쪽에서는 옛날 방식의 경찰이 칭찬과 격려 없이 성과 없는 일에 매달려 있는데, 다른 한쪽에서는 '과학적인' 경찰이 사람들의 신뢰와 존경을 받고 있다.

조지 오웰(George Orwell, 1903~1950)의 소설 『1984년』에서 비롯된 용어로, 정보의 독점으로 사회를 통제하는 관리 권력 혹은 그러한 사회체제를 일컫는다.—편집자

미래의 경찰의 위험성은, 그들이 수상쩍은 정치인들의 도구가 될 수도 있다는 데 있다. 전 세계를 지배하려는 열망을 지닌 국가들은 정보의 흐름을 통제하기 시작했다. 이런 일이 가능한 데에는 막강한 정치인 친구들의 말에 꼼짝 못하는 거대 언론 매체들이 이 '지구 제국' 계획에 딴죽을 걸 리 만무하며, 경찰이 만든 많은 사람들의 세세한 사생활 정보를 손쉽게 입수할 수 있기 때문이다. 이런 이유로 사람들은 정보 전파를 비밀 정보기관, 기업, 범죄단체가 통제하고, 개인의 습관을 인터넷 접속이나 전화 통화로 알아내어 정보화할까봐 두려워한다.

경찰은 이제 우리가 생각지도 못한 장소에서 일한다. 눈에 보이지 않지만 효율적으로, 예전에는 보호되었던 개인들의 사생활 정보를 축적하고 있다. 규율은 눈에 띄게 사라졌지만 통제는 늘어나고 있다. 순찰차를 타고 다니는 경찰관들보다 사무실에 앉아 있는 그들의 동료를 조심하라. 여러분에 대한 정보를 엿듣고, 감시하고, 캐내서 모으고 있을지도 모르기 때문이다. 이런 경찰들은 여러분 각자의 세세한 행동이나 사소한 일까지 기록한 파일을 가지고 있다. 눈에 보이지 않는 경찰을 걱정하라. 그들이 눈에 띄지 않는 만큼, 여러분은 더 많이 감시당하고 있다.

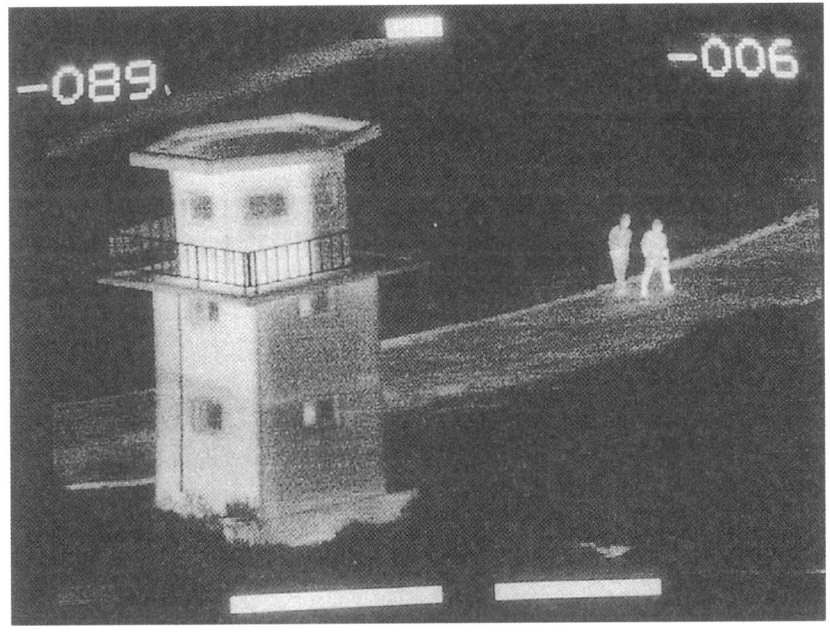

1995년, 홍콩과 중국 국경을 감시하는 데 사용된 적외선 카메라 화면
(1997년 홍콩은 중국에 반환되었다), 사진, 패트릭 자흐만

루이 트롱댕, 『블랙타운』, 다르고 출판사, 1998년

읽어 보기

클로드 아드리앙 엘베티우스(Claude Adrien Helvétius, 프랑스, 1715~1771)
유물론자로, 교회와 성직자들의 권력을 비판했다. 인간 행동의 주된 원동력인 호기심과 자기애를 분석했다. 아내와 함께 살롱(salon, 귀족과 예술가들의 사교 모임)을 열어 당대 유명한 사상가들의 만남의 장을 마련했다. 개인적 · 집단적으로 인간의 행복을 실현할 것을 제안했다.

법이 더 이상 보호해 주지 못한다면?

만약 사법관들이 법 집행을 보장하는 데 필요한 힘을 갖추지 못했다면, 만인의 행복을 위해 만들어진 법을 준수할 사람은 아무도 없다. 이런 힘이 없어서 많은 사람들이 어기는 법은 결국 모든 사람에게 위반당하는 게 당연한 처지가 된다. 법은 공공의 이익만을 원칙으로 하므로, 모두들 위반한다면 즉시 그 법은 소용없어지며, 법이 무효가 되면 더 이상 법이 아니다.

　사람들은 모두 자기들의 일차적인 권리만 주장하며, 자신의 개인적인 이익만을 따른다. 개인적인 이익은 법의 준수를 방해하며, 법은 유일한 준수자가 될 사람에게 손해를 끼칠 것이다. 대로에서의 안전을 위해 무기 소지를 금지했는데, 기마경찰대마저 없어서 도로에서 도둑들이 활개를 친다면, 결과적으로 무기 소지를 금지한 법은 목표를 이루지 못한 셈이다. 그러면 사람들은 무기를 가지고 여행을 하는 등 이 (부당하지 않은) 법과 한 합의를 어길 것이며, 아예 지킬 생각조차 하지 않을 것이다.

『정신에 관하여 *De l'esprit*, 1758』

「쇼아」 중 한 장면, 클로드 란츠만 감독, 1985년 →

6. 역사

"여행의 끝"

폭력을 사용해도 될까?

어떤 사람이 작정하고 여러분에게 해코지하려고 덤벼든 탓에 여러분이 정신적·육체적으로 녹초가 되었다고 하자. 이 사람을 피하려고 뭐든 다 해봤는데, 정말로 별 수를 다 써봤는데도 도무지 방법이 없다면 어쩔 수 없이 폭력을 행사할 수밖에 없다. 비폭력을 절대적인 원칙으로 삼는 것은, 이미 여러분에게 무슨 짓이든 다 할 준비가 되어 있는 상대방이 옳음을 인정하는 셈이다.

물론 세계가 이상적이라면 이런 극단적인 해결책을 쓰지 않아도 될 것이다. 그렇지 않기 때문에 자기의 평안과 공공안전, 도덕, 정신적 건강을 지키는 데 폭력이 유용한 경우가 있다. 폭력은 필요악이며, 이를 포기하는 것은 폭력을 포기하지 않는 사람의 손을 들어주는 것이나 다름없다(불행히도 폭력을 고집하는 사람은 없어지지 않을 것이다).

폭력을 일단 사용하면 둘 중 어느 한쪽이 무너져야만 끝난다. 폭력을 사용한다는 것은 어떤 사람에게 향하는 증오를 다른 방법으로는 완전히 누그러뜨릴 수 없다는 것을 의미한다. 하지만 주먹을 날리기 전이나 후나, 나쁜 감정은 하나도 변하지 않고 고스란히 남아 있다.

파괴적이거나 재앙을 불러올 수 있는 어떤 과정을 끝내기 위해 폭력을 방어 차원에서 부득이하게 사용할 때, 폭력은 도덕적으로 옹호될 수 있지만, 폭력을 사용한 공격은 결코 용인될 수 없다. 그러나 역설적이게도 폭력이라는 어두운 에너지는 인간과 국가 역사의 원동력이다.

폭력은 언제나 비슷한 메커니즘으로 생기는 자연적인 힘이다. 그 메커니즘은 우리가 지키고 있는 실질적인, 혹은 상징적인 영토(땅뿐만 아니라 재산, 정체성, 우리 마음대로 좌지우지할 수 있다고 여겨지는 사람)에 대한 위협이나 빼앗길지도 모른다는 두려움에서 비롯된다 '내 소유물을 누가 건드리면 나는 본능적으로 반응한다' 는 식이다. 전쟁은 인간 본성에 자연적으로 각인되어 있는 반면, 평화는 문화와 교육, 선의를 지키고자 하는 결단력의 산물이다.

역사의 각 장마다 폭력이 난무해 왔다. 이때 폭력은 상호주관성(존재들과의 관계)과 국제성(나라들 간의 관계)을 띠고 있다. 근원적으로 폭력은 서로 대화가 안 되고, 말만으로는 싸움을 해결할 수 없을 때 발생한다. 하지만 공손하고 예절바르지만 단호하고 명확하면서도 열렬한, 무게 있는 말이나 자분자분 설명을 하든지 단호하게 잘라 말하든지, 그래도 성에 안차면 욕을 하든지, 굳이 주먹을 날리지 않고 말로 해결하는 방법도 얼마든지 있다.

말을 잘 못해서 자기 입장을 어찌 설명해야 할지 모르는 사람들이 폭력을 쓰고 싶다는 욕망에 휩싸이기 쉽다. 자기를 어떻게 표현해야 할지 몰라 울컥한 마음에 육체적 힘의 사용을 해결책으로 삼는 것이다.

논리적 순서는 늘 같다. 이 흔적이 역사를 만드는 것이다. 위협, 행동 개시, 파괴. 폭력의 정도는 문화에 따라 달라서, 각 나라들은 자기들만의 방식으로 폭력을 행사한다. 역사는 이와 같은 폭력적 긴장이 다행히 아무 일 없이 비켜갔다는 것보다 어떻게 진행되고 해결되었는지를 훨씬 더 많이 서술한다. 역사가들은 행복한 사건과 평화롭고 정상적인 국제관계는 뒷전에 밀어둔다. 오죽했으면 헤겔은, 행복한 국민들은 역사가 없다고 했을까.

자연적인 폭력과 문화적인 폭력

평화에는 보상이 따른다. 사람들과 소비재의 자유로운 무역과 왕래, 합의가 이루어지고 계속 유지되어 나가는 것이 그 보상이다. 역사를 살펴보면 사람들은 나름대로 폭력 같은 부정성(negativity)이 승리하지 않도록 억제시켜 왔는데, 외교가 그렇다. 외교는 공손함과 예의범절을 지키며, 두 나라 사이에 함께 지켜야 하는 공동의 이익을 일깨우며 폭력을 피하는 기술이다.

보이지 않는 곳에서 은밀히 이루어지고, 이렇다 할 성과가 없다 하더라도 외교는 매우 중요하다. 폭력이 발생하는 것을 막기 위해 대사, 영사 등 외교관들은 정보기관들의 비밀 요원이나 스파이, 다양한 분야(정치, 경제, 군사 등)의 직원들, 경찰들과 협력하는 등 허락된 모든 외교적 방법을 동원하며 전 세계를 돌아다닌다.

외교사절들은 호전적인 국가들이 즐겨 써먹는 위협에 늘 맞닥뜨려야 한다. 외국 언론들을 초대한 자리에서 보란 듯이 펼쳐지는 절도 있는 군사 행진과 시범, 엄청난 화력을 갖추고 흠잡을 데 없이 잘 훈련된 병력, 천문학적 규모의 군사 분야 예산, 미지의 대규모 살상무기를 보유하고 있

「매드 맥스 2」에 나오는 멜 깁슨, 조지 밀러 감독, 1981년

다고 일부러 퍼뜨리는 소문과 선전 등의 목적이 과연 무엇일까? 상대방에게 "이것 봐, 폭력은 자제하라고. 나도 만만치 않으니까 덤비면 큰 코 다칠 거야!"라는 메시지를 전하는 것이다.

외교적 노력이나 덤비지 말라는 경고성 메시지 등이 별다른 도움이 못 되고 냉전 상태가 지속될 때, 사람들은 폭력 '시위'를 그만두고 넘어서는 안 되는 선을 넘는다. 행동을 개시하는 것이다.

역사는 종종 이 한 가지 상태를 기록할 때가 많다. 사람들은 부정적인 사건이라고는 찾아보기 어려웠던 평화 상태를 잊어버리고, 외교적 노력과 전쟁억지 이론 따위를 넘어서서, 결국 피를 부르게 된다.

죽음의 충동을 여러 나라에 풀어놓은 전쟁선동자들은 늘 변명거리를 댄다. 위험인물을 암살하려고, 옆 나라가 국경을 넘어와서, 게릴라들이 극성을 부려서, 테러 행위를 근절하려고……. 어쨌든 결정은 이미 내려졌다. 변명이 뭐든 간에 결국 대화를 포기했다는 이야기이며, 잘 연출된 장

면들을 이용해 힘을 과시하겠다는 게 의도다. 나중에 역사가 이야기를 그
럴 듯하게 꾸며서 들려줄 테니까.

폭력, 역사의 원동력

전쟁의 근원에는 제국을 만들려는 욕망, 자기가 올바르다고 생각하는 정
치적 이념을 전 세계에 퍼뜨리고 싶은 의지가 자리잡고 있다. 인류의 역
사가 시작된 시기부터 오늘날까지 독재자, 전제군주, 권력자들의 의지가
여러 제국들을 만들어냈다. 칭기즈칸, 알렉산더, 샤를 마뉴, 샤를르 캥,
나폴레옹, 히틀러, 스탈린 등등. 이들 모두는 자신들의 야망에 따라 영토
를 넓히고 자기들의 가치관을 전 세계에 강요하기를 열망했다.

　동물들은 본능적으로 자기들만의 영역을 정한다. 배설물을 뿌려 영역
을 표시하고, 그 안에 다른 동물들이 오가는 것을 금지하고, 들어오면 맹
렬하게 싸워서 항복을 받아낸다. 정치인들이 제국주의적 전쟁과 식민지
정복에 나섰을 때, 그들의 목적은 이러한 '굴성'(식물이 자극을 받아 그 방
향으로 굽는 성질)을 얻어내려는 것이었다. 인간의 역사는 이처럼 동물적
충동에서 나온 행동과 사건을 적은 기록으로 압축될 때가 많다.

　매번 법은 힘에 눌려 사라지고, 협약은 공격에 무너져내리고, 대화와
계약은 폭력 앞에 무릎 꿇는다. 계약, 합의, 협정, 불가침과 협력 선언, 서
명, 공식 문서로 서명된 외교적 해결책들, 이 모든 것이 물거품이 된다.
인간은 뒤로 가고 짐승이 앞으로 성큼 나선다. 그리하여 역사는 외교부나
정부 내에서가 아니라, 전장과 참호에서, 떨어져 내리는 폭탄 밑에서, 군
사 사령부에서, 벙커와 상륙작전이 이뤄지는 해변에서 쓰인다. 국제법과
규칙이 아니라 사형 집행대, 집단 수용소, 감옥과 무기저장고가 존중되면
서 쓰이는 것이다.

　분쟁은 역사의 원동력이다. 사회 계층(거만한 부자와 절망스러운 빈자들),

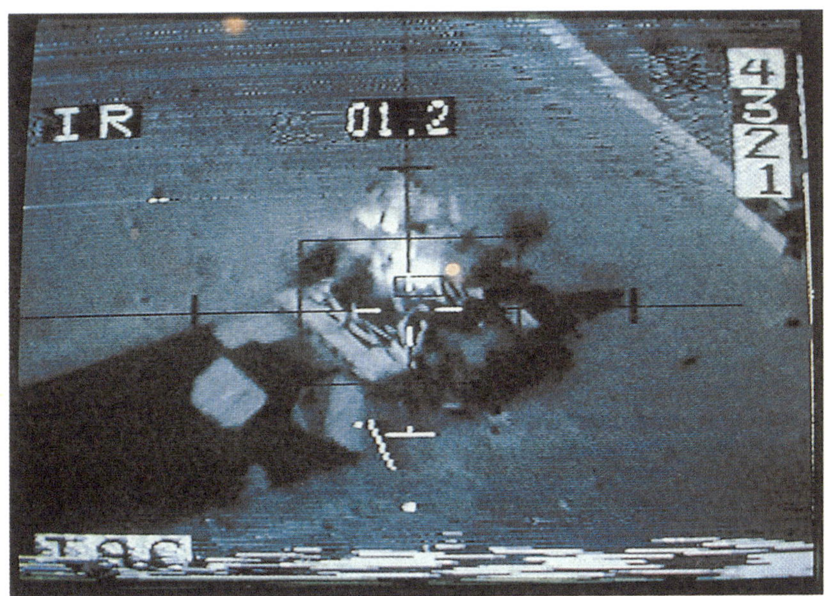

「쿠웨이트, 1991년 2월 2일」, 티에리 오르방이 찍은 비디오 화면

인종(명령을 내리는 백인들과 복종해야 하는 유색인들), 지역적인 정체성(바스크, 브르타뉴, 코르시카, 카탈루냐, 알자스 등), 국가(예전에는 프랑스와 독일이, 미국과 소련이, 최근에는 세르비아와 알바니아가 대립했다), 종교(아일랜드의 신교와 구교, 이란의 시아파와 수니파, 팔레스타인의 유대교와 이슬람교, 인도의 시크교도와 타밀족 등).

어느 구성원들이나 주도권에 대한 욕망을 품고 있다. 어떤 이가 주인이 되면 또 다른 이는 노예가 될 수밖에 없다. 이때 발생하는 문제를 해결하는 데 폭력이 쓰이지만, 사실 폭력은 문제를 잠시 다른 데 옮겨서 더욱 키운다. 아무것도, 그 누구도 역사의 산파 역할을 하는 폭력에서 벗어날 수 없다.

르네 지라르(René Girard, 프랑스, 1923~)
희생과 희생양, 폭력과 성스러움, 성서와 신화의 관계, 욕망과 욕망의 모방(우리
는 늘 다른 이가 바라는 것을 바란다), 낭만적 거짓과 소설적 진실에 관해 생각했다.

욕구불만의 폭력, 대체 희생물

폭력에 대한 욕망은 사람에게서 일단 한번 깨어나면 신체적 변화를 일으
켜 싸울 태세를 갖추게 한다. 그러한 폭력적인 성향은 일정 시간 동안 지
속된다. 이를 자극이 사라지면 이내 반응도 멈춰버리는 단순한 반사작용
으로 보아서는 안 된다. 스토르(Storr)는 정상적인 사회 조건에서 폭력에
대한 욕망은 일으키기보다 가라앉히기가 더 어렵다고 지적한다.

　흔히 '비이성적인(이유 없는)' 폭력이란 이야기를 한다. 그러나 폭력에
이유가 없는 것은 아니다. 폭력이 폭발하려고 할 때 아주 좋은 이유들을
찾아내기조차 한다. 하지만 그 이유들이 제아무리 그럴듯하더라도, 대단
하게 여길 가치가 전혀 없다. 폭력은 애초에 자기가 겨냥했던 대상이 조
금이라도 자기 능력 밖에 있든지 자신을 비웃는 일을 멈추지 않는다면 그
이유를 잊어버릴 터이기 때문이다.

　욕구불만을 느낀 폭력은 늘 대체 희생물을 찾으며, 결국에는 찾아낸다.
애초에 화를 돋운 대상을 버리고, 약하고 손이 쉽게 닿는 곳에 있다는 것
외에 그 불같은 화를 고스란히 받을 이유가 전혀 없는 대상을 희생물로
삼는 것이다.

　이렇게 대체 희생물을 만드는 경향이 인간의 폭력에만 국한된 것이 아
니라는 사실은 많은 연구 결과들을 통해 알려지고 있다. 로렌츠(Lorenz)
는 『공격성 *L'Agression*, 1968』에서 특정 종류의 물고기들은 습관적으로

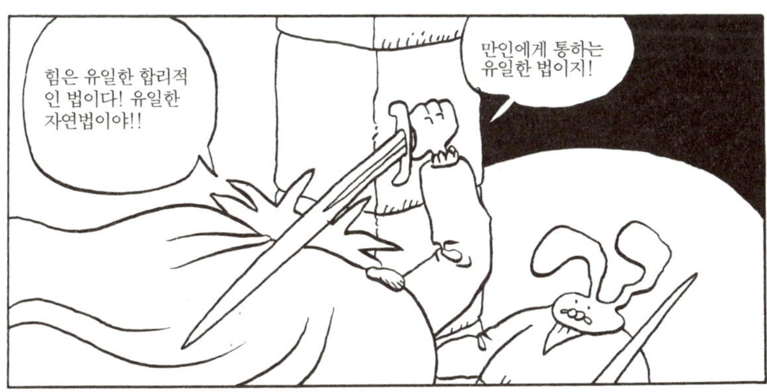

루이 트롱댕, 『밀디유*Mildiou*』, 쇠이유 출판사, 1994년

영역다툼을 벌이는 수컷 경쟁자들을 떼어내고 나면, 공격적인 성향을 자기 동족에게 돌려서 동족을 몰살시켜 버린다고 전하고 있다.

『폭력과 성스러움 La Violence et le Sacré, 1972』

조르주 소렐(Georges Sorel, 프랑스, 1847~1922)

토목기사. 생디칼리슴(syndicalisme, 노동조합주의)과 혁명에 대한 이론가. 자본주의의 지배에 폭력적 행동으로 응할 필요성(폭력의 윤리성)을 주장하며, 그러한 폭력석 대응을 성공으로 이끌기 위해 사회 전복적 행동들을 연합하는 형태(구체적으로는 동맹파업)를 지지했다. 레닌과 무솔리니에게 영향을 주었다.

폭력, 힘에 대한 대답

정치적 파업에 대해 연구해 보면, 우리가 현대사회의 문제에 대해 생각할 때 언제나 염두에 두고 구분해야 할 점을 좀더 쉽게 이해할 수 있다. 힘과 폭력이란 말은 주로 권력 행위 또는 반란 행위를 이야기할 때 쓰인다. 하지만 이 두 가지 경우는 매우 다른 결과를 이끌어낸다. 나는 한 치의 모호함도 없는 단어를 선택해야 한다고 생각하며, 특히 폭력은 두 번째 뜻으로 쓰도록 아껴둬야 한다고 생각한다. 따라서 힘은 소수가 지배하는 특정한 사회 체제를 조직하는 것을 목적으로 삼는 반면, 폭력은 이 체제를 파괴하려 한다고 해야 할 것이다. 현대사회로 접어든 이래 부르주아가 힘을 행사했고, 이제 프롤레타리아가 폭력으로 부르주아와 국가에 맞선다.

『폭력에 관하여 Réflexions sur la violence, 1908』

옛 나치들을 재판하는 게 과연 쓸모있는 일일까?

여기에 대해서는 많은 이들의 의견이 갈린다. "그렇다"고 생각하는 이들은 잘못을 되갚아주는 복수의 차원에서, 또 악독한 죄에 대한 온당한 답을 보여준다는 의미에서 재판은 반드시 필요하다고 주장한다. "아니다"라는 사람들은 시간이 지날 만큼 지났기 때문에 잊을 때도 됐고, 이제는 다른 일로 넘어가야 한다고 주장한다. 그들 생각에, 지난 일*로 열을 내봤자 얻는 것도 없을 뿐더러, 프랑스를 두 쪽으로 분열시켜 서로 끊임없이 싸우게 하기밖에 더 하느냐는 것이다. 이에 대해 대부분의 사람들은 특별한 의견이 없으며, 윤리적 해결책을 찾아야 한다와 좀더 시급한 문제를 해결하는 게 낫다는

* 우리나라의 경우, 친일진상규명법 개정을 놓고 정부와 학계, 그리고 일반인 사이에 팽팽한 신경전이 계속되고 있다.—편집자

생각 사이에서 흔들리고 있다. 시간이 할 일을 하고 있으며, 역사는 이 혼란스러운 시대에도 멈추지 않는다고 평가하면서 말이다.

하지만 유대인 수용소에 갇혔다가 죽거나 살거나 혹은 탈출한 사람들의 가족들이 충분한 자료를 가지고 옛 나치의 독일인 책임자, 프랑스인 부역자, 비시 정권의 공무원, 히틀러 '제국'의 협력자들에게 법적인 책임을 물으면서 문제는 계속 불거지고 있다.

살아남은 나치의 협력자들 중에는 사람들을 몰살하는 데 나름대로 중요한 역할을 한 사람들도 있다. 그런데도 이미 물 건너 간 일이니 손 놓고 있어야 할까?

재판하고, 용서하고, 잊어버려라?

재판은 고소인들 사이에서 정의를 바로잡고 구현하는 데 그 목적이 있다. 이를 위해 재판관은 법조문을 참고하고 법의 정신을 존중하여 공정한 판결을 내린다. 죄를 지었거나, 지었다고 의심되는 사람이라도 판결이 내려지기 전까지는 원칙적으로 무죄로 추정되며, 예심, 변호, 법의 공정한 판결(무죄석방 혹은 처벌)을 받을 권리가 있다. 힘이 있건 없건 이론적으로 모든 사람에게 같은 논리가 적용된다. 전·현직 장관이나 시장 등이 재판을 받을 때 이들의 지위가 높기 때문에 재판 결과가 바뀌지나 않을까 의심하지 않아도 된다는 뜻이다(어디까지나 이론적으로).

옛 나치, 페탱 정부의 하수인, 나치 부역자들은 살인자, 범죄자 등의 용의자들과 마찬가지로 법의 심판에서 자유로울 수 없다. 하지만 법에는 공소시효라는 것이 있다. 일정한 기간이 지나면 어떤 범죄 사건에 대해 형벌권이 없어져서 재판할 수 없다는 것이다. 법은 나름대로 시간이 지나서 감정이 잦아들거나 굳이 벌을 줄 필요가 없어질 가능성을 고려하고 있는 셈이다. 심지어 어떤 범죄들에 대해서는 여러 해가 지나면 정의를 바로잡겠다는 의지마저 점점 누그러진다고 생각하는 것이다. 하지만 공소시효를 인정하지 않는 특수한 경우가 있다. 바로 반인륜 범죄(반인도적 범죄)다.

공소시효 배제(공소시효를 인정하지 않는 것)는 역사를 돌이켜봤을 때 특별히 극악무도한 범죄가 존재한다는 인식에 바탕을 두고 있다. 그런 범죄를 저지르는 사람들은 단순히 다른 사람에게 해코지하는 정도에 그치는 것이 아니라, 아예 자기가 싫어하는 사람들 전체(예를 들어 유대인과 집시)를 말살시키려고 한다.

나치 범죄는 유대인이나 집시 같은 이들은 존재하는 것 그 자체가 죄악이며 따라서 반드시 없어져야 한다는 증오심에서 기인한다. 하지만 태어날 때부터 물려받은 정체성은 마음대로 선택할 수 있는 것이 아니다. 그렇게 태어났다는 이유 하나만으로 죄를 지은 것이라고 결정하는 것은 그 생각 자체로 너무나 극악무도하다. 이런 이유로 반(反)인류범죄를 다루는 재판관들과 국제사회는 특별히 공소시효 배제의 원칙을 택하고 있다.

이렇게 재판할 이유가 충분히 갖춰졌지만, 과연 그들을 용서할 수 있을까? 용서하려면 적어도 두 가지 조건이 반드시 갖추어져야 한다. 첫 번째, 죄를 지은 사람이 자신의 잘못을 진심으로 후회하고 공개적으로 사과하며 용서를 구해야 한다. 두 번째, 피해자가 그 사과를 받아들여야 한다. 피해자의 자녀, 가족, 친구 등 다른 사람은 아무도 안 된다. 반드시 피해자 자신이 용서해야 한다. 여러분의 이웃에게 죄를 저지른 사람을 여러분이 주제넘게 냉큼 나서서 용서할 수는 없지 않은가!

블라디미르 얀켈레비치(Vladimir Jankélévitch)는 나치 전범들의 경우 위의 두 가지 조건이 충족되지 못한다고 결론 지었다. 죄를 지은 이들 가운데 죄의 경중을 떠나 아무도 뉘우치는 기색을 보이지 않기 때문이다. 사실 어떤 범죄 용의자가 자신의 잘못을 후회하겠는가. 더욱 가관인 것은, 대부분의 나치 전범들은 아무도 자신들을 심판할 수 없다고 한다. 자기는

「클라우스 바르비 재판, 1987년」, 사진, 마르크 리부

아무것도 몰랐고, 그 시대에는 아무것도 생각할 수 없었기 때문에 으레 그렇게 해야 하는 줄 알았다고 한다. 또 당시에는 아무도 뭐가 뭔지 몰랐다고 부르짖는다(방에서 숨어 지내던 안네 프랑크는 1942년부터 알고 있었는데도 말이다). 자기들은 파리 한 마리도 죽이지 못하는 마음 약한 사람들이고, 좋은 남편, 자상한 아버지, 선량한 시민이었으며, 단지 명령에 따랐을 뿐이라는 것이다. 아무도 자기 잘못을 인정하지 않고, 후회하는 기색을 내비치지 않으며, 나치의 일원이었다는 사실을 부끄러워하지 않았다. 어느 누구도.

두 번째로 용서를 불가능하게 만드는 이유는, 바로 희생자 자신만이 용서를 할 수 있기 때문이다. 고문당하고, 학대받고, 가스실로 보내지고, 불태워진 수백만 명의 유대인들, 공산주의자들, 프리메이슨 단원들, 집시들, 반대파들, 동성애자들, 여호와의 증인들, 저항세력들 등 오직 그들만이 용서할 수 있고, 그들에게만 용서를 구해야 한다. 하지만 그들은 이미 사라지고 없으니 용서는 영원히 불가능하다. 당사자만이 할 수 있는 용서를 다른 사람에게 위임할 수도 없다. 다른 사람에게 우리 대신 먹고, 자고, 살아달라고 할 수 있는가. 그러니 이 범죄는 공소시효가 없을 뿐더러, 용서받을 수도 없다.

기억하기 위해

그렇다면 재판은 왜 필요한 걸까? 재판을 소집하고, 피고의 호소를 듣고, 결코 옹호될 수 없는 범죄를 변호하는 변호사들의 열띤 변론에 귀 기울이는 일이 무슨 소용이 있을까? 기억하기 위해서다. 지나간 역사를 현재에 되새기고 미래에 긍정적이고 바람직한 결과를 남기기 위해서다. 교훈을 얻고, 결론을 이끌어내고, 역사에서 늘 같은 결과를 낳는 악행을 조심하기 위해서다. 인간의 도리를 지키고, 죽은 이들을 되새기고, 수백만 명의 실종자들을 기리고, 늘 주의를 기울이기 위해서다.

물론 역사는 결코 같은 방식으로 두 번 반복되지 않는다. 같은 사건을 같은 사람들이 똑같이 일으키는 일은 없다. 하지만 인간의 극악무도한 짐승 같은 면이 드러나는 조건들, 인과관계가 맞물리는 시점, 나치 사건 같은 특이한 결과들의 계보 파악 등을 통해 물리 법칙과 비슷한 역사의 법칙이 존재함을 알 수 있다. 즉 어떤 요소들이 있을 때 그에 따른 어떤 반응이 나왔다는 것이다. 불행, 가난, 모욕, 원한, 불명예, 존엄성 상실이라는 요소는 희생양 선택, 조직적인 폭력, 구원자에 대한 열망(약속된 밝은 미래)으로 이어진다. 이 모든 것이 매번 상대적으로 같은 도식을 만들어내며 현실을 이룬다.

과거를 기억하면 역사를 철학적으로 바라보고 세상을 이해할 수 있으며, 사건을 명철하게 기록할 수 있다. 또한 사람들이 사건을 어떤 방식으로 이야기하고, 요약하고, 생각하고, 상상하는지를 명확하게 알 수 있다.

오늘날 어떤 이들은 보편적 진리를 세우는 데 저항하는, 아주 오래된 전쟁들과 역사가 끝났다고 선언한다. 그들은 이제 전 세계적인 자유주의

나이지리아, 자이라의 대학 캠퍼스. 1967~1970년 비아프라 내전을 기념하기 위한 조각품이다. 사진, 브뤼노 바르베

적 자본주의가 진리가 될 것이라고 주장한다.

　우리는 머지않아 자본주의의 압승을 지켜볼 수 있을 것이다. 다분히 미국적인 색채가 덧입혀진 역사의 종말과 세계화 견해에 반대하는 사람들도 있다. 전쟁은 현재 진행형이다. 역사는 현실의 무대에서 죽지 않고 살아남는다. 그 안에 여러분의 역할도 있다.

읽어 보기

블라디미르 얀켈레비치(Vladimir Jankélévitch, 프랑스, 1903~1985)
유대인. 레지스탕스로 활동하면서 나치 수용소에서 가족의 대부분을 잃었다. 제2차 세계대전 후에는 독일 음악과 철학을 외면하기로 결심했다. 모랄리스트(moralist, 인간성에 대한 성찰을 주로 에세이, 격언집 등의 형식으로 남긴 프랑스 작가들을 이르는 말, '도덕가' 라는 뜻도 있다.)로서 용서, 실수, 죄책감, 아이러니, 냉혹함에 대해 생각했고, 공소시효 배제 원칙에 대한 논리를 제시했다.

"반인륜 범죄에는 공소시효가 없다"

모든 것을 무디게 하는, 산을 깎아내는 것처럼 미움도 마멸시키는, 용서와 망각을 베푸는, 위로하고, 정리하고, 상처를 아물게 하는 시간은 대규모 살육의 희생자들을 위해서는 아무것도 해주지 않는다. 오히려 공포를 끊임없이 되살아나게 한다.

프랑스 의회는 당연한 원칙, 어떤 의미에서 선험적으로 불가능한 일을 선포했다. 반인륜 범죄는 공소시효가 없다. 다시 말해 정해진 기한이 없다. 시간도 반인륜 범죄를 덮어줄 수 없다는 의미다. (……)

용서! 그런데 그들이 언제 우리에게 용서를 구한 적이 있었던가? 죄인의 절망과 완전한 고독감만이 용서에 의미와 존재 이유를 덧입혀줄 수 있다. 죄인이 잘 먹어서 피둥피둥 살이 찌고, '경제 기적' 덕분에 떵떵거리며 잘 살게 되었을 때, 용서는 썰렁한 농담일 뿐이다. 아니다. 용서는 수퇘지와 암퇘지들을 위한 것이 아니다. 용서는 죽음의 수용소에서 죽었다. 정확히 말하자면, 우리의 지적 이해력으로 도저히 이해할 수 없는 자들에 대한 두려움은 연민의 감정을 싹부터 말려버렸다. ……그래도 피고인은 우리의 동정심을 살 수는 있었다.

피고인은 동시에 여러 다리를 걸칠 수 없다. 희생자들에게 해묵은 감정을 퍼붓거나, 애국심과 좋은 의도에서 그랬다고 자기를 변호하거나, 용서를 구하거나. 이 중 하나만을 택해야 한다! 용서를 구하려면 주저 없이, 정상을 참작해 달라는 변명 없이 죄인임을 인정해야 할 것이다. (……)

살아남은 자들이 어떤 자격으로 희생자들을 대신하여, 혹은 생존자와 그들의 친척, 친지들의 이름으로 용서를 할 수 있을까? 아니다. 그 짐승들이 즐거이 정신적인 고통을 주고 있는 자손들을 위해 그 짐승들을 용서할 사람은 우리가 아니다. 자손들은 그들 자신을 용서해야 한다. 그리고 우리는 짐승들, 그리고 그들의 친구들에게 눈을 돌려 말해야 한다. 자손들에게 당신네들 자신이 용서를 구하라고.

『공소시효 적용불가. 용서? 명예와 존엄성 가운데에서
L' imprescriptible. Pardonner? Dans l' honneur et la dignité, 1971』

나는 언제나 나한테 해코지했던 사람들을 용서했어. 하지만 명단은 가지고 있지.
상페, 『몇 가지 신비』, 드노엘 출판사, 1998년

미리암 르보 달론느(Myriam Revault d' Allonnes, 프랑스)
철학교수. 한나 아렌트의 저서를 번역했고 몽테스키외의 사상을 연구했다. 파시즘, 나치즘, 전체주의, 유대인 학살, 전쟁, 스탈린주의 등 20세기의 재앙의 측면에서 본 정치적 악(惡)의 문제를 분석했다.

"권력에 대한 열정은 부패하게 마련이다"

세상에 대한 환멸. 이 환멸이 오늘날 우리를 짓누르고 있다는 정도로 말하기에는 너무나 미흡하다. '정치적인 것'에 관해서는, 생각하기에 따라 현실은 종종 노골적이었으며, 우리가 한탄하고 격분하고 반대하고 저주하고 저항한 것은 이미 오래 전 일이었다. 정치가 사악한 데다가 해롭고 무자비하고 타락한 관행은 모조리 끌어온다는 것은 정치 자체만큼이나 까마득하게 오래된 불만이다.

　정치는 힘의 관계가 뒤얽히는 장이다. 권력에 대한 열정은 부패하게 마련이다. 통치하는 기술은 사람들을 속이는 기술이다. 통치를 받는 기술은 복종을 배우는 기술이며, 자발적인 노예상태에 대한 주문으로 강요된 굴복이라 하겠다. 이런 진부한 사실을 모르는 이는 아무도 없지만, 이 진부함은 여전히 적지 않게 존재하고 있다.

『사람이 사람에게 하는 일 *Ce que l' homme fair à l' homme, 1995*』

책상 위에 "미래는 없다"는
글귀를 새기면서 무슨 생각을 하나?

너무 지루한 수업 시간. 어디론가 가고 싶고, 무슨 일을 하든 심드렁하고, 미래라고 해도 달라질 건 없을 것 같은 생각이 든다. 그러할 때, "미래는 없다."고 책상을 후벼파던(그래봤자 아무 소용없으니까 제발 책상을 파진 말길. 차라리 창문을 바라보면서 딴 생각을 하든지, 벽에 페인트칠이 벗겨지지나 않았는지 주의 깊게 관찰하라.) 여러분은 비관주의 철학자들처럼 역사를 허무주의적으로 인식하고 있는 것이다. 이 철학자들에 따르면 현실은 끊임없이 반복되고, 이미 알고 있고 겪은 사실들이 하나도 새로울 것 없이 재생되며, 언제나 가장 나쁜 것만이 확실하다. 기대할 것이라곤 재난뿐이며, 현실은 늘 무질서하다.

낙관주의자들은 다르게 생각한다. 역사는 한 방향으로 큰 그림을 그려 가고 있으며, 과학이 발견하고 정착시킨 법칙에 따른다. 이들은, 역사는 근원이 있고, 발전하고, 한 가지 목적을 향해 가며, 역사의 모든 사건은 한 가지 의미를 실현하는 데 기여한다고 생각한다. 우리가 지나온 과거, 우리가 대하는 현실, 우리가 향하는 미래를 점으로 이으면 직선이 되며, 이 직선은 더 나은 곳으로 움직이는 상승선이다. 모자람은 더함으로, 단순함은 정교함으로, 전쟁은 평화로, 악은 선으로, 부정적인 것은 긍정적인 것으로 바꾸는 것이다.

신(神)의 이름으로

낙관주의적 믿음을 갖고 있던 철학자 중에 아우구스티누스(Aurelius Augustinus)와 토마스 아퀴나스(Thomas Aquinas)가 있다. 성자로 떠받들어지는 이 두 철학자 외에도 보쉬에(Bossuet), 반(反)혁명주의자였던 조제프 드 메스트르(Joseph de Maistre), 루이 드 보날(Louis de Bonald) 등이 있다. 어떤 의미에서 역사가 선으로 이어져 있다는 견해를 처음으로 내놓았던 이들이다. 그들에게 역사의 원동력은 말할 것도 없이 신(神)이다. 신은 자신의 뜻대로 모든 것을 아주 세세한 부분까지 결정한다. 역사의 각 부분은 신의 의지에서 나왔다. 그 의지를 도무지 꿰뚫어 볼 수 없거나 알아내기 힘들 때조차 그렇다.

신이게 의지하자. 그는 자신이 원하는 것을 알며, 어디로 갈지를 안다. 신은 전지(모든 것을 아는), 전능(모든 것을 할 수 있는), 만유(어디에든 있는)의 존재다. 그러므로 아무것도 그에게서 벗어날 수 없다.

신은 전쟁, 학살, 증오와 같은 것도 원하실까? 그렇다. 인간의 생각은 너무나 좁아서 신의 섭리를 이해하기에는 역부족이지만, 부정적인 것도 나름의 쓸모와 역할이 있다. 우선 세상은 완벽한 창조주가 만든 창조물로, 완벽할 수밖에 없다. 완벽한 창조물이 되려면 모든 것이 풍부해야 한다. 어떤 것이 모자란 세상은 불완전하다. 그 결과 완벽한 창조주의 이름에 걸맞지 않은 보잘것없는 창조물이 된다. 그 사이를 악이 비집고 든다. 악은 현실의 모든 것이 신의 신성한 의지를 나타낸다는 것을 역설적으로 보여준다.

악에서 선이 나올 수 있고, 부정적인 것에서 긍정적인 것이 나올 수 있다. 신이 없는 세상의 참상과 개인의 불행이 다른 세상, 즉 천국을 갈망하게 만들 수도 있지 않은가? 어두운 이 땅이 빛나는 천국을 부각시키는 역할을 한다면? 땅에 흐르는 피가 너무나 불완전한 인간을 대신하는 신의 재림과 지배를 예비하는 것이라면?

원죄를 잊지 말자. 신은 인간에게 자유의지를 줬는데, 인간이 그 자유의지를 잘못 사용하여 죄를 지었다. 악은 신이 만들었다기보다 인간이 선택한 결과다. 역사를 돌이켜보면 악은 인간에게서 나왔고, 구원은 신에게 있었다. 그러므로 완전한 구원이 이루어지려면, 인간의 역사에서 벗어나야 한다.

이러한 종말론적(훗날 역사가 끝날 때 좋은 시절이 올 것이라는 견해) 신학적 역사 인식을 가지고 있는 사람들 중에는 종교와 상관없는 사상가들도 있다. 대표적인 인물로 콩도르세(Condorcet), 헤겔(Hegel), 마르크스(Karl Marx), 엥겔스(Fredrich Engels), 칸트(Kant), 레닌(Lenine), 마오쩌둥(毛澤東)이 있다. 이들의 역사 인식은 한마디로 미래에 더 좋은 세상이 오리라는 것이다.

역사의 의미, 더 나은 세상의 도래, 현재를 움직이는 유일한 원동력에 대한 확인 작업. 이것이 프랑스혁명(18세기), 산업혁명(19세기), 프롤레타리아혁명(20세기)을 거치면서 역사 철학자들이 골몰한 주제다. 그들은 역사가 무한히 발전한다고 생각했다. 물론 역사의 발전을 분명히 느끼거나,

일이 어떻게 돌아가는지를 이해하기란 어렵다. 게다가 인간의 좁은 시각이 불러일으키는 실수는 늘 반복된다. 프랑스혁명 때 인권의 이름으로 수천 명의 목이 단두대의 이슬로 사라진 것은? 가난하고, 착취당하고, 비참한 인민들의 행복을 위한다는 명목으로 정치범 집단 수용소에 사람들을 집어넣은 것은 또 어떤가?

이는 모두 인류의 진보를 위한 것이다. 이상적이고 완벽한 사회로 향하는 역사의 큰 흐름이라는 관점에서 이런 희생은 사소한 곁가지일 뿐이다. 보편적으로 중요하고 긍정적인 움직임에서 부정적인 것은 그저 부차적일 뿐이다. 몇 사람이 죽는다고 해서 이상적인 방향으로 향하는 역사의 도도한 흐름이 그칠 수는 없다. 특정 시간에 현실을 구성하는 요소들보다는 전체성을 중시하는 것. 이를 우리는 변증법적 역사 인식이라 한다.

화살표냐 원이냐?

신(神) 혹은 이성을 신봉하는 자들은 역사를 낙관적으로 바라본다. 이에 비해 "미래는 없다."고 책상에 새기는 여러분들은 역사가 상승하는 화살표가 아니라 막힌 원이라고 생각하는 비관주의자들이다. 일단 어떤 사건이 일어나면 계속해서 영원히 반복하고, 생명이 있는 것은 계속 윤회한다고 생각하는 불교도들처럼, 여러분은 역사를 비관적으로 읽고 있는 것이다. 이미 한번 일어난 일은 세상 끝날 때까지 지속될 것이다. 전쟁, 피, 학살, 착취자와 피착취자, 지배자와 피지배자, 주인과 노예는 예전에도 있었고, 지금도 있고, 미래에도 있을 것이다. 또한 아무것도 이 흐름을 바꿀 수 없다.

석기에서 휴대전화까지, 기술은 눈부시게 발전해 왔다. 질병 앞에서 속수무책이던 인간들은 이제 컴퓨터로 어려운 외과 수술을 척척 해내며, 수명은 옛날과 비교할 수 없을 만큼 늘어났다. 어린이들은—적어도 서구에서만큼은—더 이상 탄광에서 일하지 않아도 되며, 여성들은 남성과 동등한 시민권을 얻었으며, 과거에는 영혼조차 없다고 취급했던 유색인들의 자유를 억압할 수 없다. 동성애자들은 이제 광장에서 화형당하지 않으며, 프랑스에서는 시민연대협약(PACS)에 따라 동성애자 부부도 이성애자 부부들과 똑같은 권리를 보장받는다. 당연시되었던 노동자에 대한 착취도 중단되었다. 이처럼 삶의 본능*이 영토를 확장해 갔다.

삶의 본능이 역사를 이끄는 전부는 아니다. 죽음의 본능** 역시 잦아들지 않고 역사 안에서 맴돈다. 지구상에서 죽음의 본능이 완전히 사라질 것이라 섣불리 상상하지 말라. 냉철하게 보면, 죽음의 본능 역시 뿌리 뽑을 수 없는 인간 본성의 일부이며 점점 더 가시화되고 있다. 프로이트는 이 충동이 존재하며 물 밖에서 또 물 밑에서 역사를 움직이고 있음을 보여주었다. 이러한 사실을 안 우리는 죽음의 본능을 발견하고, 피하고, 격렬하게 싸우고, 대비할 수 있다.

낙관주의자들은 역사가 끊임없이 진보한다고 생각하는 반면, 비관주의자들은 끊임없이 퇴보한다고 생각한다. 비극적 상황에 처한 사람들은 현

* 프로이트의 본능론 중 하나로 생동적인 삶을 가능하게 해주고 종족 번식을 책임지는 각종의 힘을 말한다.—편집자

** 프로이트는 자신의 본능론에서 유기체의 본능에는 이전의 상태로, 결국 원시적 상태(죽음)로 복귀하려는 강한 경향이 있다고 가정했다.
—편집자

「제7의 봉인」 중 한 장면,
잉그마르 베르히만 감독, 1957년

실을 있는 그대로 보려고 노력한다. 역사 속에서는 삶의 본능과 죽음의
본능이 설명할 수 없이 뒤섞여 있다.

에밀 미셸 시오란 (Emil Michel Cioran, 루마니아 계 프랑스인, 1911~1995)
비관주의 철학자, 17세기 모랄리스트적 전통을 충실히 따른 문필가. 추락, 절망, 불안, 허무주의, 혐오, 자살, 해체 등과 같은 주제를 계속 다루면서 비관주의적 세계관을 내비쳤다. 하지만 80세를 넘게 살다가 침대에서 편안히 세상을 떴다.

역사에 방향이 없다

인간이 역사를 만든다. 그리고 역사는 인간을 부순다. 인간은 역사의 창조자이자 주제이며, 주동자이자 희생자다. 이제까지 인간은 자신들이 역사를 지배하고 있다고 믿어왔으나, 이제 역사가 인간의 손아귀를 빠져나가고, 도저히 해결할 수도 견딜 수도 없는 방향으로 나아가고 있다는 것을 안다.

서사시는 모순되고, 그 끝이 어디를 향할지 아무런 지향성이 없다. 여기에 어떻게 목표를 부여할 수 있을 것인가? 목표가 하나 있었다면 단 한 번은 끝에 도달했을 것이다. 여기에서 이득을 얻는 자들은 가장 늦게 태어나는 후손들로, 그들만이 만족을 얻을 것이며, 과거세대가 겪었던 고난과 헤아릴 수 없는 노력의 수혜자가 될 것이다.

이는 너무 암울하며 불공정한 관점이다. 모든 것을 무릅쓰고서라도 역사가 하나의 의미를 갖기를 원한다면, 우리는 어느 것도 아닌 역사를 짓누르는 저주에서 그 의미를 찾아야 한다.

고립된 개인 자체는 자신이 이런 저주의 성질을 띠는 한 의미를 소유할 줄 모른다. 악의에 찬 천재는 역사의 운명을 좌우한다. 확실히 역사는 목표가 없지만 숙명이라는 짐이 지워졌으며, 필연성이라는 우상을 미래에 부여한다. 숙명, 단지 이것만이 역사의 논리를 우습지 않게 말할 수 있도록 해준다. 또한 하나의 섭리, 극도로 의심스러운 게 사실이지만, 그 목표는 다른 것의 목표보다 덜 불가해한 특별한 섭리에 대해서도 말할 수 있게 해준다. 이는 이롭다고 알려졌는데, 그 이유는 이 섭리가 작용하는 문명들이 언제나 원래의 방향에서 멀어져서 목표의 반대쪽에 도달하며, 하나의 음흉하고 냉소적인 힘의 흉책(凶策)을 배신하는 끈질기고 체계적인 방법으로 굴러 떨어질 수 있도록 하기 때문이다.

『갈등 *Ecartélement*, 1979』

한나 아렌트 (Hannah Arendt, 독일에서 미국으로 귀화, 1906~1975)
유대인이라는 이유로 나치 정권에게 박해받다가 미국으로 망명했다. 정치 철학 분야에서 권력, 폭력, 전체주의, 혁명, 민주주의, 역사, 권력, 자유, 지배와 같은 고전적인 문제들을 현대적인 시각으로 검토했다.

전례 없는 범죄에 대하여

그러므로 전례가 없는 행위는 미래를 위한 전례가 될 수 있다. 바로 그런 이유로 '반인륜 범죄'를 다루는 모든 재판은 오늘날로서는 아직 '이상'으로 여겨지는 기준에 따라 판결되어야 한다. 만약 집단 학살이 가능한 일로 남는다면 전 세계 어느 민족—이스라엘이나 다른 곳에 있는 유대인들뿐 아니라 다른 모든 민족—이라도 국제법의 보호 등의 도움 없이 살아남을 수 있으리라 자신하기 어렵다. 전례 없는 범죄에 대한 조치는, 그 조치들이 국제 형법을 만드는 데 유효한 전례가 되어야 비로소 효력을 지닌다. (……)

만약 우리가 국가의 행위라는 개념 뒤에 국익이 있다는 사실을 받아들인다면, 아마도 이 문제를 좀더 명확하게 알 수 있을 것이다. 이 이론에 따르면 국가—정의하자면 한 나라의 생존에 책임이 있고, 이러한 생존을 법이 보장하는—의 여러 행위는 국민들의 행위와 똑같은 법칙을 따르지 않는다. 폭력과 만인의 만인에 대한 투쟁을 없애려고 고안된 법치국가는 자신의 생존을 폭력적 수단에 의존한다. 마찬가지로 정부는 자신과 법의 생존을 위해서 일반적으로 범죄로 여겨지는 행위들을 아무렇지 않게 저질러야 하는 상황에 처할 수 있다. 흔히 전쟁을 정당화하기 위해 이런 이유를 갖다 붙인다.

국가는 국제관계 외에 다른 영역에서도 그 같은 범죄 행위를 저지르는데, 문명국가들의 역사에서 그런 예는 나폴레옹이 저지른 앙기앵(Enghien) 공작 암살 사건, 무솔리니의 책임이라고 추정되는 사회주의 지도자 마테오티(Matteotti)의 죽음 등 여러 군데에서 찾아볼 수 있다.

틀리건 옳건 간에 국익은 필요성을 불러일으키며, 국익의 이름으로 자행되는 국가의 범죄들(현행 법률 체계에 비추어 완전히 유죄다.)은 예외적인 조치, 즉 권력과 현행 법률의 체계 전체를 보존하기 위해 강력히 요구되는 '레알 폴리티크(realpolitik , 현실정책)'에 대한 타협이라고 여겨진다.

정상적인 정치 및 법체계에서 이런 행위들은 법 적용의 예외사항이며 처벌을 받지 않아도 된다. 이는 국가 자체의 존폐가 걸려 있는 문제이며, 국가 외부의 어떤 정치 단위도 국가가 존재할 권리를 부인하거나 존재 방식을 규정할 수 없기 때문이다.

『예루살렘의 아이히만-악의 평범함에 대한 보고서
Eichmann in Jerusalem: A Report on the Banality of Evil, 1963』

성(聖) 아우구스티누스(Augustinus, 로마, 354~430)
가장 유명한 교부(教父)철학자('교회의 아버지'란 뜻. 막 시작된 기독교 교리를

아트 슈피겔만, 『쥐』, 플라마리옹 출판사, 1987년

정립하는 데 철학을 이용했던 철학자들). 젊을 때는 다신교를 신봉하고 쾌락에 탐닉했지만, 기독교에 귀의하여 다신교를 반박하는 여러 권의 저서를 썼다.

인간을 영혼과 육체로 구성된 이성적인 동물로 만드신 하느님은, 원죄 이후 죄에는 처벌을, 약함에는 관용을 반드시 남겨놓으셨고, 선한 자와 악한 자들에게는 돌을 가진 사람을, 식물적 생명에는 풀을, 감각적 생명에는 야만인을 주신다. 이는 모든 규칙과 모든 아름다움, 모든 질서에 대한 원칙이다. 또한 길이와 수, 무게에 대한 원칙, 그 종류와 대가가 어떻든 간에 모든 자연 생산에 대한 원칙, 모든 형태의 씨앗에 대한 원칙, 씨앗의 형태와 씨앗의 움직임과 형태에 대한 원칙이다.

하느님은 육체가 아름다움, 힘, 생식력, 기질, 장기들의 힘과 조화를 이루게끔 창조하셨다. 비이성적인 영혼에 기억력과 감각, 취향을 갖춰주셨고, 이성적인 영혼에 이성과 자유를 주셨다. 하늘과 땅, 천사와 인간을 감시하시고, 가장 비천한 벌레, 새의 깃털, 들판의 가장 보잘것없는 꽃과 나뭇잎도 내버려두지 않으시며, 어느 것도 일치와 촘촘한 결합에서 벗어나지 않는다. 그러니 그분이 인간의 왕국들과 그들의 지배, 자신의 섭리에서 벗어난 구속 상태를 내버려두길 바라셨다고 생각할 수 있겠는가?

『신국론 *De Civitate Dei*, 420~429』

콩도르세(Condorcet, 프랑스, 1743~1794)

수학자. 경제학 및 교육학 문제의 전문가. 역설적이게도 역사에 대한 낙관주의를 표방한, 인간 정신의 진보에 대한 이론을 감옥에서 만들었다. 자코뱅당에게 체포되어 단두대에서 목이 베이기 전, 감옥에서 음독자살했다.

인간의 진보에는 제한이 없다

인류의 다양한 개인들에게서 드러나는 공통적인 능력들의 발전을 뜻하는 일반적인 사건과 영속적인 법칙을 그저 파악하는 데에서 그치는 학문을 형이상학이라고 한다. 하지만 똑같은 인간 능력의 발전을 살피는 데 있어, 일정한 시간과 공간 속에 존재하는 개인들의 집단을 서로 비교하고, 세대를 거슬러 따라가 본다면, 인간 정신의 진보에 대한 도표를 제시할 수 있다. 인간 정신의 진보는 우리 능력의 개인적 발전에서 공통적으로 발견할 수 있는 일반적 법칙을 따르는데, 그것이 개인적인 동시에 사회에 모인 다수의 개인들의 발전에서 기인한 결과물이기 때문이다. 각 순간마다 제시되는 결과는 이전 시기가 제공한 결과와 밀접하게 관련되어 있고, 이는 앞으로 올 시기의 결과에 영향을 미친다.

인간 정신의 진보에 대한 도표는 역사적이다. 영원한 변화에 구속되어 있는 이 도표는 인간 사회가 거쳐온 서로 다른 시기의 사회를 지속적으로 관찰하면서 형성되는 것이기 때문이다.

이 도표는 변화의 질서를 소개하고, 각 시기가 그 다음 시기에 미친 영향을 드러내고, 결국 인류가 거쳐온 수정의 과정을 보여주어야 한다. 여러 세기의 광막한 세월 동안 인류가 끊임없이 계속해 온 행진, 진리와 행복을 향한 발걸음을 새로이 갱신하면서 보여주어야 한다.

인간이 해왔고, 지금도 하고 있는 이러한 관찰은, 인간 본성의 새로운 진보에 대한 희망을 확고히 하고, 그 시기를 앞당길 수 있는 수단으로 인도해 줄 것이다. 이것이 내가 이 책을 쓰는 목적이며, 그 결과물은 추론과 사실을 통해 인간 능력의 진보에 대해서는 어떤 말로도 지적된 적이 없음을 보여줄 것이다.

실제로 인간의 진보 가능성은 정의되지 않았다. 이를 막으려 하는 모든 힘에서 독립적인 인간의 진보 가능성은 자연이 우리에게 준 지구의 시간

외에 다른 한계가 있을 수 없다.

확실히 인간 정신의 진보는 다소간 빠른 행진을 지속할 것이며, 결코 퇴보하지 않을 것이다. 적어도 지구가 우주의 체계 속에서 같은 장소를 점유하고 있는 한, 이 체계를 운행하는 일반적인 법칙이 지구에 대해 전반적인 혼란이나, 인류가 살아남아 진보를 위해 능력을 펼치고 자원을 찾지 못하게 하는 변화를 불러일으키지 않는 한, 진보는 계속될 것이다.

『인간 정신 진보에 관한 역사적 개요
Esquisse d' un tableau historique du progrès de l' esprit humain, 1795』

G.W.F 헤겔(Georg Wilhelm Friedrich Hegel, 독일, 1770~1831)
칸트철학의 계승자로, 실재는 이상과 동일하게 규정된다고 하는 독일관념론을 집대성했다. 그가 말하는 이상(理想)에는 이성과 신, 그 외 가능한 다른 것들도 포함된다. 미학, 정치학, 역사, 철학사와 종교에 관한 글을 썼다.

역사는 이성, 즉 신(神)을 실현한다

철학이 도달해야 할 사상은 마땅히 그리 되어야 하는 대로의 현실 세계이다. 구체적인 그대로의 모습으로서의 이성의 의지, 선(善)은 실제적으로 가장 큰 힘이다. 이는 스스로 실현하는 절대적 힘이다. 진정한 선, 보편적인 신성한 의지는 스스로 실현할 수 있는 힘이기도 하다. 이런 선과, 이런 이성이 가장 구체적으로 구현된 것이 신(神)이다.

일반적인 생각으로가 아닌, 효력을 발휘하는 힘으로의 선을, 우리는 신이라고 부른다. 철학적인 관점에서는 어떠한 힘도 선, 즉 신의 힘을 넘어설 수 없다고 본다. 또, 어떤 힘도 신의 힘에 장애물이 되거나 독립적이라고 자처할 수 없다. 신은 최고의 권리를 가지며 역사는 신의 섭리에 대한 계획에 지나지 않는다. 신이 세상을 지배한다. 그 지배의 내용과 계획이 완수되는 모습이 일반적인 역사인 것이다.

　지배의 계획을 이해하는 것, 이것이 바로 역사철학*의 임무다. 또한 역사철학은 이상이 스스로 실현되며, 이상이 실재한다는 점만이 합당한 사실이라는 것을 미리 상정하고 있다. 신성한 이상에 순수하게 비추어볼 때, 이 신성한 이상은 단순한 이상이 아니며, 그 외양은 자취를 감추고, 세계는 무분별하게 변화한다. 철학은 이러한 내용과 신성한 이상의 실재를 알고 싶어하며, 경멸받는 실재를 정당화하려 한다. 이성은 신성한 작품을 이해하는 지성이기 때문이다.

『역사 속의 이성 *Die Vernunft in der Geschichte*, 1831』

임마누엘 칸트(Immanuel Kant, 독일, 1724~1804)
비판철학의 창시자이다. 대표적인 저서로 『순수이성비판(1781)』, 『실천이성비판(1788)』, 『판단력비판(1790)』 등 3대 비판서가 있다. 칸트의 윤리학은 성경의 내용을 종교에서 분리한 것이다.

완전한 국가체제를 향해

우리는 인류의 역사를 국내적으로 완전하며 또한 국제적으로 완전한 국가 체제를 만들어내고자 하는 자연의 숨겨진 계획을 실현하는 과정이라고 간주할 수 있다. 이렇게 완전한 국가 체제야말로 자연이 인류에 숨겨 놓은 모든 소질을 완전히 계발할 수 있게 해주는 유일한 상태다.

『세계 시민적 관점에서 본 보편사의 이념

Idee zu einer Geschicht in weltbürgerlicht Absicht, 1784』

과감히 알려고 하라!

계몽이란 무엇인가? 인간이 '자신에게 책임이 있는 미성숙 상태'에서 벗어나는 것을 말한다. 미성숙이란 다른 사람의 지도 없이는 자신의 지성을 사용하지 못하는 무능력 상태를 말한다. 자기에게 책임이 있는 미성숙이란 지성이 없어서가 아니라 다른 사람의 지도 없이는 지성을 사용할 결단력과 용기를 내지 못하기 때문에 미성숙에 머무르는 경우다. 그러므로 과감히 알려고 하라!(Sapere aude!) 그대 자신의 지성을 사용할 용기를 가져라. 이것이 바로 계몽의 표어다.

그토록 많은 사람들이 오래 전부터 외부의 지도에서 벗어났는데도 자발적으로 일생 동안 미성숙 상태로 머물고 다른 사람들의 후견을 받는 일이 많은 이유는, 게으름과 비겁함 때문이다. 미성숙한 사람이 되는 건 매우 편안하다! 만약 나를 대신해 지성을 지니는 책이 있고, 나를 대신해 양심을 지니는 종교적 지도자가 있고, 나를 대신해 무엇을 먹을지를 결정해주는 의사가 있다면, 내가 수고할 필요는 전혀 없을 것이다. 보수를 지불할 능력만 된다면 생각할 필요도 없다. 다른 사람들이 이 지긋지긋한 일을 떠맡을 것이기 때문이다.

대부분의 사람들은(여성도 포함하여) 성숙함으로 한 발짝 내딛는 일을 힘들다기보다 대단히 위험하다고 생각하며, 그들에 대한 감독을 기꺼이 떠맡은 후견인들도 마찬가지로 그렇게 생각한다. 후견인들은 자기들의 '가축'을 어리석다고 생각하고, 이 온순한 동물들이 울타리 밖으로 감히 단 한 발자국도 나가지 않으려 한다는 것을 주의 깊게 살펴본 다음, 이들이 위험을 무릅쓰고 혼자 바깥으로 나가려고 애쓸 때 부딪히게 될 위험들을 보여준다.

하지만 이런 위험은 사실상 대단치 않다. 몇 번 넘어지다 보면 결국 걷는 법을 배울 터이기 때문이다. 그래도 대개의 그런 사고들은 그들을 겁쟁이로 만들어 다시 시도해 보기를 꺼리게 만든다.

『계몽이란 무엇인가? *Was ist Aufklärung?*, 1784』

진보의 영원성

그러므로 여기에 실용적인 관점에서 호의적이고 추천할 만할 뿐 아니라, 모든 회의적인 사람들도 납득할 만하며, 가장 엄중한 이론에도 맞을 만한 한 가지 명제가 있다. 인류는 언제나 진보해 왔고, 앞으로도 계속 진보할 것이다. 이는 어떤 한 민족에서 벌어지는 일만을 고려해서가 아니라, 앞으로 점점 더 참여할 지구상의 모든 민족까지 확대한 것이며, 헤아릴 수 없는 전망을 열어준다.

『학부 간의 논쟁 *Der Streit des Fakultäten*, 1798』

역사에 대해 더 읽어볼 글들

볼네 (Volney, 프랑스, 1757~1820)
여행가, 정치가. 신체적 요구에 맞게 자신을 만들어나가는 반(反)기독교적 윤리
를 제안했다. 관념과 그 관념을 나타내는 표상(表象)들과의 관계를 연구한, 19세
기 초의 대표적 관념론자였다.

있었던 그대로의 사실을 향해

첫 번째 발걸음을 제대로 떼기 위해, 이 역사라는 단어에 대해 어떤 것을
이해해야 하는지를 검토해 보자. 생각을 나타내는 기호인 단어에는 우리
의 생각 이상으로 중요한 뜻이 담겨 있기 때문이다. 이를테면, 단어는 상
자들에 붙인 이름표인데, 각 상자 안에는 종종 다른 물건들이 담겨 있다.
그러니 확실하게 하려면 늘 열어보는 게 현명한 처사다.

　고대 사람들은 역사라는 단어를 지금과는 매우 다르게 사용했던 것 같
다. 고대 그리스의 문필가들에게 역사는 조사하다, 공들여 추구하다라는 뜻
이었다. 헤로도토스도 그런 의미로 사용했다. 하지만 시간이 흐른 지금,
역사라는 단어에는 아무리 사실성을 주장해도 서술, 이야기라는 뜻이 담겨
있다.

　고대에는 역사에서 진실을 추구했고, 지금은 역사가 진실을 띠고 있다
고 주장한다. 이는 무모한 주장이다. 많은 사실, 특히 정치적 사실에서 진
실을 찾아보기가 얼마나 어려운지를 고려한다면 그렇다. 고대 사람들이
단어를 얼마나 겸허하게 사용했는지를 느꼈다면, 같은 심정으로 우리도
역사라는 단어를 언제나 추구하다, 조사하다, 사실을 연구하다라는 뜻으로 사
용해야 할 것이다.

　하지만 역사가 사실에 대한 진정한 조사는 아니다. 이 사실들은 중개자

를 통해서만 우리에게 닿고, 증인들을 심문할 것을 전제로 한다.

의무감을 갖고 있는 역사학자라면 사건에 대해 이야기하는 증인들을 부르고, 그들에게 맞서고, 질문하고, 진실에 도달하도록, 다시 말해 사건을 있었던 그대로 대하도록 노력하는 재판관처럼 바라봐야 한다. 하지만 사건을 그 자체로 바라보는 것은 불가능하며, 그것이 가진 의미를 납득할 수도 없으므로, 바로 이해할 수 있는 확실한 근거를 얻기도 어렵다. 유추해서 판단할 수밖에 없으며, 그렇기 때문에 각 사실들은 첫째, 사실 자체의 본질적 관계, 둘째, 그 사건의 증인들의 관계 등 이중적 관계로 파악해야 한다.

『역사의 교훈 *Leçons d'histoire*, 1795』

에릭 홉스봄 (Eric Honsbawm, 영국, 1917~)

역사학자. 1989년 베를린 장벽이 무너진 이후, 마르크스주의적 분석의 가치가 떨어졌음에도 여전히 유물론적 역사주의 원칙으로 세상을 바라본다. 또한 이러한 관점에서 세계의 경제적·정치적·지정학적·생태학적 미래에 대한 이론을 제시하고 있다.

과거의 도움을 받아 미래를 예측하는 것

질문: 역사에 대한 선생님의 지식을 바탕으로, 새로운 세기를 지배할 전반적인 경향을 말씀해 주시겠습니까? 20세기와 관련해서, 그러니까 과거와 미래를 연관 지어서 말씀해 주십시오.

답: 미래가 어떨지를 생각해 보는 것은 삶과 경제활동의 일부입니다. 우리 모두 가능한 한 미래를 예측하려 시도하죠. 그런데 미래를 예측하는 것은 과거에 대한 지식이 바탕에 깔려야 합니다. 다가올 사건들은 지난 일들과 필연적으로 관련이 있기 때문이지요. 바로 여기에서 역사학자들

의 역할이 필요합니다. 역사학자들은 지식을 돈을 받고 팔아서 이득을 취하려 하지 않습니다. 과거에 중요했던 일이 무엇인지 밝혀내고, 그 경향을 바로잡으며, 문제가 무엇인지를 밝혀내려고 노력할 뿐이지요.

따라서 우리는 감히 미래를 예측해야 합니다. 좋은 일만 이야기하는 '예언자'의 위험성을 염두에 두고 신중을 기해야겠지만 말입니다. 또한 이론적으로나 현실적으로, 넓은 관점에서 미래를 완전히 예측하기란 불가능하다는 것을 알아야 합니다. 하지만 우리가 예측할 수 없는 것, 특수하고 유일한 사건들이 있다고 해도, 역사학자들이 정말로 다루어야 할 문제는 그 사건들이 어느 만큼까지 중요하며, 중요해질 수 있는가 하는 것입니다. 분석을 할 때 때로는 어떤 사건들은 중요하고, 어떤 사건들은 그렇지 않다고 밝혀지겠지요.

『20세기와의 대화 *Interview on the new century*, 1999』

'라피테스와 켄타우르스의 싸움', 파르테논 신전 남쪽 27번째 메토프

네팔, 「불교도들」, 사진, 1996년

3부
우리는 무엇을 알 수 있는가?

월트디즈니사의 1937년 작, 「백설 공주와 일곱 난쟁이」를 위해 삽화가 구스타프 텡그렌Gustaf Tenggren이 그린 그림 →

7. 의식

여러분이 정신을 잃을 때
사라지는 것은 무엇인가?

한번쯤 기절하여 정신을 잃었던 경험이 있는 사람이 있을 것이다. 눈앞에 베일이 가려지고, 동맥 혈압이 낮아지고, 관자놀이에서 괄약근까지 몸 이곳저곳에서 심장이 두근거리는 느낌이 들고, 배가 꼬이면서, 잠 또는 죽음에 빠져들 듯이 스르르 정신을 놓아버린다.(그리스 신화에서 모르페우스는 잠의 신이며, 그는 죽음을 상징하는 타나토스의 형제다. 둘은 잠의 신인 히프노스와 밤의 신인 닉스의 자식들이다.)* 정신을 잃는다는 것은 죽음과 잠, 최면(hypnosis)의 세계에 들어가는 것이다.

현상학(현상들을 중요하게 생각하여 매우 자세하게 묘사하는 철학의 한 유파.

후설, 사르트르, 메를로 퐁티가 대표적인 철학자다.)에서는 기절은 눈으로 차마 볼 수 없을 정도로 견디기 힘든 상황에 대한 의식의 해답이라고 본다. 피가 철철 쏟아져 내리는 심한 상처, 시체, 해부학 수업, 사고, 그 외에도 보고 싶지 않은 여러 상황들. 그런 충격적인 상황들을 눈앞에 두면 의식은 기절을 '요구'한다. 상황을 지각하고 머릿속에 이미지를 만들어내는 데 필요한 정보를 흘려보내는 신경회로를 끊어버리는 것이다. 상황 자체가 완전히 없어질 수는 없으므로, 의식이 부분적·제한적으로 잠깐 끊었다가 다시 돌아오면 그 상황도 돌아온다.

기절한다는 것

마찬가지로, 정신적으로 견디기 힘든 상황(크게 실망하거나 사기당했음을 깨달을 때, 가까운 사람이 죽었다거나 중병에 걸렸다는 소식을 들을 때 등.)에 처했을 때에도 몸은 같은 원칙에 따라 반응한다. 즉 견디기 힘든 고통스러운 현실을 인지하는 의식을 거두어버리는 것이다. 고통스러운 정보와 정면으로 충돌하는 것을 피하기 위해 의식은 눈앞에 펼쳐지는 상황을 까맣게 없애버리고, 정신적인 의사소통의 채널을 꺼버린다. 그렇게 일종의 자기최면과 잠에 빠져들게 하여 몸이 충격을 이겨낼 수 있는 힘을 다시 모을 수 있도록 하는 것이다.

　의식이 사라지면 우리는 세상을 볼 수 없고 인지할 수 없다. 현실이라는 것은 의식이 만들어내는 것이라고 이상주의 철학자들은 이야기한다. 현실 세계, 즉 오가는 사람들, 화병에 꽂혀 있는 꽃들, 거리의 풍경, 사람들의 움직임, 얼굴, 정체성, 모습, 말 등은 이 모두를 인지할 수 있는 의식이 없이는 존재하지 않는다. 의식이 없이는 내가 인지하고 머릿속에서 '재현(표상, representation)'하는 세상도 없다. 그런데 여기서의 재현은 오직 현실을 드러내는 의식이 있기에 가능하다. '나'는 의식이 보여주는 것

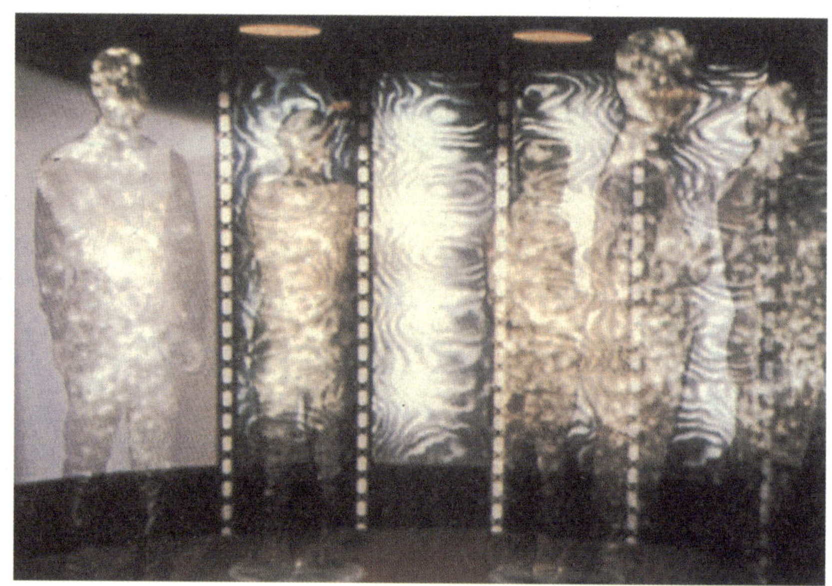

텔레비전 드라마 시리즈 「스타 트랙」의 한 장면

만 볼 수 있으며, 의식이 없다면 '나'는 더 이상 아무것도 아니다. 기절, 의식 상실은 한 개인에게 있어 일시적으로 세상이 사라지는 경험이다. 좀 더 구체적으로 말하자면 각자가 재현하고 있는 세상이, 또 그러한 세상 속에 있는 자신이 사라지는 것이다.

의식의 작용은 존재와 무(無)의 변증법을 전제로 한다. 다시 말해, 의식이 그 빛을 비출 때 어떤 대상에서 '존재'가 드러나며, 반대로 의식이 비치지 않으면 '무'로 돌아간다는 것이다. 어떤 사람의 얼굴을 볼 때, 내가 그 사람을 보는 것이 아니라 내 의식이 그를 소개하고 머릿속에 이미지를 만들어주는 것이다. 또, 이렇게 만들어진 현실에 들어오지 않는 것은 모조리 뒤로 물러나서 '존재하지 않는 것〔무(無)〕' 속으로 사라져버린다.

의식이 인식하지 못하면, 그 사람을 둘러싼 환경은 '무'로 돌아가지만, 그렇다고 해서 그 존재 자체를 부정할 수는 없다. 존재는 실질적인 것으로 간주된다.

　의식은 어떤 대상을 의식한다는 것이며, 대상 없는 의식은 존재하지 않는다. 하지만 기절이나 수면, 혹은 죽음은 대상과 상관없이 의식이 완전히 없어진 상태다.

거울 속에 비친 자기 모습

의식은 자기 자신을 그려보는 능력, 자신의 이미지를 스스로 만들어내는 능력이다. 의식이 세상을 지금 그대로 존재하라고 허락한다면, 각자도 그렇게 존재하도록 '허락' 한다. 내가 아는 나 자신은 내 의식이 허락해 준 모습이다. 곰곰이 자신에 대해 생각해 보면 자신의 자아가 가진 진실에 좀더 다가갈 수 있다. 자신에 대해 예전보다 좀더 정확하고 분명하게 알 수 있는 것이다.

　의식이 맑지 않은 사람은 자신이 어떤 사람인지를 알 수 없다. 예컨대 심각한 자폐증 환자(세상과 아무런 관계를 맺지 않으며 다른 사람과 현실에서 단절되어 사는 사람)는 자아상을 만들어낼 수 없으며, 자기가 누구인지 알지 못한다. 그는 잠자거나 죽은 사람과 마찬가지로 자기 자신에 대해 아무것도 모른다.

　자신을 곱씹어보는 반성적인 의식은 자기 자신을 깊이있게 파악하고 자아상을 만들어내는 능력이다. 이를 통해 우리는 수동적으로 상황을 참아내는 하나의 물건이 아니라 능동적으로 욕망하는 개인이 되고자 한다. 자기성찰의 의미가 바로 여기에 있다. 스토아학파와 에피쿠로스학파 같은 고대 그리스의 철학 유파들은 '지혜를 얻으려는 자'〔혹은 '철학자 philosopher', 철학자는 지혜를 사랑하는, 혹은 지혜를 얻으려고 하는 사람이라는 뜻이며, 지혜를 이미 얻은 '현자(賢者)' 와 구분된다.〕들에게 하루 동안 자기 목적에 가까워졌는지, 혹은 멀어졌는지를 조용한 가운데 깊이 생각해 보길 권했다.

고대 그리스 시대가 끝나고, 기원 후(A.D.) 2세기 무렵부터 기독교가 이러한 자기성찰을 종교적인 수련법으로 독점하여 사용하기 시작했다. 교부철학자들은(대표적인 학자로 아우구스티누스가 있다.) 고대 그리스의 철학자들이 쓰던 방법으로 명상하는 사람들의 특별한 점을 밝히고, 복음에 정해진 복된 지혜의 이상이 무엇인지를 아는 데 의식을 사용해야 한다고 주장했다.

의식은 자아를 성립하는 데 쓰이며, 우리가 의식 작용의 대상이자 주체가 되도록 한다. 현재의 내 모습과 되고자 했던 모습은 다르며, 내 의식은 이러한 두 세계를 나누는 것이 무엇인지를 알게 해준다. 이 두 세계의 차이를 도저히 극복하지 못할 거라 여겨질 때, 의식은 자기 불만족을 불러일으킨다.

종교의 테두리 밖에서 의식은 순수한 자기이해의 도구요, 정신분석학적인 자아상을 만들어나가는 데 유용한 능력이다. 진정 나는 누구인가? 나의 정체성은 무엇인가? 나의 진정한 인간성은 어떤가? 내가 다른 사람들 모두와 구분되는 독특한 점은 무엇인가? 의식을 통해 우리는 각자의 '자서전'을 쓸 수 있으며, 소크라테스가 아테네 광장에서 말한 대로 자기 자신을 알 수 있다. 이런 의식의 작용이 철학자들이 전통적으로 많이 쓰고 있는 1인칭 철학 에세이를 낳았다. 아우구스티누스는 기독교에 귀의하기 전, 여자들과 갖가지 쾌락만을 좇던 자신의 방탕한 과거에 관해 고백하는 글을 썼다. 몽테뉴는 30년간의 자신의 삶 속에서 겪고 느낀 모든 일, 세세한 일상(말을 타다 떨어진 사건, 편안히 쉬고 있는 고양이, 자신의 영지를 가로질러 가는 정원사, 통풍성 관절염 등)에서 시작하여 좀더 보편적인 주제(종교 전쟁, 권력 사용, 야만의 정의, 죽음을 받아들이는 자세 등)를 철학적으로 되돌아보는 글을 썼다. 루소는 세상과 사회, 자연에서의 자신의 위치

장 프랑수아 시뇌

와 여정을 분석하고, 극도로 예민한 자신의 자아가 형성된 과정에 대해서
이야기했다. 니체는 1889년 정신착란에 빠져들기 전까지 느낀 자신의 고
통, 천재적인 생각들, 여행, 독서, 세상을 어떻게 생각하고 있는지 등을
기록했다.

　이들 철학자들은 자기 자신의 의식이 어떻게 작용하는지를 관찰하면서

나머지 인류에게 의식의 기능에 대한 정보를 남겼다. 자기 존재의 독특한 면에서 보편적인 점을 찾아내어, 이를 많은 사람들에게 가르쳤던 것이다.

그들의 철학적 사유와 본보기를 통해 우리는 자신을 알 수 있고, 우리에게 덧씌워진 결정론을 알며, 욕구와 현실을 잘 어우러지게 하기 위해 우리가 가야 할 길을 예견할 수 있다.

읽어 보기

장 폴 사르트르(Jean~Paul Sartre, 프랑스, 1905~1980)
20세기 좌파 지식인의 중심인물. 실존주의(선택과 참여, 행동과 책임감에 대한 철학)
철학자. 젊었을 때는 마르크스주의적 방황을 지지하다가, 술과 담배에 찌든 말년
이 되어서는 유대교 사상을 해석하는 문제에 골몰했다.

탈출로서의 기절

예컨대 수동적인 두려움이다. 내 쪽으로 사나운 짐승 한 마리가 다가오는
것을 보면, 다리에 힘이 풀리고, 심장은 약하게 뛰고, 얼굴이 창백해지고,
결국 넘어져서 기절한다. 위험 앞에서 아무런 방어조차 못하게 만들어버
리는 이런 행동보다 적절치 못한 것은 하나도 없는 것 같다. 그러나 이는
탈출의 행위다. 여기서 기절은 일종의 피난처다. 하지만 우리는 이것이 내
가 나를 구원하기 위해, 사나운 짐승을 더는 보지 않기 위해 찾은, 나를 위한
피난처라고 생각하지 않는다.

나는 의식이 없는 존재가 아니다. 그러나 정상적인 방법들과 결정론적
인 속박으로는 위험을 피할 수 없으므로 위험을 부정했다. 나는 그것을
무(無)로 만들고 싶었다. 다급한 위험 상황을 무로 돌리고 싶은 의도를 불
러일으켰고, 이 의도는 불가해한 행동을 주문했다. 그리하여 나는 내 능
력이 닿는 한 그 상황을 소멸시켰다.

여기에 세상에 대한 나의 불가해한 행동의 한계가 있다. 나는 상황을
내 의식의 대상으로서 없앨 수 있지만, 똑같은 일을 의식 그 자체*를 없애
면서 할 수는 없다.

수동적 두려움의 신체적 행위가 순전한 혼란이라고 생
각하지 않는다. 이 행위는 정상적으로 깨어 있다가 잠에

의식을 수정할 수도 없
다. 기절은 꿈의 의식, 다
시 말해 '실현되지 않는'
의식으로 가는 통로다.
—저자

빠져드는 신체 상황이 갑작스럽게 실현되는 것일 뿐이다.

『감정에 대한 이론 개요 *Esquisse d'une théorie des émotions*, 1939』

에티엔 드 콩디야크(Etienne de Condillac, 프랑스, 1714~1780)

신부지만 본업은 내팽개치고 경험주의와 감각론적 사상을 연구하는 데 전념했다. 감각론이란 사상의 형성과 지식의 기능에 대한 문제를 해결하는 데 오로지 감각을 근원으로 하는 입장이다.

여러 가지 지각작용 중에

우리가 동시에 인지하는 여러 지각작용 중에, 종종 다른 것들보다 더 잘 인식되거나 혹은 더 활발하게 자기 존재를 알리는 것들이 있다. 어떤 것들을 더 잘 인식할수록 다른 것들을 점점 덜 인식하게 된다. 어떤 사람이, 여러 가지 대상들이 등장해 경쟁적으로 시선을 끄는 공연을 본다면, 그의 정신은 수많은 것들을 인식할 테고 그것이 무엇인지를 알아차릴 것이다. 점차 마음에 드는 대상들이 생길 테고, 그것이 좀더 흥미롭게 다가올 것이다. 그리하여 그쪽에 좀더 기꺼이 자기를 내맡길 것이다. 그때부터 그는 다른 것들에게는 관심을 덜 쏟기 시작한다. 의식도 미처 느끼지 못할 정도로 서서히 줄어들고, 마침내 자기 자신을 되찾았을 때, 그는 자신이 뭘 알고 있었는지조차 기억하지 못할 지경에 이를 것이다.

『인간 지식의 근원에 대한 에세이

Essai sur l'origine des connaissances humaines, 1746』

르네 데카르트(René Decartes, 프랑스, 1596~1650)

교회의 명령에 무조건 복종하던 시대와 결별하고, 이성을 자유롭고, 비종교적이고, 방법적으로 사용할 것을 제안했다. 대표적인 저서로『방법서설』과『성찰록』이 있다. 말년에 즈음해서는 철학의 영역을 의학 분야까지 넓히는 데 관심을 가졌다.

나는 생각한다, 고로 나는 존재한다

우리 감각은 종종 우리를 속이므로, 나는 감각이 상상하게 하는 그대로의 것은 어떤 것도 존재하지 않는다고 전제하고 싶었다. 기하학의 아주 단순한 문제조차도 추론을 잘못하여 오류추리를 저지르는 사람들이 있기 때문에, 나 역시 다른 사람들과 똑같은 과오를 저지를 수 있다고 판단하고, 예전에는 논증이라고 간주하던 모든 이성을 거짓이라며 내던져버렸다. 끝으로 우리가 깨어 있을 때 가지고 있는 모든 생각은 잠들어 있을 때에도 우리에게 올 수 있고, 이 경우 참된 것은 하나도 없다는 점을 고려하여, 나는 나의 정신 안에 들어와 있던 모든 것들이 꿈의 환상과 마찬가지로 참된 것이 아니라고 생각하기로 결심했다.

그러나 그 직후에, 모든 것이 거짓이라고 생각하고 있는 와중에도, 그렇게 생각하고 있는 나 자신은 필연적으로 어떤 대단한 것이라는 사실을 깨닫게 되었다. 또한 "나는 생각한다, 고로 나는 존재한다"는 진리는 너무나 견고하고 확실하여 회의론자들의 터무니없는 주장에도 흔들리지 않는다는 사실에 주목하며, 나는 이 진리를 아무런 망설임 없이 내가 찾고 있던 철학의 제1원리로 받아들일 수 있으리라고 판단했다.

『방법서설』

'아담의 사과'는 왜 아직까지
여러분의 목에 남아 있을까?

기독교가 우리에게 죄의식이라는 것을 알게 했고, 그 죄의식이 여러분을 비롯한 대부분의 사람의 삶을 힘들게 하고 있기 때문이다.

자신의 실제 모습(실제적 자아)과 절대적으로 그래야 한다고 생각하는 이상 속의 자기 모습, 즉 프로이트가 말한 이상적 자아 사이에는 늘 차이가 존재한다. 여러분의 욕망과 현실 사이에는 깊은 골이 패여 있다. 만약 여러분의 기대치가 까마득히 높다면, 골 정도가 아니라 아예 바닥도 보이지 않는 심연이라 하겠다. 우리는 이 구덩이 속에 발을 헛디딜 수 있으며, 자칫하면 몸과 영혼을 다 먹힐 수도 있다. 일상적인 현실과 멋진 인생을 살고픈 열망 사이의 차이에서 자신은 불행하다는 의식이 스멀스멀 생겨난다.

 사람들은 이상과 현실 사이의 커다란 차이를 확인하는 괴로움을 피하려고 현실을 거부하기도 한다. 자신의 현실 그대로의 모습을 인정하지 않고 다르게 상상하는 것을 '보바리즘(bovarysm, 플로베르의 『보바리 부인』에서 따왔다.)'이라 한다. 보바리즘적 환상을 품는 사람들은 어떤 위안도 즐거움도 행복도 낙도 없는 자기 모습을 받아들이는 대신 대체인격을 만들어낸다. 쉽게 말해 현실보다 욕망을 택하는 것이다.

 기독교는 고통스러운 자기 불만족을 두고 이렇게 설명한다. 인간의 저열한 본성은 원죄로 얼룩졌으며, 삶은 속죄의 과정, 눈물의 골짜기라는 것이다. 따라서 이 고통은 복종하기보다는 알고자 했고, 신앙보다는 이성을 더 좋아한 원죄와 관련 있음을 받아들여야 한다.

 죄의식과 양심의 가책은 에덴동산의 사건에서 비롯되었으므로 인류가 죄를 지었으므로 잘못을 저지른 후에 따르는 고통을 알게 된 것이다.

자기 증오도 소용없다

이와 같은 기독교적 생각은 칸트(Kant)와 같은 철학자들에게 받아들여져, 그는 다음과 같은 글을 남겼다. "굽은 나무인 인간에게서 곧은 방망이를 깎아낼 수 없다. 기본적으로 불완전한 재료에서 완벽한 것이 나오길 기대할 수 없다."

 인간이 원죄로 얼룩진 죄인이라고 가르치는 것은 죄로 물든 현실과 순수한 이상 사이에 놓인 심연을 당연하게 받아들이도록 한다. 이 커다란 간격을 인식하는 사람들은 모두 불안, 두려움, 떨림, 공포, 불만족, 자기 증오, 인간과 자기 몸에 대한 경멸의 감정을 느낀다. 기독교에서는 인간이 이 세상에 사는 한 현재도 죄인이며 앞으로도 줄곧 죄인으로 남을 것이고, 비극적인 운명에서 벗어날 방도가 도무지 없다고 주장한다. 따라서

덧없는 이 세상에 사는 동안에는 복음에서 정한 원칙을 따라야 한다는 것
이다.

불행하다는 의식과 보바리즘적인 해결책, 원죄와 현실을 거부하거나
자기를 경멸하면서 위안을 삼는 것 등 도피의 모든 논리는 문화를 병들게
한다. 자기 경멸의 의식은 독과 같으며 치사량에 이르면 죽음의 본능을
자신이나 혹은 다른 사람들에게 돌리게 된다. 세상과 타인, 자기에 대한
증오는 뿌리 깊게 새겨진 부정적인 의식과 원죄 의식에서 나온다. 폭력은
도덕적인 전통의 바탕에서 나온 종교적인 문화에 의해 시작되어 전해져
내려온 부정성에서 생긴다.

극심한 죄책감과 연결된 부정적인 의식은 심리적으로 허약한 사람들에
게 가공할 만한 결과를 초래한다. 왜곡된 자아상, 자기 비하, 사람들이 자
기를 나쁘게 생각할 것이라는 상상으로 자살을 하거나 다른 사람을 공격
하고 파괴하는 행위를 할 위험이 높아진다. 이상적 자아가 자기 원칙을
강요하고 의식을 끊임없는 복종과 예속 상태에 머물게 한다. 사회적 압력
은 개인의 죄의식을 키우고, 모든 잠재성을 싹도 틔우기 전에 말려버리
며, 엄청난 심리적 절망감 속으로 밀어 넣는다.

청소년기에 자살률이 높아지는 경향도 이런 이유에서다. 즉 높은 사회
적 압력(일시적이지만 당하는 사람에게는 영원히 끝나지 않을 것처럼 느껴진
다.), 폭력적이고 거친 세상에서 도저히 제자리를 찾을 수 없을 것 같은
감정, 가족과 부모님 및 사회의 기대에 대한 중압감 등이 성격과 기질을
좀먹어 들어가는 것이다. 이처럼 의식은 견디기에 너무나 무거운 짐에 눌
려서 허덕거리다가 질식해 버린다.

이런 경우 자기를 비하하고, 뭐든 닥치는 대로 아귀아귀 먹거나 아예
음식을 끊어버리는 방법으로 자신의 몸을 학대한다. 폭식증이나 거식증
을 앓게 되는 것이다. 신경증적인 이유로 지나치게 뚱뚱하거나 빼빼 마른

몸은 그 사람이 자신에게 꼭 맞는 몸무게, 즉 세상에서 자신에게 꼭 맞는 자리를 찾지 못하고 있다는 것을 의미한다. 어디에서든 반드시 지켜야 한다고 강요되는 여러 도덕적인 명령들 사이에서 의식이 길을 잃고, 죄책감이 영혼을 지배하여 부정적인 생각이 일상을 공격해 들어온다.

아담의 사과를 뱉으라!

우리는 죄의식을 뿌리 뽑기 위해 노력해야 한다. 원죄란 없으며, 이룰 수 있는 꿈을 꾸어야 하며, 도달할 수 없는 목표는 세워봤자 아무 소용이 없다. 부모님들은 자기들이 실패했던 분야에서 여러분들만큼은 성공을 하고 최고의 자리에 올라가길 바랄 수 있다. 하지만 그런 부모님들의 욕망과 의지에 부담을 가지면 여러분에게 득 될 건 없다. 다른 사람들이 나를 어떻게 생각하느냐를 내 존재의 잣대로 삼을 필요는 없다. 여러분은 사회적 억압이 양심의 가책과 원죄의식, 자책감을 교묘히 이용하여 여러분을 휘두르지 않도록 단단히 자신을 다잡아야 한다.

우리는 범죄자들처럼 아무런 죄의식이 없는 상태와 죄의식에 짓눌린 상태 사이에서 거칠고 폭력적인 관계와 자폐증 모두를 피할 수 있는 죄의식의 도덕적인 가치를 발견할 수 있다. 죄의식도 나름대로 긍정적인 역할을 한다. 사람들이 죄의식을 느끼고 잘못된 행동을 후회하고 회개함으로써, 진정한 자기 성찰을 이룰 수 있다. 그런 다음에는 자신의 힘에 제한선을 그을 수 있게 된다. 이때 죄의식은 세상이나 타인과 좋은 관계를 맺게 해주는 수단이 된다.

무엇이 옳고 정당한지, 또 무엇이 악하고 그릇된지에 대한 도덕적 판단을 할 때, 양심이 '알곡과 가라지(독보리)'를 구분하는 틀 역할을 한다. 일단 행동을 개시하면 거리를 두고 사건을 제대로 평가할 수 없다. 양심이 개입해야 그 행동이 정말로 어떤지를 볼 수 있다. 우리는 양심의 도움으

「맨해튼」의 우디 앨런, 1979년

로 어떤 행동이 좋고 나쁜가를 판단함으로써 도덕적 영역에서 살아갈 수 있다. 기독교인들이 이야기하는 원죄나 과오, 실수, 위반, 무례한 행동 앞에서 양심은 저울이 되어 윤리를 회복할 수 있게 해준다. 그리하여 다음번에는 이상적 자아에 좀더 가깝게 행동할 수 있게 해준다. 현실과 본보기로 삼고 싶은 이상이 가까워짐에 따라 보바리즘적인 거짓말이나 자기 거부를 하고 싶은 욕구는 사라진다. 양심을, 자아를 파괴하는 도구가 아니라, 자아를 바로세우는 도구로 사용할 수 있게 되는 것이다. 즉 양심을, 현실을 거부하고 여러분 자신에게 들이대는 무기가 아니라 존재를 다듬는 예술가의 가위로 쓸 수 있다.

양심의 가책, 죄의식, 현실을 견디기 위해 꾸며대는 망상과 거짓말에서 벗어나면 즐겁고 빛나며, 열등감 없는 존재로 거듭날 수 있다. 이때 타인들은 여러분이 살기 어렵다며 쏟아내는 불만의 화살을 맞는 희생자가 아니라 진정한 파트너, 협조

276

자가 된다. 여러분의 의식을 부정성에서 해방시키고, 자아실현의 긍정적인 윤리를 만드는 데 사용하도록 하라. 자기 자신에게 만족하는 사람만이 세상과 유쾌한 관계를 유지할 수 있다.

여러분의 목구멍에 걸려서, 숨쉬기를 방해하는 '아담의 사과'를 어서 빨리 뱉어내라.

창세기

성경 중 한 권이며, 구약에 속한다. 구약은 예수 이전에 씌어진 기록이며, 신약은 예수가 못 박힌 이후에 씌어진 기록과 복음을 포함하고 있다. 창세기는 세상의 창조에 대한 기독교적인 시각을 제시해 준다.

에덴동산에서 벌거벗은 두 남녀

남자와 그 아내가 둘 다 빌거벗고 있었으나, 부끄러워하지 않았다. 뱀은, 주 하나님이 만드신 모든 들짐승 가운데서 가장 간교하였다. 뱀이 여자에게 물었다. "하나님이 정말로 너희에게 동산 안에 있는 모든 나무의 열매를 먹지 말라고 말씀하셨느냐?"

여자가 뱀에게 대답하였다. "우리는 동산 안에 있는 나무의 열매를 먹을 수 있다. 그러나 하나님은, 동산 한가운데 있는 나무의 열매는, 먹지도 말고 만지지도 말라고 하셨다. 어기면, 우리가 죽는다고 하셨다." 뱀이 여자에게 말하였다. "너희는 절대로 죽지 않는다. 하나님은, 너희가 그 나무 열매를 먹으면, 너희의 눈이 밝아지고, 하나님처럼 되어서, 선과 악을 알게 된다는 것을 아시고 그렇게 말씀하신 것이다."

여자가 그 나무의 열매를 보니, 먹음직도 하고, 보암직도 하였다. 뿐만 아니라, 사람을 슬기롭게 할 만큼 탐스럽기도 한 나무였다. 여자가 그 열매를 따서 먹고, 함께 있는 남편에게도 주니, 그도 그것을 먹었다. 그러자 두 사람의 눈이 밝아져서, 자기들이 벗은 몸인 것을 알고, 무화과나무 잎으로 치마를 엮어서 몸을 가렸다. 그 남자와 그 아내는, 날이 저물고 바람이 서늘할 때에, 주 하나님이 동산을 거니시는 소리를 들었다. 남자와 그 아내는 주 하나님의 낯을 피하여서, 동산 나무 사이에 숨었다.

주 하나님이 그 남자를 부르시며 "네가 어디에 있느냐?" 하고 물으셨다. "하나님께서 동산을 거니시는 소리를, 제가 들었습니다. 저는 벗은 몸인 것이 두려워서 숨었습니다." 하고 그가 대답하였다. 하나님이 물으시기를 "네가 벗은 몸이라고, 누가 일러주더냐? 내가 너더러 먹지 말라고 한 그 나무의 열매를, 네가 먹었느냐?" 하시니, 그 남자는 핑계를 대었다. "하나님께서 저와 함께 살라고 짝지어주신 여자, 그 여자가 그 나무의 열매를 저에게 주기에, 제가 그것을 먹었습니다."

주 하나님이 그 여자에게 물으셨다. "너는 어쩌다가, 이런 일을 저질렀느냐?" 여자도 핑계를 대었다. "뱀이 저를 꾀어서 먹었습니다."

주 하나님이 뱀에게 말씀하셨다. "네가 이런 일을 저질렀으니, 모든 집짐승과 들짐승 가운데서 네가 저주를 받아, 사는 동안 평생토록 배로 기어다니고, 흙을 먹어야 할 것이다. 내가 너로 여자와 원수가 되게 하고, 너의 자손을 여자의 자손과 원수가 되게 하겠다. 여자의 자손은 너의 머리를 상하게 하고, 너는 여자의 자손의 발꿈치를 상하게 할 것이다."

여자에게는 이렇게 말씀하셨다. "내가 너에게 임신하는 고통을 크게 더할 것이니, 너는 고통을 겪으며 자식을 낳을 것이다. 네가 남편을 지배하려고 해도 남편이 너를 다스릴 것이다."

남자에게는 이렇게 말씀하셨다. "네가 아내의 말을 듣고서, 내가 너에게 먹지 말라고 한 그 나무의 열매를 먹었으니, 이제, 땅이 너 때문에 저주를 받을 것이다. 너는, 죽는 날까지 수고를 하여야만, 땅에서 나는 것을 먹을 수 있을 것이다. 땅은 너에게 가시덤불과 엉겅퀴를 낼 것이다. 너는 들에서 자라는 푸성귀를 먹을 것이다. 너는 흙에서 나왔으니, 흙으로 돌아갈 것이다. 그때까지, 너는 얼굴에 땀을 흘려야 낟알을 먹을 수 있을 것이다. 너는 흙이니, 흙으로 돌아갈 것이다."

아담은 자기 아내의 이름을 하와라고 하였다. 그가 생명이 있는 모든 것의 어머니이기 때문이다.

　주 하나님이 가죽옷을 만들어서, 아담과 그의 아내에게 입혀주셨다.

　주 하나님이 말씀하셨다. "보아라, 이 사람이 우리 가운데 하나처럼, 선과 악을 알게 되었다. 이제 그가 손을 내밀어서, 생명나무의 열매까지 따서 먹고, 끝없이 살게 하여서는 안 된다."

　그래서 주 하나님은 그를 에덴동산에서 내쫓으시고, 그가 흙에서 나왔으므로, 흙을 갈게 하셨다.

『창세기』

블라디미르 얀켈레비치(Vladimir Jankélévitch, 프랑스, 1903~1985)
유대인. 레지스탕스로 활동하면서 나치 수용소에서 가족의 대부분을 잃었다. 제2차 세계대전 후에는 독일 음악과 철학을 외면하기로 결심했다. 모랄리스트로서 용서, 실수, 죄책감, 아이러니, 냉혹함에 대해 사유했고, 공소시효 배제 원칙에 대한 논리를 제시했다.

양심의 목소리

도덕적 양심은 정신에 있어서 푸른색, 사상의 결합, 여자들의 사랑처럼 특별한 것이 아니다. 도덕적 양심은 존재하지 않는다. 하지만 우리는 합법적이거나, 무관심하거나, 아무런 하자가 없거나, 경찰이 허용한, 특정한 행동들을 하는 일에 참을 수 없는 환멸감을 느끼는 순간 자신의 양심을 발견한다. 그때 신학자들이 말하듯이, 수치스러운 행동을 할 가능성에 반대하는 목소리 하나가 우리 안에서 속삭인다. 수치스러운 행동이라는 방식으로 표출되는 잔인한 감정들을 밖에서 지켜보고만 있다면, 양심이란 건 아무런 가치가 없다.

하지만 양심은 이렇게 이미 결정된 고통, 도덕적인 위기가 아니다. 오히려 사랑의 욕구가 연인의 감정과 쾌락, 황홀감을 설명해 주듯이 양심은 양심적인 사람이 겪는 불규칙적인 위기를 설명해 준다.

『양심의 가책 *La mauvaise conscience*, 1966』

샤를르 드 생 에브르몽(Charles de Saint-Evremond, 프랑스, 1616~1703)
군인, 자유주의 사상가(정신은 독립적이고 해방되었다고 생각함). 사유, 글쓰기, 우정, 독서, 맛있는 식사와 대화에 전념하는 향락적인 삶을 누리는 데 모든 재능을 쏟으려 했다. 살아 있는 동안 대부분의 시간을 영국에서 망명생활로 보냈다.

우리가 누구인지 알기는 불가능하다

나는 그대의 일이 중요하고 진지하다는 것을 안다. 그대는 자신이 누구인지, 이곳에 더 이상 존재하지 않는 날에 어디에 있을지를 알고 싶어한다. 하지만 부탁이니 이야기해 달라. 그대가 그토록 공들여 읽는 책을 쓴 그 철학자들은, 그대가 찾는 것을 발견했다고 생각할 수 있는가? 철학자들 역시 그대, 신사양반처럼 그것을 찾아 헤맸으며, 그들도 하염없이 찾기만 했다. 그대의 호기심은 전 세기에 걸쳐 동일한 것이었으며, 그대의 사유도, 불확실한 그대의 지식도 마찬가지다. 독실한 이도 결국에는 계속해서 믿지 못했고, 불경한 이도 결코 믿을 수 없었다. 다른 무언가가 있을 것인지 혹은 없을 것인지 선천적으로 확신할 수 없는 것, 이는 우리 삶의 불행 중 하나다.

자연의 창조주는 우리가 누구인지 알기를 바라지 않았다. 그리하여 모든 것을 다 알고자 하는 지나친 호기심 가운데, 창조주는 필연적으로 우리가 우리 자신을 모르도록 만들어놓았다. 그는 우리의 영혼에 동기를 잔

뚝 불어넣고서는 이를 실행할 수 있게 하는 감탄할 만한 비밀은 감춰놓았다. 이 현명한 창조주는 자신의 작품에 대한 지혜를 자신만을 위해 아껴두었다. 그는 우리를 손이 금방 닿을 수 있는 수없이 많은 물건들 사이에 두었다. 그는 우리에게 그것들을 알 수 있도록 끊임없이 노력하는 정신을 주었다.

하늘, 태양, 천체, 원소, 모든 자연이 정신에 의존한다. 정신이 이들을 알지 못한다면, 모든 것은 정신의 사색에 예속되어 있다. 그런데 우리가 아주 사소한 고통이라도 겪는가? 우리의 훌륭한 사색이 사라지고 있다. 우리가 죽을 위험에 처해 있는가? 사색 따위는 중요하게 생각하지 않는, 수준 낮고 상스러운 부분인, 지상의 육체를 보존하느라고 정신의 주장과 장점을 내세우는 사람은 거의 없다.

『산문 Oeuvres en prose, 1705』

페르난도 페소아 (Fernando Pessoa, 포르투갈, 1888~1935)

시인, 극작가, 포르투갈의 국가적 자랑이 된 사상가지만 생계를 유지하기 위해 수상한 장사를 하기도 했으며, 생전에는 거의 작품을 출판하지 않았다. 정체성에 관한 문제에 천착했으며, 43개의 다른 필명을 썼다.

"살아가기를 강요했던 이 권태로움"

나는 결코 깨어난 적이 없었다고 조금도 의심치 않는다. 내가 살 때 꿈을 꾸지 않는지, 내가 꿈을 꿀 때 살고 있지 않는지, 꿈과 삶이 내 안에서 섞이고 교차한 것은 아닌지, 인식하는 내 존재는 그 둘이 서로 스며들어서 생겨난 것은 아닌지를 모르겠다.

다른 모든 이에게와 마찬가지로 내게도 나 자신에 대한 명철한 통찰력을 안겨주는 활기찬 삶에 가끔 빠져들면서도, 이상한 의심의 감정이 스치는 것을 느낀다. 내가 존재하고 있는지를 더는 모르겠고, 내가 다른 어떤 이의 꿈일 수도 있을 거라 여겨진다. 신체적으로 아마 나는 기나긴 문체의 파도가 치는 대로, 장대한 이야기 속에 모조리 만들어진 진실 속에서 움직이는 소설의 등장인물일 수도 있을 것만 같다.

나는 소설의 등장인물 중 어떤 이들은 친구나 아는 사람, 눈에 보이는 실생활에서 우리에게 말하고, 우리의 얘기를 듣는 모든 사람들은 전혀 갖지 못할 뚜렷한 입체감을 띠고 있다는 생각을 자주 했다. 그리고 나는 이 문제를 꿈꾸고, 마치 작은 상자가 더 큰 상자 안에 들어 있고, 큰 상자는 더 큰 상자에 들어 있는 것처럼, 이 세상 모든 것은 꿈과 소설이 차곡차곡 겹쳐진 것이 아닌가 하고 생각하고 싶어졌다. 모든 것은 이야기 속에 다른 이야기들이 숨겨져 있는, 영원한 밤 동안 거짓말로 이어지는 천일야화 같이 될 것이다.

내가 생각을 하면 모든 것이 터무니없어 보인다. 내가 느끼면 모든 것이 이상해 보인다. 내가 원하면 그것은 내 깊은 곳에서 이질적인 어떤 것이 된다. 나는 내 속에서 어떤 행동이 꿈틀거릴 때마다, 문제가 되는 건 내가 아니라는 사실을 알았다. 내가 꿈꾼다 해도 그 꿈은 다른 사람이 써 놓은 것 같다. 내가 느낀다 해도 다른 사람이 내게 감정을 그려놓은 것 같다. 내가 원한다 해도, 마치 배달 상품처럼 자동차에 실리고, 자발적이라고 믿는 운동을 통해 도착하기 전까지는 정말로 원했는지 몰랐던 장소로 운반되는 듯하다.

모든 것이 어찌나 혼란스러운지! 정말이지 보는 것은 생각하는 것보다 나으며, 읽는 것은 쓰는 것보다 낫다! 내가 본 것 때문에 과오를 범하게 되더라도 나와 그다지 상관없다. 내가 읽은 것이 마음에 안 들 수 있지만 나는 그것을 썼다는 것을 후회하면 안 된다.

우리는 우리가 현재 아는 것을 인식하게 해주는 의식의 두 번째 분열을 인지하는 영적 존재다. 따라서 완전히 의식하고 생각하는 순간부터 모든 것이 괴로워진다! 눈부시게 찬란한 날에도 나는 이 모든 것을 생각하지 않을 수 없다. 생각하기, 느끼기, 그리고 간격을 두고 놓여 있는 장식물들 사이에 꼼짝 않고 누워 있는 세 번째 행동은 무엇인가? 저녁놀의 지겨움, 단정치 못한 옷차림, 접혀 있는 부채들, 그리고 살아가기를 강요했던 이 권태로움…….

『불안함의 책 Livro do Desassossego, 1913~1935』

장 자크 루소 (Jean-Jacques Rousseau, 스위스, 1712~1778)

염세주의자, 자연을 이상화하고 인간이 세상과 조화롭게 살던 이상적인 때를 꿈꿨다. 지금은 사라진 이런 상태를 되찾기 위한 정치적 이론을『사회계약론』에 제시했고, 이는 프랑스혁명에 지대한 영향을 미쳤다. 『에밀』은 자연주의 교육 이념을 제시한 그의 저서로 교육 철학의 고전으로 평가받고 있다.

자신에 대해 아는 모든 것을 이야기한다?

나에게는 이제껏 결코 유례가 없고, 앞으로도 따라할 사람이 없을 계획이 하나 있다. 내 동포들에게 자연 그대로의 완전히 진실된 사람 하나를 보여주고 싶은 것이다. 그 사람은 바로 나다.

오직 나뿐이다. 내 마음을 느끼는 나는 사람들을 안다. 나는 내가 보았던 다른 어떤 사람들과도 똑같이 만들어지지 않았다. 나는 현존하는 어떤 사람들과도 똑같지 않다고 감히 믿고 있다. 내가 더 낫지는 않더라도, 적어도 나는 색다른 사람이다. 자연이 나를 부어 만든 틀을 부숴버린 것이 좋은 일이었는지 나쁜 일이었는지는, 내 책을 읽고 난 뒤에야 판단할 수 있을 것이다.

언제라도 최후의 심판을 알리는 나팔소리가 울릴 때, 나는 이 책을 손에 쥐고 천상의 재판관 앞으로 나아갈 것이다. 그리고 소리 높여 이렇게 이야기할 것이다. "여기 내가 한 것, 내가 생각한 것, 과거의 내 모습이 있습니다. 나는 좋은 일과 나쁜 일을 똑같이 솔직하게 이야기했습니다. 어떤 나쁜 일도 숨기지 않았고, 어떤 좋은 일도 보태지 않았습니다. 무심코 꾸민 것이 있다면, 그것은 내 기억이 온전치 못해서 생긴 틈을 메우려고 그런 것뿐입니다. 진실일 수 있다고 알았던 것을 진실이라고 했을지는 몰라도, 거짓을 진실이라고 한 적은 결코 없습니다. 경멸스럽고 천했던 모습도 그대로, 선하고 관대하고 숭고했던 모습도 그대로, 이렇듯 나를 있는 그대로 보여주었습니다. 당신께서 친히 보신 바대로 내 내면을 폭로했습니다.

영원한 신이시여, 수없이 많은 동포들을 내 주위로 모아주소서. 그들이 내 고백을 듣고, 내 비루함에 몸을 떨며, 내 하찮음에 얼굴을 붉히게 하소서. 모두 한결같은 신실함으로 당신의 제단 앞에서 자신의 마음을 발견하게 하소서. 그리고 나중에 누구 한 사람이라도 당신에게 "나는 이 사람보다 나았습니다."라고 감히 말하게 하소서.

『고백록 Confessions, 1781~1788』

어릴 적에 부모님과 함께 자면서
무슨 생각을 했을까?

그맘때 하던 생각들은 이내 사라지기 때문에 아마도 기억하지 못할 것이다. 여러분은 다음과 같은 생각을 했다. 남자아이라면 엄마와 함께 자면서 나중에 엄마를 색시로 삼고 싶었을 것이다. 그래서 아빠를 침대 속 경쟁자로 생각하고, 현실적으로 혹은 상징적으로 없어졌으면 좋겠다고 생각했을 것이다. 여자아이라면 똑같은 것을 아빠에게 바랐을 것이다. 아빠와 결혼했으면 좋겠고, 엄마를 훼방꾼으로 생각해서 무의식적으로 엄마가 없어지기를 바랐을 것이다. 너무 놀랄 건 없다. 우리 모두 살아오면서 똑같은 시기를 겪고, 똑같은 고민을 했다.

우리 모두 한때는 어린아이였고 오이디푸스 콤플렉스라 부르는 성장의

한 고개를 넘어왔다. 어떤 이들은 그 시기를 무사히 빠져나와서 비교적 균형 잡힌 성생활을 하는 반면, 어떤 이들은 그렇지 못해 애정관계에 문제를 겪고 방황하기도 한다. 아이가 오이디푸스적인 애착을 보이는 반대편 성(性)의 부모가 아이의 행동에 명확히 제재를 가하는 게 도움이 된다. 이때 혐오감을 내비치거나, 폭력을 쓰거나, 상처를 주거나, 혹은 공격적으로 대하면 안 된다. 그러나 부모가 명확하게 선을 긋지 않아서 아이가 언젠가는 자신의 뜻대로 될 수도 있을 거라 믿게 된다면, 그때부터 골치 아픈 문제가 시작된다.

너무 싸고돌면 아이가 아프다

부모는 아이들에게 여러 규칙을 확실히 가르쳐야 한다. 특히 혈연간에 성관계를 하는 근친상간은 금지되어 있다는 규칙은 매우 중요하다. 우리는 족외혼(族外婚)을 권장하여 남편과 아내를 가족의 테두리 바깥에서 찾도록 가르치며, 가족 안에서 배우자를 찾는 족내혼(族內婚)은 모든 사회에서 금하고 있다.

각자의 성 정체성은 부모의 의지에 따라 형성되기도 한다. 부모가 근친상간을 확실히 금지한다면, 아이는 혈연의 울타리 밖에서 아무 문제없이 성생활을 해나갈 수 있다. 반대로 아이가 꽤 늦은 나이까지 칭얼대며 아양 떠는 것을 받아주고, 유치한 욕구를 멀리하게 하는 대신 오히려 그것을 즐기며, 아이에게 자기가 어른의 빈 자리(배우자가 출장이 잦다든지 별거나 이혼, 혹은 사별한 상태라든지, 혹은 부부생활에서 얻지 못한 애정을 충족시킬 생각으로)를 대신하고 있다고 믿게 내버려둔다면, 아이의 운명은 정해진다. 이성애 취향이 약해지고 이성을 감당하기 힘들어하다가 동성애를 포함한 다른 성적 취향에 쏠리게 되는 것이다. 만약 저마다의 성적 취향이 타고나는 게 아니라 후천적인 영향을 받는다면, 그런 성향의 중요한

「카르멘의 두 번째 생일 파티」, 사진, 낸 골딘, 베를린, 1991년

알맹이가 결정되는 처음 몇 해 동안 이성의 부모와 어떤 관계를 맺느냐에 부분적으로 영향을 받는다.

20세기 초 지그문트 프로이트는 정신분석학을 창시하고 세계의 흐름과 인간관계를 혁명적으로 뒤바꾼 이론을 정립해냈다. 이 새로운 학문과 함께 전지전능하던 의식은 힘을 잃었다. 의식의 영역은 점점 쪼그라들어서 이제 겨우 숨만 쉬는 정도가 되었다. 동시에 무의식의 영역은 확장되었다. 이제 인간은 이성적인 의지와 자유롭고 자발적으로 선택할 수 있는 또렷한 의식의 결과물이라기보다 강력한 무의식에 좌지우지되는 결정론적인 생산물로 탈바꿈했다.

오이디푸스 콤플렉스가 알려지기 전에도 어린아이는 성적 존재로 여겨졌다. 그러나 당시를 충격과 혼란에 빠뜨렸던 이 오스트리아 의사는

288

어린아이의 성이 인류학자들의 의견보다 훨씬 이전부터 시작된다고 했다. 즉 엄마 뱃속에서 신경체계가 꽤 발달했을 때부터 시작된다. 엄마 뱃속에서 수정되어 태아로 있을 때부터 성격과 행동 기질의 큰 틀이 잡힌다는 것이다.

또 다른 정신분석학자 오토 랑크(Otto Rank)는 출생이 하나의 상처(외상)라고 주장했다. 따뜻하고, 축축하고, 부드럽고, 고요하고, 이상적인 수중 상태에서 갑작스럽게 시끄럽고, 대낮같이 환하며, 자궁 안보다 적어도 20도는 더 낮은 온도의 수술실로 환경이 바뀐다. 여기에서 퇴행적인 행동을 통해 엄마 뱃속의 이상적인 상태를 다시 찾고자 하는 끊임없는 욕구가 생겨나는 것이다. 아무튼 이렇게 탄생과 동시에 아이는 어른이 되기까지의 긴 여정을 시작한다.

처음에 태어나서 젖을 빠는 시기까지 아이는 구강기를 지난다. 출산으로 우회된 아이의 성은 몸의 단 한 부분, 입에 집중된다. 마시고, 먹고, 입으로 흡수하는 행위. 엄지손가락을 열심히 빨거나, 손에 닿는 모든 것을 입으로 가져가는 것을 예로 들 수 있다. 다음으로 아이의 쾌락은 항문에 고정된다. 욕구는 더 이상 음식을 섭취하는 데 있지 않고, 소화하고 배설하는 것으로 바뀐다. 이 시기에 아이는 괄약근을 조절하고, 배설물을 내놓거나 참는 행위에서 쾌락을 느낀다. 다른 사람에게 주거나 자기를 위해 챙겨놓는 셈이다. 한 살에서 세 살 사이에는 새로운 단계, 공격적 항문기에 접어든다. 항문에서 느끼는 만족과 여기에서 겪는 고통에서 기쁨을 느끼는 시기다. 다음으로 남근기, 바로 오이디푸스 콤플렉스가 나타나는 시기다. 이 시기는 성적 쾌락이 남근(남자아이의 경우)에 집중되며, 성기가 주된 성감대가 된다.

이 모든 모든 시기를 겪으면서 아이는 전통적인 형태의 성에 접근하게 된다. 생식능력은 또 다른 문제인데, 부모들은 아이의 생식능력을 아주 늦은 나이가 되어서야 인정한다(사윗감이나 며느릿감이 마음에 들지 않는다고 못마땅해하는 것도, 속을 들여다보면 단순히 그 이유 때문만은 아닐 수 있다. 이런 행동은 부모들이 자식의 성적 자립을 받아들일 수 없음을 교묘히 위장하는 것이다).

단계별로 이러한 발전 과정을 거치면서, 어떤 부모들은 아이의 특정한 단계와 관련된 기관에 상처를 입히고 자녀가 그에 맞는 운명을 걷게 할 수 있다. 술고래, 골초, 수다쟁이, 가수, 연설가, 구강 전문 외과의사, 성악가, 변호사 혹은 입과 관련된 다른 직업이나 활동을 하게 하거나, 수집가, 은행가, 구두쇠, 명령에 무조건 복종하는 군인, 항문전문의, 항문 성교를 하는 남성동성애자 등의 삶을 살게 하는 것이다.

각 단계에서 우리는 의식의 선택에서 비롯된 것이 아니라, 강력한 무의식에 따라 형성된 행동 양상을 보인다. 우리가 이런 사람 대신 저런 사람이 되겠다고 선택하는 것이 아니라 무의식에 따라 결정되는 것이다.

정신과 의사의 긴 의자

의식을 무용지물로 만든 무의식은 도대체 어디에 있는 것일까? 정신분석학을 헐뜯는 사람들은 무의식의 존재를 확신할 수 있는지를 묻는다. 무의식을 몸 속 어디에서도 찾아낼 수 없다면서. 이에 대해 프로이트는 이렇게 단언한다. 무의식은 신체가 아닌 정신적인 것이므로 몸 속 어디에도 없다. 하지만 신경계를 비롯한 몸 속 어디에나 무의식이 깃들어 있다.

무의식은 마치 바람과 같아서 보이지는 않는다 해도, 그 존재는 결과를 통해 상대적으로 알 수 있다. 팔랑거리는 나무 이파리들과 휘어지는 나뭇가지를 보고 바람의 존재를 알 수 있듯이. 꿈, 특정한 행동, 실수, 건망증 등 일상생활에서 겪는 모든 정신병리학적 현상을 통해 무의식의 존재를 알 수 있다.

예컨대 꿈은 사회적 조화, 금지, 법, 금기, 종교 때문에 전날 구체화될 수 없었던 욕구를 자면서 실현할 수 있게 해준다. 따라서 꿈은 무의식으로 가는 직통 도로라 하겠다. 엉뚱하고, 혼란스럽고, 우스워 보이는 것은 사실 거짓으로 꾸며져 있고, 바뀌어져 있으며, 암호화된 것이다.

정신분석이 이를 풀 수 있는 열쇠를 쥐어준다. 말실수나 실착행위(열쇠를 잃어버린다든가 문에 손가락을 끼인다든가 하는 등)*라든지, 알고 있는 단어인데 생각이 안 난다든지(말이 입 안에서만 뱅뱅 돌고 나오지 않는다.) 하는 것도 마찬가지다. 이 모든 신호는 무의식이 가끔씩 검열이라는 방해물을 강요하며, 중간중간 끊어진 메시지의 형태로 의식에 도달함을 보여준다.

정신분석학은 의식을 벽장 속으로 치워버리고, 인격이 형성되는 데에 무의식이 전권을 휘두른다는 것을 증명해 보여준다.

이상한 증상들로 너무나 고통스럽게 시달리고 있는데도 전통적인 의학

* 엉겁결에 저지르는 실수 등과 같이 의식적 의도에 반대되는 결함 행동.―편집자

지그문트 프로이드의 진료실과 긴 의자, 런던, 1938~1939년

으로는 도무지 손 쓸 도리가 없을 때가 있다. 그때 정신분석적 치료가 도움이 된다. 긴 의자에 누워 대화를 주고받는 등의 정신분석의가 사용하는 매우 독특한 치료법을 통해 일상생활에서 견딜 수 없던 몇 가지 행동들의 이유와 억압, 긴장의 근원을 알 수 있게 되는 것이다. 이를 통해 예전에 상처받았던 의식에 약간의 위안을 얻는다.

읽어 보기

지그문트 프로이트(Sigmund Freud, 오스트리아, 1856~1939)
의사. 유대인으로 나치의 핍박을 피해 런던으로 망명했다. 정신분석학(개인의 주관적 성향을 무의식과 그 결과에 의해 설명하는 이론이자 정신질환 치료법)을 창시했다.

오이디푸스 콤플렉스

단순한 형태로 보자면, 남자아이의 경우는 다음과 같이 설명할 수 있다. 남자아이는 아주 어린 나이에 어머니를 상대로 대상(對象) 리비도(Libido)*를 집중시키는데, 출발점은 어머니의 젖가슴이며, 의존 유형에 따른 대상 선택의 전형적인 형태를 띤다.

  이 아이는 아버지와 자신을 동일시한다. 두 관계는 일정 기간 동안 나란히 지속된다. 그러다가 어머니에 대한 성적 욕망이 더욱 강렬해지면서 아버지는 욕망의 장애물로 간주되어 오이디푸스 콤플렉스가 나타나는 것이다. 아버지와 동일시하려는 아이의 태도는 적대감을 띠게 되고, 아버지를 제거하고 그 자리를 차지하려는 욕망으로 바뀐다. 그때부터 아버지와의 관계는 양면 가치적이다. 이는 동일화 속에 원래부터 내재되어 있던 양면 감정이 명확하게 드러나는 것이라 하겠다.

  남자아이에게 있어 아버지에게 양면 가치적인 태도를 가지는 한편, 어머니에게 애정만을 느끼는 대상관계는, 단순하고 적극적인 오이디푸스 콤플렉스의 내용을 나타낸다.

> 리비도는 성기와 성기의 접합을 바라는 보통의 성욕과는 다른, 좀더 넓은 개념의 성적 본능을 나타낸다. 특히 대상에 주입되어 축적되는데, 이것을 대상 리비도라고 한다.
> —편집자

『자아와 이드 *Das Ich und das Es*, 1923』

프로이트의 네 가지 발견

프로이트는 자신이 정신분석학이라 이름 붙인 독특한 방법으로 삶과 영혼을 지배하는 과정을 발견했다. 그의 발견 중 수많은 기존 개념을 무너뜨리고 뒤집어엎은(바로 이런 점 때문에 처음에는 세상의 반감을 샀다.) 가장 중요한 점들은 다음과 같다.

(정신분석학적) 의식은 정신분석학의 영역에서 아주 작은 부분에 지나지 않는다. 작은 부분이기 때문에 무의식적인 정신적 과정은 의식의 통제를 벗어나고, 의식은 무의식에 종속된다. 모든 정신적 사건(꿈, 실착행위, 정신질환자들의 일관성 없는 말처럼 의미 없어 보이는 것이라 할지라도.)은 인간성 발달의 내력에 집어넣으면 완벽하게 납득할 수 있는 기능과 '의미'가 있다. 이 발견을 계기로 그동안 막연하기만 했던 두뇌에 대한 과학(두뇌의 신비학), 혹은 신비로운 목표인 정신에 대한 이론으로 근근이 연명하던 심리학은 갑작스럽게 자연과학 분야 사이에 자리 하나를 꿰차고 들어갈 수 있게 되었다.

프로이트의 두 번째 큰 업적은 생식 기능과는 완전히 동떨어져 있는 어린아이의 성이 매우 적극적임을 발견한 것이다. 성(sexuality)과 생식(reproduction), 성욕(sexual)과 생식욕(genital)은 전혀 다르다. 또, 정신적인 과정을 심층 분석하여 성, 특히 성적 에너지인 리비도(libido)는 신체에 근원을 두고 있지만 정신적 삶의 중심적인 원동력임을 증명했다. 생물학적 전제조건과 사회적 환경이 정신적 영역에서 만나는 셈이다.

세 번째 업적은, 아이와 부모의 관계에서 중요한 부분을 차지하는(오이디푸스 콤플렉스) 어린아이의 성이 성적인 행위와 생각을 하면 벌 받을지도 모른다는 아이의 두려움으로 인해 전반적으로 억압받는다는 사실을 발견한 것이다(바로 여기에 '거세 공포'의 깊은 뜻이 담겨 있다.). 그리하여 성은 행동과 단절되고 기억에서 지워진다. 성을 억압하면 의식의 통제에서 그것이 빠져나간다. 의식의 통제는 성 에너지를 빼앗아가지 못하며, 오히려 성을 더 강화하고 여러 가지 정신 병리학적 문제들로 나타나게끔 방향을 바꾸어버린다. 이 법칙은 모든 '문명인'들에게 예외 없이 적용되므로, 프로이트는 전 인류가 자기 환자라고 이야기할 수 있다.

네 번째 업적은, 인간 내부의 도덕적 심급(審級)은 초현세적인 데서 온 것이 결코 아니며, 부모와 부모를 대신하는 사람들이 아이들이 아주 어려서부터 취한 교육적인 조치에서 비롯되었음을 발견한 것이다. 이런 교육적 조치들의 한복판에 아이의 성을 억압하려는 시도도 있다.

아이의 욕구와 부모의 금지가 팽팽히 맞서던 양상은 충동과 도덕 사이에서 개인이 벌이는 내면적 싸움으로 확장된다. 무의식의 영역에 속하는 도덕적 심급(審級)은 어른의 내부에서 성의 법칙과 무의식적 정신세계에 대한 지식에 반대하여 일어선다. 또한 성적 억압(성적 저항)을 두둔하고 어린아이의 성을 발견한 것에 반대하는 세상의 저항을 설명한다.

『파시즘의 대중심리 *Die Massenpsychologie des Faschismus*, 1933』

마르셀로, 남자의 인생에서 중요한 건 단 두 가지밖에 없단다. 늘 엄마를 사랑할 것, 정신과 의사들이 늘어놓는 거짓말은 절대 믿지 말 것.
부치, 『사랑은 언제나 이긴다』, 르 쉐르쉬 미디 출판사, 2000년

의식에 대해 더 읽어 볼 글들

고트프리트 빌헬름 라이프니츠(Gottfried Wilhelm Leibniz, 독일, 1646~1716) 철학자, 수학자, 법학자, 발명가, 물리학자, 외교관, 신학자, 화학자, 엔지니어, 역사학자이자 수많은 책들의 저자. 수학에 바탕을 둔 보편적 언어를 만드는 것을 연구했다.

사소한 인식들

……우리 안에 무한한 인식들이 있음을 지각이나 사유행위 없이도 알게 해주는 수많은 표시들이 있다. 이런 인상들이 너무 사소하거나, 너무 수가 많거나, 따로 떼어서는 전혀 구분할 수 없을 정도로 서로서로 밀착되어 있거나, 또는 제몫을 하지 못하고 한 덩어리로 그저 막연하게 느껴져서 우리가 미처 알아차리지 못하더라도 의식의 내부에서는 변화가 있다는 의미다. 습관이 그러하다.

예컨대 우리가 한동안 풍차나 폭포 근처에 살면, 풍차의 움직임이나 폭포 소리에 그다지 신경 쓰지 않게 된다. 그것들이 우리의 신체 기관에 아무런 자극을 주지 않아서거나, 우리의 정신 안에서 그러한 자극에 응답하는 어떤 것이 정신과 육체의 조화 때문에 작동하지 않아서가 아니다. 단지 정신과 육체 속에 있는 인상들이 우리의 주의력과 기억력을 이끌어내기에 충분치 못해서 그렇다. 인상들은 새로운 것에 대한 매력을 잃어버렸고, 우리의 주의력과 기억력은 그것을 가장 많이 점유하는 대상에만 고정된다.

모든 주의력은 기억을 요구한다. 또한 우리가, 말하자면 현재 가지고 있는 인식들 중 몇 가지가 보내는 주의 통지를 못 받았다면, 아무런 생각 없이, 심지어 알아차리지도 못하고 그 인식들을 흘려보낸다. 하지만 누군가가 우리에게 그 인식들을 당장 알려준다면, 예컨대 몇 가지 소음을 들려준다면, 우리는 우리 내부에서 그 인식들에게서 받았던 예전의 감정들을 떠올리게 된다. 그것이 바로 우리가 알아차리지 못했던 인식들이며, 이렇게 알려줌으로써 찾아오는 지각행위는 아주 잠시 동안의 간격이 있은 후에야 찾아온다.

『인간의 이해력에 관한 새로운 에세이
Nouveaux Essais sur l'entendement humain, 1703~1704』

8. 이성

「샤이닝」의 잭 니콜슨, 스탠리 큐브릭 감독, 1980년

필름이 끊길 정도로 술을 마시면
이성은 어디로 사라질까?

여러분이 곤드레만드레 취하면 자신이 어디에 있는지, 무엇을 잃어버렸는지, 뭐가 없고, 뭐가 모자라는지를 도무지 알 수 없게 된다. 처음에는 머리가 어지럽다가 결국 의식불명 상태에 빠지는데, 그 사이에 온갖 종류의 일을 겪게 된다. 이성이 흔들리다가 온데간데없이 사라지는 그 사이에, '문제적' 이성을 거치게 되는 것이다. 사회적 제약과 평소의 검열에서 벗어난 이성으로 인해 엄청난 수다쟁이가 될 수도 있다. 잔뜩 들뜬 후에 말이 딱 막혀버려서 논리전개에 어려움을 겪고, 결국에는 완전히 얼이 빠져서 균형감각을 잃어버리고, 두 발로 걷는 것조차 힘들어 네 발로 기는 퇴행 현상을 보이는 것이다. 그렇게 기어다니다가 결국…… 눈을 떠 보면 어처구니없는 곳에!

술에 영향을 받는 이성은 과연 어떤 것일까? 지적인 개념과 명제들을 조합하고, 지능을 이용하여 현실을 바라보고 생각하는 데 어떤 관점을 갖도록 해주는 능력이다. '이성적으로 생각한다'는 것은 정연하고 체계적으로 생각하고 논리를 전개해 나가며, 대화 상대자가 그 근거와 상황, 방향을 이해할 수 있도록 분별 있는 말을 구사하는 것을 의미한다. 또한 자기 입장을 증명·입증하는 것을 항상 염두에 두고 생각을 전개해 나가는 것이다. 사실 이성은 자신과 세계, 자신과 다른 사람들의 관계를 형성하게 해주는 도구들 중 하나다. 이성을 통해 우리는 인간관계와 세상의 본질과 의미를 파악하고 이해할 수 있다.

이리저리 따져볼 수 있는 이성은 동물과 구별되는 인간만의 고유한 능력이다. 물론 영장류같이 영리한 동물들에게서는 조합하고, 고안하고, 만들어내고, 의사소통하는 능력을 발견할 수 있다.

방에 원숭이를 가둔 뒤 손이 닿지 않는 거리에 바나나 한 개를 매달아놓고, 방의 한쪽 구석에는 팔걸이 없는 의자

「1953년 콜로뉴 지방의 축제」, 사진, 앙리 카르티에 브레송

를, 다른 쪽 구석에는 막대기를 놓아두었다. 그러자 원숭이는 재빨리 상황을 판단하고 문제의 본질을 이해하고는, 주어진 자료를 모두 모아서 전략을 세우고 행동에 들어갔다. 수월하게 의자로 기어 올라가 막대기를 쥐고 손에 닿지 않는 곳에 있는 바나나를 내렸던 것이다.

어떤 이들은 이것이 동물적 이성, 초기 단계의 이성(만약 문제를 검토하고 자기 나름대로 해결하는 능력을 이렇게 부른다면)이라고 이야기한다. 하지만 이러한 이성은 발전하지 않고, 단순하며, 몇 가지 단순한 활동으로 능력의 범위가 제한된다. 또한 적절한 교육을 거친다 해도 인간의 이성처럼 효율적이고 창의적이며 상상력이 풍부하게 될 가능성은 거의 없다.

신경을 교육시킨다는 것

이성은 기계처럼 작동한다. 이런한 이성을 직감의 반대편에 세워둬야 하는 것일까? 분석하는 이성의 '기하학적 정신'*은 직감에 따라 파악하는 '섬세의 정신(esprit de finesse)'**과 대립하는 것일까? 사실 이성은 직관을 보완한다고 생각할 수 있다. 지식은 선험적으로 지각, 감수성, 감정, 신체적·생리적인 동요가 전제되어야 하기 때문이다. 육체는 뒤죽박죽인 정보, 신경적인 충동, 신경 단위의 신호, 전기적 에너지 등 뇌에서 암호가 풀려야 비로소 자료로서 인지할 수 있는 이미지들을 공급한다. 이성은 그것들을 분류하고, 여기저기 분산된 자료들을 알아볼 수 있는 똑똑한 기호가 되도록 정리한다.

언어와 이성은 긴밀한 관계를 유지하면서 의미를 만들어낸다. 언어는 의미를 만들어내는 한편, 의미는 또다시 언어를 만들어낸다. 이렇게 언어와 의미가 끊임없이 왕복 운동을 하는 가운데 이성은 언어 속에서 작용하고, 모습을 드러내고, 실험한다. 언어(말이든 그 외의 형태든)를 잃어버린

*우리가 일상적으로 접하는 복잡한 사상(事象)을 추리(推理)에 의하지 않고, 단번에 전체적으로 파악할 수 있는 정감적(情感的) 인식 능력이다. ─편집자

**다수의 작은 원리를 한꺼번에 파악하는 '유연한' 정신이다. ─편집자

사람은 이성도 그만큼 훼손되었다고 할 수 있다. 마찬가지로 이성을 잃어 버린 사람은 언어도 제한되고, 억제되어, 의사소통이 쉽지 않다. 이성은 언어 속에서, 혹은 언어와 함께 작용한다. 이성이 일차적인 감각과 감정 의 혼란스러움을 정리할 때, 잘 정리된 언어가 있어야만 뒤죽박죽인 자료 를 명확하게 구분되는 하나의 생각으로 만들 수 있다.

이성을 발달시키기 위해서는 신경을 교육시켜야 하며, 지능을 규칙적이 고 끈질기게 반복훈련시키는 것이 필요하다. 정신과 사유, 지능 활동에 사 용할 수 있는 신경세포망, 시냅스(synapse, 신경세포의 연접부위)를 만들어 야 한다. 교육과 신체적 조련, 적절한 교육 등이 없이는 이성도 없다.

이성이라는 도구는 미리 만들어져서 태어났을 때부터 타고나는 것이 아니다. 얻어내야만 하고, 훈련하고, 유지해야 하며, 언제든 사용할 수 있 도록 규칙적으로 갈고닦아야 한다. 이성을 '반드시 정확하게' 사용하기 위해서가 아니라 '그저' 사용하기 위해서라도 훈련을 거듭해야 한다.

언어와 기억력을 훈련하고, 사유하고, 계산하며, 이성이라는 도구를 사 용할 기회를 늘려나가면서, 우리는 이 도구의 도움을 받아 문제를 제기하 고, 풀어나가고, 선험적으로 반하는 것이 무엇인지를 이해한다.

어린아이, 미친 사람, 치매에 걸린 노인, 정신질환자들에게 이성은 없 다. 갓 태어난 신생아나 유아들 같은 경우처럼 이성이 부족하거나, 또는 애초에 이성이 없거나 이성이 없어진 것이다. 축복이나 재능처럼 있을 수 도, 혹은 있었을 수도 있고(똑똑하든 평범하든), 완전히 사라졌거나 잠깐 딴 길로 샜을 수도 있다. 술, 분노, 간질, 광기, 마약은 이성을 잠깐 멈추 게 하며, 마약이나 과음은 이성을 완전히 파괴시킬 수도 있다.

이브는 아담의 사과를 가지고 있을까?

이성이 없는 사람들에게는 사회적인 재량권을 주지 않는다. 사람들은 그들을 가두고, 결정을 할 수 있는 자리에서 떼어놓고, 요양원이나 병원 심지어 감옥 같은 곳에 격리해 둔다. 또 그들에게 화학적 요법을 써서 더욱 얼빠진 사람으로 만들기도 하고, 사회의 장에서 분리시켜 놓는다.

이처럼 이성은 개인의 도구를 넘어서서 사회적 도구이기도 하다. 모든 사회는 구성원 각자에게 선과 악, 참과 거짓, 아름다움과 추함, 정의와 불의를 구분하고 이해할 수 있도록 하는 공동의 이성을 교육한다. 그렇게 사회는 이성에 의한 판단력을 정해 놓는다. 이 능력은 상대적이고, 사회적이며, 변할 수 있다.

매우 전형적이지만, 이성의 가장 큰 적은 종교다. 종교는 하나같이 복종과 굴복, 믿고 말하고 생각할 바를 가르치는 사제들에게 고분고분하기를 종용하기 때문이다. 이성이 비이성적인 것, 미신, 많은 사람들을 쉽사리 바보로 만드는 맹목적인 믿음과 거리를 두게 하기 때문에 종교는 이성을 좋아하지 않는다.

신앙과 이성은 첨예하게 대립한다. 신앙이 힘을 얻는 곳에서 이성은 설 자리가 없고, 반대의 경우도 마찬가지다. 한쪽에는 기도와 처벌에 대한 두려움이, 반대쪽에는 사유와 결정에 대한 확신이 있다. 종교가 발달하는 곳에서 이성은 후퇴한다. 신정(神政)정치*를 채택한 모든 나라(이란, 아프가니스탄)에서는 이성과 그 상징, 도구(예를 들어 수학, 철학, 역사, 사회학 등)들을 싸워서 이겨야 할 적으로 간주한다.

유대교, 기독교, 이슬람교와 같은 유일신 종교(단 한 명의 신만 인정하는 신앙)에서도 이성을 떨떠름한 시선으로 바라본다. 성경은 매우 확실하게 이성에 대한 증오를 드러낸다. 창세기에서는 노동, 고통, 수고, 죽음 등 세상의 모든 부정적인 것을 몰고 온 원죄에 대해 이야기하면서, 이런 질문을 던진다. 악은 어디에서 왔는가? 이브로부터다. 모든 것이 풍부하고, 모든 것이 허용되었던 에덴동산에서 이브는 단 하나 금지되었던 선악과

를 따 먹었다. 이것이 무슨 의미일까? 이브는 자기가 직접, 자신의 이성
을 사용하여 선과 악을 구분하고 싶었던 것이다. 기독교에서는 이브가 이
성을 선택함으로 악을 만들어냈다고 이야기한다. 이성에 대한 증오를 이
보다 더 잘 표현할 수는 없을 것이다.

임마누엘 칸트(Immanuel Kant, 독일, 1724~1804)

비판철학의 창시자이다. 대표적인 저서로 『순수이성비판』, 『실천이성비판』, 『판단력비판』 등 3대 비판서가 있다. 칸트의 윤리학은 성경의 내용을 종교에서 분리한 것이다.

취기에 관한 철학

취기를 일으키는 기호물들은 상상력*을 불러내 오거나 잠재우는 물리적 수단을 제공한다. 그런 기호물 중 어떤 것들은 독극물로 생명력을 소진시키거나[몇몇 독버섯들, 백산차(白山茶), 야생 어수리, 페루의 치카와 남양군도의 인디언들이 사용하는 아바, 아편], 생기가 돌게 하기도 하고, 적어도 감정을 고조시킨다(발효 음료, 포도주와 맥주, 또는 브랜디 같은 독한 증류주). 하지만 그것들은 모두 반자연적이고 인위적이다. 그런 것들을 과도하게 섭취해서 일시적으로 감관(감각 기관)의 표상을 경험의 법칙에 따라 배열할 수 없는 사람을 두고 우리는 술에 취했다 혹은 도취되었다고 한다. 이런 상태에 자발적으로, 혹은 일부러 들어가는 것을 보고 취한다고 한다.

이 모든 수단은 사람이 살면서 처음부터 지워진 듯한 짐을 잊어버릴 수

*여기서 나는 의도를 달성하는 수단이 아니라 누군가가 정립한 상황의 자연적인 결과물, 또 상상력이 침착성을 잃게 할 뿐인 경우는 무시한다. 이런 경우로 가파르게 높은 곳의 가장자리(예컨대 난간 없는 좁은 다리)에서 내려다볼 때 느끼는 현기증, 혹은 배 멀미 등이 있다. 어떤 사람이 주저주저하면서 널판지 위를 걷고 있는데 그 널판지가 맨땅 위에 놓여 있다면 어떤 두려움도 불러일으키지 못할 것이다. 하지만 깊은 낭떠러지에 다리로 놓여 있는 널판지라면 발을 잘못 디딘다는 단순한 가능성을 생각하는 것만으로도 실제로 위험한 상황에 빠지게 할 만큼 강력한 힘을 가지게 된다. 구토를 동반하는 배멀미는(만약 그런 것도 여행이라고 한다면, 나도 필라우에서 쾨니스베르크까지 여행하면서 배멀미를 경험했다.) 내가 알고 있는 바로는, 눈으로 보기만 하는데도 일어났다. 나는 선실에 있었는데, 배가 요동치는 탓에 때로는 만(灣)이, 때로는 후미(後尾)의 구름이 눈에 들어오고, 배가 올라갔다 떨어졌다를 반복하면서 상상력이 매개가 되어, 복근을 통해 장의 역연동 운동이 자극되었던 것이다. —저자

있게 해준다. 이런 폭넓은 경향성과 지성의 사용에 이 경향성이 미치는 영향은 실용적 인간학에서 특히 고찰할 가치가 있다.

과묵한 취기, 즉 사교 관계나 생각을 나누는 데 있어 활기를 불러일으키지 못하는 취기는, 그 안에 수치스러운 무언가를 지니고 있다.

아편이나 브랜디 때문에 생기는 취기가 그러하다. 포도주와 맥주 중 전자가 단순히 자극적인 것에 비해서, 후자는 좀더 영양가가 있고 음식물처럼 포만감이 드는데, 사람들이 한자리에 모여서 얼큰하게 취하는 데 사용되기는 마찬가지다. 하지만 이때 차이점이 있다. 맥주를 마시는 술자리는 꿈 쪽으로 가는 문이 좀더 활짝 열려 있고 격식이 없다. 이에 비해 포도주를 마시는 술자리는 즐겁고 떠들썩하며 수다스럽고 정서적이다.

사람들끼리 어울려 술을 마시더라도 점점 과격해지다가 급기야 감관이 몽롱해지는 상태까지 이르거나, 갈지자(之)로 확실치 않은 발걸음을 옮기다 못해 휘청거리기까지 하는 것은 좋지 않은 태도다. 교류하는 사람들이 보기에도 안 좋지만, 무엇보다 스스로를 평가하는 데 부정적인 영향을 끼친다.

하지만 이 같은 과실에 대한 변명거리는 많다. 예를 들면, 술자리를 연 주인은 손님이 이런 사교 활동에서 완전히 만족해서 떠나기를 바라기 때문에, 손님들의 자기 통제의 한계선은 너무나 쉽게 지워지고 간과된다.

취기가 불러일으키는 무사태평함과 경솔한 언행은 자신의 능력이 점점 더 커진다고 착각하게 되는 감정이다. 취한 사람은 자연이 끊임없이 극복하기를 요구하는 삶의 장애물(여기에 건강이 있다)을 느끼지 못하며, 자신이 약하다는 사실에 행복해한다. 자연이 그 사람 안에서 힘을 서서히 증강함으로써 삶을 회복하기 위한 실제적인 노력을 하고 있다고 생각하기 때문이다.

여성, 성직자, 유대인들은 통상적으로 취하지 않는다. 적어도 그렇게 보이지 않으려고 노력하는데, 그 이유는 그들이 시민적으로 열등한 상태에 놓여 있어서 절대적으로 신중하게 행동해야 하기 때문이다(그렇기에 술을 완전히 절제해야 한다). 외부 세계에서 그들의 가치는 오로지 다른 사람들이 그들의 정숙함, 경건함, 분리주의적인 적법성을 믿느냐에 근거한다. 유대인들에 관해 말한다면 모든 분리주의자들, 다시 말해 한 나라의 법을 따를 뿐만 아니라 선택된 자라 자칭하면서 특수한 법(특정 종파의 법)을 따르는 사람들은 특히 사회의 주목을 받고 날카로운 비판에 노출되어 있다. 따라서 그들은 자신에 대한 주의를 게을리할 수 없다. 이런 신중함을 없애버리는 취기는 그들에게 있어 일종의 추문(醜聞)이기 때문이다.

스토아학파의 찬양자가 카토(Cato)에 대해 이렇게 말했다. "그는 술 속에서 자신의 덕을 강하게 만들었다." 한 독일 사람은 자신의 조상들에 대해 이렇게 말했다. "그들은 술을 마시면서 (전쟁을 선포하기 위한) 결정을 내렸는데, 이는 활력을 잃지 않기 위함이었다. 또한 술에서 깨어 정신이 말짱할 때 다시 생각해 보았는데, 이는 분별력을 잃지 않기 위함이었다."

술은 혀를 풀리게 한다. 또 마음을 열고, 일종의 도덕적 특성인 솔직함을 가져오는 물질적 운반수단이기도 하다. 외향적인 사람은 자기 생각을 마음속에 담아두길 힘들어한다. 유쾌한 음주가들은 술자리에서 거리를 두고 절제하는 사람을 참지 못한다. 그런 사람은 다른 이의 실수에 주목하면서 자신은 신중하게 절제하는 관찰자 노릇을 하고 있기 때문이다. 흄(Hume)은 이렇게 말했다. "잊어버리지 않는 친구는 불쾌하다. 어떤 날의 미친 짓은 뒤 이은 날의 미친 짓에 자리를 내주기 위해 잊혀져야만 한다."

모든 사람의 즐거움을 위해서 짧은 시간동안 말짱한 정신의 한계선을 약간 넘어가는 게 허용되는데, 이때는 선의가 전제되어야 한다. 반세기 전, 북유럽의 여러 왕국에서는 대사들을 파견해 자기들은 취하지 않고 다른 사람들을 취하게 하여 정보를 끄집어내거나 설득시키는 정책이 유행

했는데, 이는 교활한 짓이었다. 오늘날, 이런 풍습들은 시대와 함께 사라져버렸으니, 예절바르신 분들에 대해 그들이 저지른 악행을 비난하는 것은 불필요한 일일 것이다.

술에 취해 있는 사람의 성격이나 기질을 탐구하는 것이 가능할까? 나는 그렇지 않다고 생각한다. 술을 마시면 혈관에 술이라는 새로운 액체가 섞임으로써 신경에 새로운 자극이 가해진다. 이 자극은 본성적인 기질을 좀 더 잘 드러내게 하는 것이 아니라, 또 다른 기질을 불러낸다. 따라서 어떤 사람은 취하면 호색한이 되고, 어떤 사람은 상스러운 소리를 입에 담고, 세 번째 사람은 말싸움을 걸며, 네 번째 사람(특히 맥주를 마신 후)은 상냥하고 신중하고 과묵해진다. 하지만 술이 깬 뒤 전날 저녁에 자기네가 어땠는지를 듣고는 감관의 놀랍고 변덕스러운 변화에 웃음 짓게 된다.

『실용적 관점에서 본 인간학 *Anthropologie in pragmarischer Hinsicht, 1978*』

여러분의 운명을
별들에게 물어볼까?

별들도, 그 어느 것도 여러분의 운명을 알지 못한다. 결과는 오로지 여러분에게 달려 있다. 여러분이 시험치는 날에 별들이 어떻게 움직였는지 따위는 결코, 결코 아무 상관이 없다. 여러분의 운명은 그 어디에도 (어디에 있다는 건가? 하늘에? 점쟁이들이나 알아볼 수 있는 손금이나 카드에?) 쓰여 있지 않으며, 여러분이 결정하고 만들어나가는 것이다. 미래는 아직 완전히 쓰여진 게 아니다. 이렇게 생각하라. 여러분의 운명은 여러분의 계획과, 그 계획을 이루기 위해 얼마나 많은 에너지를 쏟아부었는가에 달려 있다고.

아마 오늘날처럼 이성이 감옥이나 화형대를 두려워하지 않고 자유롭게 통용되는 때가 없었을 것이다. 적어도 서양에서는 그렇다. 하지만 종교가 사람들에 대한 규제력을 예전보다 많이 잃어버린 데 비해, 사람들은 이성적으로 설명할 수 없는 '초이성적' 잡동사니들을 믿기 시작했다. 수정구슬, 숫자점, 타로 카드, 별점, 강령술, 사후세계, 유령과 귀신, 외계인, 미확인비행물체(UFO), 성모 발현, 기적, 임사 체험, 노스트라다무스의 예언, 영혼불멸에 대한 믿음, 환생 등. 이런 이야기들은 어디서나 들려오고 부풀려진다. 또 사람들이 많이 접하는 대중매체와 언론, 책에서 매우 비중 있게 다뤄준다. 여러분 중에도 많은 사람들이 이런 이야기 중 한 가지는 믿고 있을 것이다. 아니면, 혹시 전부 믿고 있는 건……?

제우스의 허벅지를 열어라!

사람들은 이성으로 설명할 수 없는 것들을 까마득한 옛날부터 믿어왔다. 철학이 출현하기 이전(서구 유럽에서는 B.C. 6세기 이전), 사고(思考)가 막 시작되었을 때부터 사람들은 신화를 믿었다. 신화는 초자연적이며 비이성적인 생각을 표현한다. 예컨대, 여러 가지 동물의 형태를 취한 신들, 동물과 인간이 합쳐진 괴물들(말과 인간이 섞인 켄타우로스, 황소 머리에 인간 몸을 지닌 미노타우루스), 허벅지에서 아이를 낳는 신(제우스-로마 신화의 주피터), 화산에서 일하는 대장장이 신(헤파이스토스-로마 신화의 불카누스), 암소 상에 숨어서 황소와 정을 통한 여자(파시파에로인데 미노타우루스를 낳았다.), 파도 거품으로 변한 정액* 등.

신화는 원시적인 사고를 형성하고, 종교는 이러한 비이성적인 사고에 근거를 둔다. 기독교의 경우도 마찬가지다. 여자가 남자 없이 아이를 낳고, 물이 포도주로 변하고, 떡 다섯 개와 물고기 두 마리로 오천 명을 먹이고, 물 위를 걷고, 죽은 사람들을 살려내고, 고문당하고 십자가에 못 박힌 후 사흘 만에

고대 그리스의 서사시인인 헤시오도스는 미의 여신 아프로디테의 탄생을 이렇게 설명했다. 크로노스가 아버지인 천공의 신 우라노스의 성기를 낫으로 잘라 바다에 던졌다. 바다를 떠다니던 성기 주위에 하얀 거품(아프로스)이 모이고 그 거품 속에서 아름다운 처녀가 생겨났는데 그가 바로 아프로디테였던 것이다.—옮긴이

13일의 금요일의 복권 창구

되살아난 것을 어떻게 설명할 것인가? 신화와 종교에서는 증거, 추론, 이성, 분석, 비판 등이 아무 짝에도 쓸모없다. 머리를 굴려가며 생각할 필요가 전혀 없다. 일단 믿고 순종하면 된다. 이해할 필요가 전혀 없으므로 아무런 거부감 없이 맹목적으로 신봉할 수 있는 것이다. 이처럼 종교가 이성적으로 설명할 수 없다는 점을 이용해 교묘하게 사람들을 완전한 복종 상태로 이끄는 자들도 있다.

나는 두렵다, 고로 나는 존재한다

이런 비이성적인 것들을 어떤 논리로 설명할 수 있을까? 지적 공백에 대한 두려움, 받아들이기 고통스러운 상황을 맞았을 때 느끼는 불안감, 자신들의 무지와 능력의 한계, 즉 이성을 받아들일 수 없는 인간들의 무기력함. 사람들은 '모르겠다' 혹은 '이유를 도무지 알 수 없다', '이해할 수 없다'고 할 상황에서 이야기를 꾸며내고, 그것을 그대로 믿어버린다. 받아들여야만 하는 진리들(인생은 짧으며, 우리는 곧 죽을 것이다. 백 살까지 산다 할지라도 무(無)의 영원에 비하면 아무것도 아니다. 우리는 무에서 와서 무로 돌아간다. 무심히 흐르는 찰나의 순간을 인간의 힘으로는 붙잡을 수 없다. 죽은 후에는 썩어들어가는 시체뿐, 다른 형태의 삶 같은 건 없다 등등.)을 외면하려고, 이야기를 지어내고 거기서 구원을 얻으려 한다.

이성이 상상을 무너뜨리면서 만들어놓은 틈새를 비이성적인 것이 막는다. 사람들은 이성적인 현실 속에서만 살 수 없어서, 살기 쉬운 비이성적인 세계를 구석구석에 만들어놓는다. 그 안에서 허울뿐인 평화를 얻는 것이다. 나무에 벼락이 떨어진다고? 고대 그리스·로마 시대의 사람들은 그 이유를 알지 못해, 심술궂은 어떤 신이 인간의 악행을 알고 벼락을 내려 죄를 벌하려 한다는 이야기를 지어냈다. 때문에 그리스·로마 시대에는 제우스가 무기인 번개창을 던져서 벼락을 내린다고 믿었다. 오랜 시간이 흘른 오늘날에는, 현대물리학에 대해 조금이라도 알고 있는 사람이라면 벼락은 구름에 모인 정전기가 땅으로 방전되기 때문에 생기는 것이라고 생각한다. 케케묵은 신화적 이성과 현대적이고 과학적인 이성의 대립. 어제의 비이성은 내일은 이성이 되고, 더 이상 사람들을 불안하게 하거나 겁주지 않는다.

비이성적인 것은 개인이든, 시대든, 문화든, 아직 이성적이지 못한 것을 가리킨다. 이는 언젠가는 반드시 이성적인 것으로 바뀔 것이다. 사람들은 당장 이해되지 않는 것에 대해 비이성적인 가설을 짜낸다. 비이성에는 한계가 없기 때문이다. 얼토당토않은 상상을 할 수도 있고, 환상적인 생각을 끄집어낼 수도 있다. 그리하여 망상에 빠지게 되고 결국 무지의 상태로 뒷걸음치는 것이다. 이성을 이용하여 문제에 대한 해결책을 찾아낼 때, 신앙은 아마 우리가 예전엔 진짜라고 생각했던 '잘못된 생각들의 박물관'의 한 구석을 차지하게 될 것이다.

한편, 과학과 기술이 발전해도 절대 풀 수 없는 문제들에 대해서는 비이성이 오랫동안 힘을 발휘할 것이다. 형이상학〔'metaphysics'라는 단어의 어원을 그대로 풀자면 자연학·물리학(physics)을 넘어서는(meta) 세계의 궁극적 근거를 연구하는 학문이다.]적인 물음들이 그렇다. 우리는 어디에서 왔는 가? 우리는 누구인가? 우리는 어디로 가는가? 쉽게 말해, 우리는 왜 죽어야 하는가? 죽은 다음에는 무엇이 있는가? 우리의 존재를 우리 자신이 거의 좌지우지하지 못하는 이유는 무엇일까? 미래는 어떤 모습일까? 존재의 의미는 무엇일까? 언젠가는 결국 죽어야 하며, 결정론에 따르는 것, 자연적 욕구에서 벗어날 수 없으며, 지구라는 행성에 갇혀 있는 것. 이런 물음들은 비이성이라는 자동차를 전속력으로 내달리게 하는 연료라 할 수 있다.

듣기만 해도 마음이 불안해지는 이러한 물음들에 대해, 모든 비이성적인 행위들은 저마다 자기가 답이라고 주장한다. 사람들은 탁자에 둘러 앉아 귀신을 불러내서 이것저것 물어보면서 죽지 않는 영혼의 존재에 대해 확신한다. 죽음은 몸만 앗아가며 영혼은 영원히 죽지 않는다. 숫자와 손금, 수정구슬, 카드, 사진 등을 보며 미래를 읽고 예견하면서 안정을 찾는다. 그들은, 미래는 어딘가에 이미 쓰여 있고, 점쟁이 같은 몇몇 사람들이 그 '어딘가'에 접근해 그 내용을 알려줄 수 있다고 생각한다. 그러니 우리는 자신의 생각과 의지대로 자유롭게 살아도 잘되거나 잘못되지 않을까 걱정하지 않아도 된다. 일어날 일은 반드시 일어날 테니까 말이다. 미확인 비행물체는 태양계 밖에도 생물체가 있고, 사람이 살 수 있는 행성들, 즉 은하계 저 너머에 신비로운 힘이 존재한다는 것을 의미한다. 그리하여 우주와 우리의 작은 존재를 지배하는 힘이 다른 곳에서도 우리가 살아남을 수 있도록 해줄 것이라 믿으며 즐거워한다.

비이성적인 것도 구원이 될 수 있다. 하지만 이는 기약 없는 일시적인 구원일 뿐이다. 반면 이성은 좀더 확실한 구원이 되어줄 수 있다. 특히 사람들이 위안을 삼으려고 만든 헛된 세계, 저승 같은 망상과 믿음, 허구 등을 이성이 집중적으로 파괴할 때 더욱 그렇다.

　　그런 망상들은 사람들이 지금 여기에서
잘 사는 것을 방해한다. 반면에 철학과 이
성을 비판적으로 사용하면 또 다른 해결
책, 살아가는 확실한 방법과 더욱 확실한
위안을 얻을 수 있다.

　　죽음, 인간의 힘의 한계, 거대한 세상 앞
에 보잘 것 없는 인간, 운명에 대한 불안감
등 똑같은 문제를 대하는 데 있어서 철학
은 운명을 제 것으로 삼고, 자기 존재의 주
체가 되며, 쓸데없이 사람을 얼어붙게 하
는 두려움으로부터 벗어날 수 있는 수단
을 손에 쥐어준다. 철학은 과거와 현재의
신화에 어린아이처럼 손발을 얽어매고 지
레 포기하라고 가르치지 않는다. 두 손을
내려놓고 별만 쳐다보는 일은 그만두라.
여러분의 미래는 그 어디에도 적혀 있지
않다. 미래는 쓰이길 기다리고 있으며, 지
은이는 오로지 여러분 한 사람뿐이다.

영화 「그것이 세상을 정복했다It conquered the world」에
나오는 우주 괴물과 주디 갈란드, 로저 코먼 감독, 1956년

루크레티우스 (Titus Lucretius Carus, 로마, B.C. 98~55)

그에 관해서는 운문으로 씌어진 미완성 저서, 『만물의 본질에 관하여 *De natura rerum*』, 단 한 권만 알려져 있다. 이 책에서 그는 미신(사랑, 종교, 신, 지옥 등)과 전쟁을 벌이는 자신의 공적을 자랑하고, 아타락시아(잡념이 없는 상태)를 실현하는 자신의 탁월함을 주장했다.

두려움이 신들을 만든다

지구상의 모든 민족들에게 신들의 존재에 대한 믿음이 퍼져나가고, 도시들에 제단이 들어차고, 종교적인 의식이 만들어지고, 장엄한 의식이 오늘날 어디서나 통용되며, 이것들이 모든 중요한 계획을 앞서는 이유가 무엇일까? 매일 지구상에 새로운 신전들을 세우고, 불멸의 존재들을 기리기 위한 축제를 제정하는, 죽을 수밖에 없는 존재들을 꿰뚫는 이 음산한 불안감의 근원은 무엇일까? 이를 설명하기란 어렵지 않다.

초창기 때부터 인간은 초자연적인 우상들을 보아왔고 또 주의하기까지 했으며, 잠의 환각이 이에 대한 상상력을 더욱 과장되게 부추겼다. 우상은 자신의 수족을 움직이고 위엄 있는 말투로 이야기하는 것처럼 보였기에, 인간들은 이 우상에 감정을 불어넣었고, 이에 걸맞는 장엄한 태도와 엄청난 힘도 주었다.

신들의 아름다움은 변치 않는 것이었기에 인간은 우상들이 죽지 않는다고 생각했다. 이 천상의 환영들은 언제나 같은 용모로 나타나며, 커다란 힘을 가지고 있었기 때문에, 사람들은 어떤 파괴적인 행동도 그들을 이길 수는 없을 거라 믿었다. 또한 신들은 완벽하게 행복할 거라 믿어 의심치 않았다. 죽음에 대한 두려움이 없으니 어떤 근심도 없으며, 아무런 힘도 들이지 않고 생각하는 것만으로도 수많은 기적을 일으킬 수 있기 때문이다.

한편 인간은 언제나 끊임없이 규칙적인 하늘의 질서와 계절이 정기적으로 돌아오는 것을 알아차렸지만, 이런 현상의 이유를 꿰뚫어볼 수는 없었다. 그리하여 모든 결과를 신들에게 돌리고, 이들을 거스를 수 없는 자연의 지배자로 만들 수밖에 없었다.

인간은 죽지 않는 존재들의 거처와 왕궁을 하늘에 두었다. 거기에서 해와 달이 회전하고, 낮과 밤이 찾아오고, 암흑을 밝히는 떠돌이별들이 빛나고, 별똥별, 구름, 이슬, 비, 눈, 바람, 우레, 서리와 속삭이며 위협하는 빠른 천둥이 오기 때문이었다.

이 모든 현상을 신에게 일임하고, 불굴의 분노로 무장시켜 주기까지 한 가련한 인간들이여! 그때부터 신은 인간들에게 얼마나 많은 탄식을 안겨주었는가! 얼마나 많은 상처를 입혔는가! 그들이 우리 후손들에게 열어준 눈물의 샘이라니!

(……) 그러나 이 외에도, 신들에 대한 두려움으로 떨리지 않는 마음이 어디 있는가? 수상쩍은 천둥으로 땅이 진동할 때, 무시무시한 중얼거림이 하늘을 가로질러 갈 때, 두려움에 사지가 얼어붙어 간신히 기어가는 인간은 또 어떤가? 민족과 나라들은 아연실색하고, 두려움에 넋이 나간 오만한 전제군주는 자신의 범죄적 행위, 폭압적인 명령을 속죄해야 하는 위험한 순간이 찾아온 건 아닌지 몸을 떨면서, 자기가 믿는 신들의 조각상을 꼭 끌어안지 않겠는가? 군단과 코끼리를 태운 선단을 이끄는 대장이 격렬한 바람이 불어 물결이 마구 치고, 앞에 있는 모든 것이 휩쓸려 가는 것을 본다면, 신에게 물결을 잠잠히 해달라고 기원하고, 기도의 힘으로 바람을 잠재우려 하지 않겠는가?

그래도 소용없다. 거친 회오리바람에 휩쓸려 암초 사이에서 죽은 목숨

이 될 것이다. 그러므로 어떤 비밀스러운 힘이 인간사를 농락하고 속간

(束杆)*을 우롱하기를 즐기는 듯하다!

마지막으로 우리 발 밑의 땅 전체가 흔들릴 때, 도시가 흔들리다 무너지거나 혹은 폐허가 될 위기에 처할 때, 인간이 자신의 약함을 완전히 잊어버리고 우주를 마음대로 주무르는 더 높은 곳에 있는 힘, 초자연적이고 신적인 힘을 인정하는 것이 놀라운 일인가?

『만물의 본질에 대하여 *De natura rerum*』

테오도르 W. 아도르노(Theodor W. Adorno, 독일, 1903~1969)
음악가, 사회학자이자 음악이론가, 철학자. 유대인으로 나치에 쫓겨 미국으로 망명했으며 프랑크푸르트학파의 일원이다. 파시즘에 반대했으며 폭력의 구조를 만드는 사회 혁명의 조건에 대해 생각했다.

"신비학은 바보들의 형이상학이다"

신비학은 바보들의 형이상학이다. 무당들이 별볼일 없는 대접을 받는 것은 그네들이 누설하는 예언의 의심스럽고 어리석은 성격으로 보아 우연이라 하기 힘들다. 심령술이 만들어진 이래 내세란 말은 돌아가신 할머니의 인사나 여행이 임박했다는 예고일 뿐, 그 외에 별다른 뜻은 지니지 않게 되었다. 영혼의 세계는 인간들의 불쌍한 이성과 더 이상 소통하지 않고 다만 영혼을 받아들일 뿐이라는 변명 역시 터무니없으며, 편집증적인 체계의 보조가설일 뿐이다. 돌아가신 할머니의 여행보다 자연의 빛이 훨씬 더 멀리 나가며, 영혼들이 그 사실을 알고 싶어하지 않는다면, 영혼은 차라리 왕래를 끊는 것이 좋을 버릇없는 요물인 것이다.

초자연적인 메시지의 밋밋하고 자연적인 내용에서 영혼의 허위가 드러

난다. 내세에서 영혼들은 자기들이 잃어버린 것을 찾아다니고, 오직 자신의 무가치함과 마주칠 뿐이다. 회개하지 않는 현실주의자로 완벽하게 편안히 머무르는 회색빛 일상성과 접촉하는 걸 잃지 않기 위해 영혼은 감각을 즐기는데, 이는 영혼 자신들이 벗어난, 감각 없는 이들과 동화된 감각이다. 의심스러운 마술은 그 마술 빛을 쏘인 의심스러운 존재일 뿐이다. 그렇기에 이 마술은 비속한 영혼들에게 모든 일을 그토록 수월하게 느끼게 해준다. 사실이 아닌 것을 통해서 다른 것과 구별되는 사실들을 사람들은 4차원의 세계라고 감탄한다. 사실들의 비존재가 그것의 은닉된 특성이다. 사실들은 또한 허약한 영혼에 세계관을 제공한다. 점성술사와 심령술사들은 모든 문제에 빠르고 거칠게 답을 내놓지만 실상 그 답변은 아무것도 해결하지 못하며, 미숙한 여러 가지 주장을 통해 모든 문제에서 해결책을 피해간다. 공간과의 유사성으로 표상되는 점성술사와 심령술사의 신비 영역은 의자나 화병만큼이나 생각할 필요가 거의 없다. 이는 결국 유사성을 강화한다. 존재한다는 사실 자체가 의미가 있다는 것 외에는 아무것도 현재 존재하고 있는 사람의 마음에 들지 못한다.

『한줌의 도덕 *Minima Moralia*, 1951』

필립 겔뤼크, 「고양이의 복수」, 카스테르망, 1988년

니콜라스 말브랑슈(Nicolas Malebranche, 프랑스, 1638~1715)

오라토리오 수도회 수도사로서 현실은 모두 신의 의지와 능력에 달려 있다고 생각했다. 기독교적 철학을 정립하려고 시도했으나, 이 둘은 모순되는 듯했다. 개는 기계일 뿐이니 괜찮다고 하면서 키우던 개의 꽁무니를 툭하면 걷어찼다.

"종교는 진정한 철학이다"

이성은 부패했으며 오류를 저지르기 쉽다. 그러므로 이성은 신앙을 따라야 한다. 철학은 종에 지나지 않는다. 철학의 빛을 경계해야 한다. 끊임없는 애매함. 인긴 그 자체로는 이성직이지도 똑똑하지도 못하다. 종교야말로 진정한 철학이다. 고백컨대, 자기들도 이해하지 못하는 말을 지껄이는 불신자의 철학도, 수다쟁이의 철학도 아니다. 이런 철학은 진리가 그들에게 말해 주기 전에 다른 이들에게 말한다. 내가 말하는 이성은 과오를 범하지 않고, 변하지 않으며, 부패하지 않는다. 이는 늘 최고의 자리에 있으며, 신조차 그 뒤를 따른다.

 다시 말해서, 빛 앞에서 절대로 눈을 감아서는 안 되며, 빛에 눈을 익숙하게 하여 암흑, 거짓 불빛, 혼란스러운 감정, 감각적인 생각들을 판별해 내야 한다. 이런 것들은 자기의 적인 진실과 진실임직한 것, 명증성(明證性)과 본능, 이성과 망상을 구분하는 데 익숙하지 않은 사람들에게 환하게 빛나는 빛처럼 보인다. 명증성과 지혜는 신앙보다 더 낫다. 신앙은 지나갈 것이나 지혜는 영원히 남을 것이기 때문이다. 신앙은 진실로 커다란 선(善)이나, 이는 필연적인 몇 가지 진리의 지혜로 데려다주는 것이다. 또한 이 진리들이 없이는 견고한 덕도, 영원한 지복(至福)도 얻지 못할 것이다.

 그러나 나는 여기에서 지혜 없는 신앙, 즉 불확실한 신비를 말하려는 것이 아니며, 이를 통해서는 분명한 생각을 할 수 없다. 어떠한 빛도 없는 신앙이란 게 있다면, 이는 견고한 덕성을 가져다줄 수 있다.

『도덕론 *Traité de morale*, 1683』

가스통 바슐라르(Gaston Bachelard, 프랑스, 1884~1962)

우체국 직원이었다가 대학 교수가 되었다. 그의 연구는 과학에 대한 사유, 그리고 물과 꿈, 흙과 몽상, 불과 명상, 공기와 꿈 등 원소들에 대한 사유, 이렇게 두 편으로 나눌 수 있다. 모든 유행하는 조류에 거리를 둔 자유인이었으며, 시인처럼 생각했다.

"아무것도 분명한 것은 없다"

도달하고픈 욕구뿐만 아니라 그 원리에서 과학은 의견(개인적 견해)과 절대적으로 대립한다. 과학이 어떤 특정한 점에서 의견을 정당화해야 될 때가 닥친다면, 그것은 의견의 바탕을 이루는 이유와 다른 이유 때문이다. 따라서 의견은 원칙적으로 언제나 틀리다. 의견은 잘못 생각한다. 또 생각하지 않는다. 대신 지식의 욕구를 표현한다. 대상들을 그 효용에 따라 지칭하면서 의견은 그 대상들을 아는 것을 금지한다. 의견을 바탕으로 해서는 아무 것도 만들어낼 수 없으며, 우선 의견을 무너뜨려야 한다. 이는 제일 처음으로 극복해야 할 장애물이다.

예컨대 일시적이고 조잡한 지식을 일시적인 윤리처럼 유지하면서, 여러 개별적인 점들에 대해 의견을 바로잡는 것으로는 충분치 않다. 과학적인 정신은 우리가 이해하지 못하고, 우리가 정확하게 진술하지 못하는 문제들에 대해 어떤 의견을 갖는 것을 금한다.

무엇보다 문제를 제기하는 법을 알아야 한다. 어떻게 말하든, 과학적인 삶에서 문제는 스스로 제기되지 않는다. 정확하게는 이 문제의 의미가 진정한 과학적 정신의 증거를 보여준다. 과학적인 정신에게는 모든 지식이 한 가지 문제의 대답이다. 질문이 없었다면 과학적 지식을 얻지 못했을 것이다. 아무것도 분명한 것은 없다. 아무것도 그냥 주어진 것은 없다. 모든 것은 만들어졌다.

『과학 정신의 형성 La Formation de l' esprit scientifique, 1938』

성(聖) 토마스 아퀴나스(Thomas Aquinas, 이탈리아, 1227~1274)

사제로서 기독교인이 제기할 수 있는 모든 문제에 대한 답을 주는 방대한 책을 저술했다. 천사의 본질, 색욕의 죄를 짓게 되는 조건, 천국에 머무는 방식, 신을 증명하는 방법, 성령의 정의, 기독교인의 덕 등. 교회는 이를 공식적인 교리로 삼았다.

하느님? 생각할 수 없는……

우리는 하느님이 인간이 생각할 수 있는 모든 것을 뛰어넘는다는 사실을 믿게 될 때, 비로소 진정으로 하느님을 알 수 있다. 우리의 이성을 뛰어넘는 것을 제시해 주는 신성한 계시를 통해, 하느님은 생각할 수 있는 모든 것의 위에 계신다는 확신이 우리 안에서 확고해진다.

또한 이런 계시의 효용성은, 그것이 오류의 어머니〔혹은 정부(情婦)〕인 천성적인 추측을 억압하는 데서 나타난다. 사실 어떤 이들의 마음속에는 신성한 자연에 자기들의 지성(知性)에서 나온 조치를 강제할 수 있다는 확신이 있다. 그들은 자신의 의견 속에 진실의 전부가 유지되고 있으며, 거짓은 자기들 눈에 진실이 아님직해 보이는 것에 국한된다고 평가한다. 계시는 이런 추측으로부터 우리를 해방시키고, 진실에 대한 보잘 것 없는 추구를 자신의 조화(인간적인)로 귀착시키며, 이성의 능력을 넘어서는 모든 것을 상기시킨다.

결국 죽을 수밖에 없는 존재인 우리들을 인간적인 것들의 지평(地坪)에 한정시키려는 모든 사람들에 대항하여, 다음과 같은 철학자의 이야기를 곱씹어 보아야 한다. 인간은 될 수 있는 한 불멸의 신성한 실재까지 올라가야 한다. (……) 너무나 불완전한 지식은, 그것이 더욱 고귀한 것에 관한 것이라면 영혼을 더욱 고양시켜 완벽하게 해준다. 그렇기 때문에 비록 이성으로 이성을 초월하는 것을 정확하게 파악하지 못할지라도, 이성을 위해서는 신앙을 통해 특정한 지식을 얻는 것이 좋다.

『대(對)이교도대전

Summa de Veritate Catholicae Fidei contra Gentiles, 1255~1264』

왜 이성적으로 살아야 하나?

여러분들 가운데 "이성적으로 생각 좀 해봐.", "넌 참 분별력이 없구나.", "그건 이치에 맞지 않아.", "언제쯤이면 좀 생각을 가지고 행동하겠니?" 등, 아니면 다른 종류의 부모님 말을 잘 들으라는 잔소리를 한 번도 들어보지 않은 사람이 있는가? 아무도 없을 것이다. 어른들은 아이들이 자기들이 보기에 미성숙하고, 유치하고, 늦된 행동을 계속하면 지적하고 야단을 치게 된다. 여러분에게 분별력이 없다고 야단치는 사람은, 무조건 자기는 옳다고 믿고 있으며, 이 느낌에 기대어 명령하고 판단하고 자기 의견을 주장하는 것이다. 흔히 말하듯 이성을 사용하는 것은 진정한 사회성의 첫걸음이며, 어른이 되기 위한 싸움에서 사용할 수 있는 확실한 전술이기 때문이다.

이성적으로 행동한다는 것은 자기 이성을 다른 사람들과 똑같이 사용하는 것을 말한다. 흔히들 어떤 사람에게 "네가 옳아."라고 칭찬하는 것은, 솔직하게 말하면 그 사람이 우리처럼 생각하고 우리와 똑같은 의견을 이야기하니 안심이라는 뜻이다. 여기에서 이성적인 사람들은 나무랄 데 없는 의견을 내놓고 건전하고 정상적인 판단을 한다. 한마디로 말해서 비상식적이지 않다는 의미다.

'이성적이다' 라는 표현과 그 속에 담긴 뜻은 다음과 같이 정리할 수 있다. 즉 정상적으로 형성된 개인은 자신의 이성을 다른 모든 사람들처럼 사용하며, 자신의 의견을 가장 다수의 의견에 맞춘다는 것이다. 또한 이 표현은 자신의 욕구를 자제할 줄 알아야 한다는 것을 의미한다. 뭐든 보는 대로 원하는 아이에게 사리분별을 못한다고 하며, 반대로 자기 욕구를 포기하는 사람에게 분별력이 있다, 즉 이성적이라고 말한다. 이성은 개인의 일차적인 충동을 포기시킴으로써 사회 편입과 자기 통제의 수단으로 작용한다.

자기 안의 욕구를 무너뜨리고, 뭔가를 갈망하는 충동을 거부하는 사람, 바로 이런 사람이 이성적인 사람이며, 책임감 있고 존경받아 마땅한 사람이다. 자기를 포기하고, 욕구를 미뤄놓든지 아니면 아예 포기하라. 이 암울한 계획을 아이들, 청소년들, 또 어른들에게 어떻게 잘 내밀 수 있을까?

현실에 맞는 욕구를 가져라―혹은 그 반대?

어른들은 청소년이 자기 욕구를 뒤편으로 젖혀두고 현실의 당면과제를 최우선으로 삼는 것을 잘 배우면 자신들의 세계로 들어오게 해준다. 이때 이성은 확실히 규범적인(규범을 만들어내는) 수단이며, 현실이 자기 욕구대로 되리라 꿈꾸는 유치한 환상을 뒤집어엎는 유용한 능력으로 작용한다. 어른들은 현실에 욕구를 맞추고, 실제 상황을 원하는 대상으로 삼기로 하면서 결국 순응해 버린다. 분별력 있는 이성은 사회 질서를 만들고, 사회 질서는 세상이 아무 탈 없이 잘 돌아갈 수 있도록 하는 위계 체계를 재생산한다. 이때 자연적인 생명력은 탄압받으며, 이성은 이 충동적인 움직임을 문화적 복종과 문명화한 질서로 전환시켜 놓는다.

또한 이성은 사회 질서 외에 다른 것을 정당화하는 데 사용되기도 한다. 간혹 불행하게도, 이성은 옹호할 수 없고 비도덕적이며 위험한 선택을 적법하게 만드는 데 사용된다. 이성이 꼭 건전하고, 수준 높고, 섬세하며 도덕적으로 옹호할 수 있는 데에만 사용되는 것은 아니다. 도구로서 이성은 가장 고상한 임무에도, 또 가장 저열한 짓을 하는 데도 쓰인다. 그러므로 이성이 추하고 위험한 이데올로기를 감추는 데 사용되는 게 아닌지를 의심해 볼 일이다.

이성은 늘 사람들을 해방시키기만 하는 게 아니며 어두운 측면을 가지고 있기도 하다. 말만 번드르르한 사람들, 교활한 연설가들, 음흉한 변증법론자들(부정직한 방법으로 선거에 이기는 데 능한 정치꾼들도 포함된다), 사람들을 집단최면에 빠뜨리는 대중연설가들은 부정적인 면을 겉으로 보기에 이성적이고 논리적이도록 보일 법한 포장지에 싼다.

파시즘, 전제정치, 독재정치, 식민주의는 이성과 논리, 증명, 이론, 변증법, 과학 등을 동원하며 발전했다. 히틀러, 레닌, 스탈린, 마오쩌둥, 페텡. 이들은 모두 대중들을 열광시키고, 죽음의 충동과 다른 사람에 대한 증오, 비(非)관용과 사람들을 파괴시키는 광신이 지배하는 쪽으로 몰고 가기 위해 이성을 사용했다. 생존권(生存圈)* 주장, 강자와 약자의 투쟁, 유대인에 대한 증오, 힘센 문명임을 증명하기 위한 제국주의적 전쟁, 부르주아 타도, 프롤레타리아 독재, 계급투쟁, 국가혁명 등 모든 사상적 프로그램은 단 하나의, 혹은 수많은 이성적 추론을 사용하여 폭넓게 발전했다. 여기에는 수사학과 사상을 드러내는 데 필요한 관습적인 무기들이 총동원되었다. 그러나 결국 이 사상들은 가스실, 죽음의 수용소, 정치범 집단수용소를 낳았고, 훗날 똑같은 이성적인 열정을 바탕으로 원자폭탄, 인종청소, 화학전이 생겨났다. 이처럼 이성은 괴물을 낳기도 한다.

이런 최악의 상황의 근원에서 우리는 구역질나는 열정, 난폭한 짐승 같은 충동, 살인욕구, 원한, 어지러운 세상에 대한 증오, 복수하고픈 의지를 발견할 수 있다. 모든 독재자들은 근본적으로 이같이 강하고 야만적인 충동 위에 자신의 권력을 쌓아올리기 때문이다. 그런 다음 그들은 이성을 이용해 자신들의 일차적인 관심사를 위장하고 대신 수많은 사람들이 받아들이고, 급기야는 고개를 끄덕일 수 있을 만큼 그럴듯한 껍데기를 씌운다. 이때 이성적이라는 것은 권력과 다수, 지도자 및 독재자의 논리에 복종하는 것을 의미한다.

이렇게 해로운 이성에 굽실거리기를 거부하는 사람이 과연 비이성적이란 말인가? 대다수가 복종하는 이런 이성에 반기를 드는 사람들, 비판적이고 저항적인 이성을 추구하는 사람들은 미쳤다는 이유로 감옥이나 요양원에 갇혔다.

정치 체제는 모든 사람이 이성을 잃었거나 잘못 사용하고 있을 때, 자신의 이성을 간직하는 개인을 곧잘 미친 사람이라고 불렀다. 미친 사람처럼 이성을 잃어버렸다고 평가하고, 사람들이 자주 지나치는 공공장소에서 대놓고 성토했으며, 머리가 살짝 돌았으니 헛소리하지 못하게 막거나 가끔씩 정신병원에 보내야 한다고 몰아세웠다.

이성이 이성적이지 못할 때

이성이 우상화되면 안 된다. 이성이 종교로 숭배되던 프랑스혁명 당시를

우크라이나 얄타에 있는 레닌 동상, 1995년, 사진, 마르탱 파르

떠올려보자. 성당들은 이성을 숭배하는 장소로 탈바꿈했고, 이성은 종종 젊은 처녀의 모습으로 의인화되어 열렬히 찬양받았다. 이러한 '이성의 종교'는 이성적이지 못한, 즉 수많은 남녀의 목을 자른 단두대의 서슬 퍼런 그림자 아래에서 꽃을 피웠다. 사람들이 죽어나간 이유는 단지 '뵈브(Veuve, '과부'라는 뜻으로 단두대의 별칭)'를 쥔 자들의 생각을 옹호하지 않았기 때문이다.

레닌 시대에도 이성이 숭배되었는데, 변증법(자기 생각을 과학적이고, 엄중하며, 겉보기에 부인할 수 없는 방식으로 표현하는 기술)의 애호가였던 레닌은 시베리아에 정치범 집단수용소를 만들었다.

이와 같이 이성이 죄를 지을 수도 있다는 사실을 명심하고 분별력을 잃지 않도록 조심해야 한다.

모든 것을 합리적으로 만들려는 계획은 현실과 복잡한 세상을 실제적이지만 잘못된 방식으로 제한시키려는 경향이 있기 때문에 위험하다. 이성은 종종 우리가 선험적으로 상상하는 것보다 더 복잡한 현실을 단순한 몇 가지 생각으로 국한시키는 데 사용된다. 합리적으로 축소하고 계획하려는 것은, 현실은 합리적이며 합리적인 것은 언제나 현실이 될 수 있다는 생각을 전제로 하고 있다.

문제는, 이 두 가지 부분이 거의 소통하지 않고, 불편한 관계로 유지되는 세상이 존재한다는 데 있다. 다양하고, 혼란스럽고, 분열하는 세상을 '합리적으로' 단지 몇 가지 단어에 가둬놓으면 판단력을 잃게 되기 쉽다. 마찬가지로 우리가 역사적으로 결과를 남길 수 있는 모델을 만들기로 하고 합리적이 되기로 결정한다면, 극단적으로 계획하게 될 위험이 있다.

19세기의 유토피아주의자들은 자기들이 보기에 합리적이고 이성적인 사회를 꿈꿨다. 그곳에서 옷은 무엇을 입어야 할지, 식사는 어떻게 해야 할지, 집의 넓이, 일의 분배, 도시의 구조와 함께, 남녀노소를 불문하고 심지어 죽은 사람의 지위까지 일일이 다 정해 놓았다. 어떤 것도 우연에 내맡겨지지 않고, 모든 것이 합리적인 원칙에 따라 엄격하게 계획되어 있었다. 이성이 모든 공간을 지배하고 있었고, 환상, 상상, 발명, 창조, 그리하여 삶에까지 단 한 뼘의 자리도 내주지 않았다. 그러나 이러한 유토피아적 소(小)사회를 실현하기 위한 실험은 모조리 실패로 돌아갔다.

이성적인 것, 합리적인 것, 이성이 전적으로 지배하는 곳에서는 권태가 고개를 쳐들고, 결국 최악의 상황에까지 치닫는다. 우리는 환상을 몰아내고, 헛된 믿음을 무너뜨리고, 비판의 수단이 되고, 피를 부르는 잘못된 거짓말을 내던지는 전적인 권한을 이성에 줘야 한다. 그러나 이성이 새로운 환상을 만들어내고, 합리적인 것에 대한 망상을 불러일으키기 시작하면 언제나 가장 나쁜 상황이 예상된다. 이성은 반대로 이 상황을 우리가 통찰력 있게 염려하고, 쫓아낼 수 있도록 도와야 할 것이다.

이상적인 도시 건축 계획(1470년 이후), 피에로 델라 프란체스카(1416~1492년 경)유파

읽어 보기

막스 호르크하이머(Max Horkheimer, 독일, 1895~1973)
마르크스주의를 재해석하고, 여기에 프로이트의 정신분석학과 미국 사회학의 방법을 결합시켜 현대 산업 사회에 대한 비판이론을 전개한 프랑크푸르트학파를 주도했다. 가족과 권력, 기술과 이성의 사용, 자본주의와 전체주의적 체제에 대해 분석했다.

언제 우리는 이성적인가?

여러분이 잘못된 자동차 운전 때문에 법정에 소환될 때, 재판관은 여러분의 운전 방식이 이성적이었는지를 물으며 이렇게 이야기할 것이다. "선생은 선생의 생명과 다른 사람의 생명, 선생의 재산과 다른 사람의 재산을 보호하기 위해, 그리고 법을 지키기 위해 최선을 다했습니까?"

　재판관은 암묵적으로 이런 가치들이 존중되어야 함을 단언하고 있다. 그가 이렇게 일반적으로 인정되는 기준들을 언급하면서 문제시하는 것은, 단순히 여러분의 운전 습관을 고쳐야 한다는 것이다. 대부분의 경우, 이성적이라는 것은 열중하지 않는다는 것을 말하며, 이는 그 자체로 현실에 있는 그대로 순종한다는 것을 의미한다.

　순응시키기의 원리는 자명하다. 이성이라는 것은 수단과 목적의 관계를 단순히 제한하는 것 이상의 많은 것을 수행하려는 의도 안에서 고안되었다. 우리는 이성을 목적을 이해하는 도구, 목적의 결정력을 이해하는 도구로 여겨 왔다.

『이성의 부식 Eclipse of Reason, 1947』

에픽테토스(Epiktetos, 그리스, 50~125)

해방된 노예이며, 매우 검소하게 살았다. 본능과 정념을 절제하고 의지를 오직 우리가 좌우하는 것에 대해서만 사용하며 나머지에 대해서는 무관심하며, 죽음에 대한 두려움을 버리라고 가르치는 스토아학파 철학자다.

우리가 좌우하는 것과 그렇지 않은 것

우리가 마음대로 좌우하는 것들이 있고 그렇지 않은 것들이 있다. 우리가 좌우하는 것 중에는 우리의 판단력, 성향, 욕구, 혐오감 등이 있다. 한마디로 말해 우리에게 속한 모든 것들이다. 우리가 좌우하지 못하는 것은 우리의 몸, 부, 명성, 권력이다. 한마디로 말해 우리에게 속하지 않은 모든 것들이다.

(……) 그대는 잔치에서 어떻게 행동해야 하는지를 기억하라. 죽 돌아가던 음식 접시가 그대에게 왔는가? 손을 뻗고 적당히 집으라. 그대에게서 멀리 가는가? 굳이 찾으려 하지 말라. 늦게 오는가? 멀리 있는 음식 접시에 눈독들이지 말고, 그 접시가 그대에게 올 때까지 참고 기다리라. 그대의 자녀들에게도, 아내에게도, 공직에 임할 때도, 부에 대해서도 이렇게 대하면 그대는 언젠가 마땅히 신들의 초대 손님이 될 것이다. 또한 그대 앞에 온 접시에서 아무것도 집지 않고 무관심하게 생각하면, 그대는 신들의 초대 손님이 될 뿐만 아니라, 신들의 동료가 될 것이다. 디오게네스, 헤라클리토스, 그리고 그들의 동료들이 이렇게 행동했기에 신적인 존재로 불리기에 마땅했다.

『핸드북 *Manuel*』

블레즈 파스칼(Blaise Pascal, 프랑스, 1623~1662)

과학자이자 열렬한 가톨릭 신자였으며, 몸이 무척 허약했다. 죽기 직전까지 하느님을 모르는 인간들의 불행과 가톨릭 안에서 그들의 구원을 증명하는 책을 썼다. 파스칼이 사망한 후 사람들은 그의 자필 원고를 어디서나 발견할 수 있었는데, 심지어 외투 안쪽에까지 원고가 꿰매져 있었다. 이 다양한 원고와 메모를 한데 묶어 『팡세』를 완성했다.

너무 지나치지도, 너무 모자라지도 않게

이성과 사이에 벌어지는 인간의 내면적 전쟁.

만약 인간이 정념 없이 이성만을 가졌다면…….

만약 인간이 이성 없이 정념만을 가졌다면…….

하지만 둘 다 가졌기 때문에 인간은 전쟁을 치르지 않을 수 없고, 한쪽과 전쟁을 치르지 않고는 다른 쪽과 평화를 유지할 수 없다. 그리하여 인간은 언제나 분열되어 있고 자기 자신에 반대한다.

이성과 정념의 내면적 전쟁은 평화를 원하는 사람들을 둘로 갈라놓았다. 한쪽은 정념을 포기하고 신이 되기를 바랐고, 또 한쪽은 이성을 포기하고 야수가 되기를 바랐다.〔데 바로(Des Barreaux)의 경우〕* 하지만 어느 편도 원하는 것이 되지 못했다. 또한 이성이 여전히 남아 있어서 정념의 불의와 저열함을 비난하고, 정념에 몸을 내맡긴 사람들의 안식을 방해하고 있다. 그뿐 아니라 정념은 언제나 이를 포기하고 싶어하는 사람들의 마음속에 생생히 살아 있다.

만일 우리가 모든 것을 이성에 복종시킨다면, 우리의 종교에는 신비스럽고 초자연적인 것이 하나도 없어지게 될 것이다. 만일 우리가 이성의 원칙을 거스른다면, 우리의 종교는 터무니없고 우스운 것이 될 것이다.

* 무신론자로서 극도로 방탕한 삶을 살았으나 중병에 걸린 뒤로 신앙과 경건한 삶으로 돌아갔다.—편집자

두 가지 지나친 것, 이성을 배제하는 것, 이성만을 받아들이는 것.

『팡세』

이성에 대해 더 읽어볼 글들

파울 파이어아벤트(Paul Feyerabend, 오스트리아, 1924~1994)

과학적 방법과 그에 관한 문제들을 전문적으로 연구한 흔치 않은 철학자 중 하나이며 무정부주의(아나키즘)를 주장했다. 이성의 전능함을 주장하는 사람들과 논쟁을 벌였고, 실수, 직감, 비이성적인 것, 마술, 점성술, 미신을 진실에 다가가는 수단으로 사용하기를 바랐다.

보편적 이성에 대한 환상

지식과 행동을 보편적으로 허용하고 강제하는 지식의 규칙들이 존재한다는 가설은 그 영향이 지적 논쟁의 장을 훌쩍 넘어서는 특수한 믿음이다. 이 믿음(내가 이미 몇 번 예를 들었지만)은 다음과 같은 방식으로 설명할 수 있다. 즉 훌륭한 생활양식이 하나 존재하며, 세상은 거기에 맞추어 조직되어야 한다는 것이다. 이런 믿음이 이슬람 정복자들의 충동을 자극했다. 또 전쟁에서 많은 피를 흘리도록 십자군들을 독려했으며, 신대륙 발견자들을 이끌었다. 단두대의 날을 시퍼렇게 세웠고, 과학, 자유, 존엄성에 대한 절대자유주의자와 마르크스주의 옹호자들 간의 끝없는 논쟁에 불을 지피고 있다. 물론 각각의 움직임에서 담당자들은 자기들한테 유리한 내용을 이런 믿음에 덧입히며, 그 내용은 어려움이 닥치기 시작하면 바뀌고, 개인적·집단적 이익이 개입되기 시작하면 변질된다. 하지만 이런 내용이 정말로 존재하고 있으며, 보편적으로 유효하며, 개입주의적 태도를 정당화한다는 생각은 예전에도, 또 지금도 중요한 역할을 하고 있다(위에서 말했듯 이런 믿음은 객관주의와 환원주의 비평가들조차 공유하고 있다). 그러한 생각은 왕이나 질투심 많은 신(神)과 같이, 이런 존재에 유일한 세계관을 부여·지지하는 중앙에서 중요한 사안들을 좌지우지했던 시대의 잔

존물이라고 생각할 수 있다. 또한 이성과 합리성 역시 이와 같은 성질의 권력이며, 신, 왕, 전제군주와 그들의 가차 없는 법률과 동일한 아우라(aura)로 둘러싸여 있다고 추정할 수 있다. 내용은 이미 사라졌지만 아우라는 남아서, 힘이 여전히 살아남을 수 있게 한다.

내용이 없다는 것은 특정 집단들에게 '합리주의자'라고 자처하고, 자기네들의 성공이 이성 덕분이라 주장하고, 그렇게 해서 모은 힘을 자기들의 이익에 반하는 발전들을 제거하는 데 사용할 수 있도록 해주는 아주 기가막힌 장점이다. 이런 주장이 대부분 틀렸다는 건 말할 필요도 없다.

『이성이여 안녕 Farewell to reason, 1987』

이성 저 너머를 보자

과학은 신성불가침이 아니다. 과학이 부과하는 제한(그런 제한이 너무나 많아서 목록을 만드는 것이 쉽지 않다.)은 세상에 대해 전반적이고, 일관성 있고, 적절한 시각을 갖는 데 필요한 것은 아니다. 신화, 신학적 교리, 형이상학을 비롯하여 세상에 대한 개념을 세우는 데는 과학 이외에도 수많은 다른 수단들이 있다. 과학과 이런 비과학적인 개념들 사이에 유익한 교류가 있으려면 과학 그 자체보다 무정부주의가 더 필요할 것이다.

무정부주의는 과학의 내면적 발전과 동시에 전반적인 문화의 발전을 위해 필요한 가능성(possibility)이 아니라 필연성(necessity)이다.

마지막으로 이성은 이 모든 추상적 괴물들(의무, 책임, 도덕, 진리), 더 나아가 이들의 좀더 구체적인 조상, 예전에는 인간들을 위협했으며 행복하고 자유로운 발전을 제한했던 신(神)들에 합류한다. 그렇게 해서 이성은 시드는 것이다…….

『방법에 대한 도전－무정부주의적 지식론 개요
Against Method: Outline of Anarchistic Theory of Knowledge, 1975』

프리드리히 니체(Friedrich Nietzsche, 독일, 1844~1900)

무신론자, 반기독교인. 이런저런 병으로 평생을 고통스러워했다. 종종 나치즘과 연관되기도 하는데, 이는 누이동생이 히틀러의 마음에 들도록 니체의 저작을 마음대로 바꾼 탓이었다. 십여 년간 정신착란과 절망에 시달리다가 죽었다. 그는 삶에 대한 열정을 가지고 '선악의 피안(彼岸)'에 선 자유로운 인간이 되길 촉구하며, 2천 년 동안 서구의 정신을 지배하던 기독교 사상을 버리기를 주장했다.

"몸은 거대한 이성이다"

몸을 경멸하는 사람들에게 하고 싶은 말이 있다. 나는 그 사람들에게 주장이나 사상을 바꾸라고 말하는 대신 다만 자기 몸을 버리라고 말하리라. 그러면 그들은 조용해질 것이다.

"나는 몸이며 영혼입니다." 아이는 이렇게 말한다. 왜 우리는 아이처럼 말하지 못할까?

의식과 지식에서 깨어난 사람은 이렇게 말한다. "나는 전적으로 몸이며, 그 밖에는 아무것도 아니오. 영혼이란 몸의 일부분을 가리키는 말입니다."

몸은 거대한 이성이고, 만장일치의 다양성이며, 전쟁이자 평화이며, 가축 떼이자 양치기다.

오, 형제여, 그대가 정신이라 부르는 그대의 작은 이성도 그대 몸의 도구에 지나지 않으며, 그대의 거대한 이성의 작은 도구이자 장난감이다.

그대는 자아라고 말하면서, 그 말에 자부심을 느낀다. 하지만 그보다 더 큰 것은, 믿고 싶지는 않겠지만, 그대의 몸과 그 몸의 거대한 이성이다. 이 거대한 이성은 자아를 말하지 않고 자아 내부에서 행동한다.

『차라투스트라는 이렇게 말했다 *Also sprach Zarathustra*, 1883~1885』

워터게이트 스캔들, 리처드 닉슨의 사퇴 연설, 사진, 제리 로젠크란츠, 1974년 →

9. 진실

애인에게 바람을 피웠다고
솔직하게 고백해야 할까?

절대로 말하지 말라. 상처를 주고 싶지 않다면, 게다가 말할 필요가 전혀 없는데, 괜히 진실을 밝히고 싶은 마음 때문이라면 더더군다나 그럴 필요 없다. 자신의 마음이 편하자고 애인에게 고통과 상처를 겪게 할 수야 없지 않은가! 전날 벌어진 일이 인생을 바꿔보겠다는 의도 없이, 뒷일은 생각하지 않고 그저 둘이서(혹은 여럿이서) '재미 좀 보려는' 목적 밖에 없었다면, 무엇 때문에 진실을 밝혀야 하는 의무를 지키려 하는가? 결과가 안 좋을 게 뻔한데 말이다. 진실을 밝힐 때, 우리는 좋든 나쁘든 엄청난 결과를 불러올 수 있다.

물론 애초에 거짓말할 상황을 만들지 말고, 또 숨기려고 전전긍긍하지 않는 게 상책이다. 병은 치료보다는 예방이 중요하다. 또한 거짓말을 하지 않으려면 입을 꾹 다물고 아무 말 안 할 수도 있다. 진실을 말하지 않을 뿐이지 거짓말하는 것은 아니기 때문이다. 할 말을 일부러 안 하는 것도 거짓이요, 진실을 숨기려는 의도도 죄의 뿌리라고 생각하는 기독교인들은, 입을 꾹 다물고 있는 것도 죄라고 생각하지만 말이다. 하지만 여러분은 성자나 성녀가 아니기 때문에(세상 모든 사람이 그럴 것이다.) 필요악인 거짓말을 해서 문제를 해결해야 할 때가 있다. 물론 거짓말은 정말로 어쩔 수 없을 때, 아주 가끔 선택해야 한다. 거짓말을 절대적으로 피함으로써 순수한 도덕적 지배를 완성할 수 있기 때문이다. 그렇지만 완전한 성스러움이 없듯이 완벽한 잔인함도 없다.

이렇게 감춰지고, 때로는 왜곡되는 진실이란 과연 무엇일까? 바로 어떤 사물이나 사건, 행동, 말의 현실적 상태가 이를 묘사하는 말과 그대로 일치하는 것을 의미한다. 일어난 일이 정말이냐 하는 것—진실을 말하는 사람은 사건을 있는 그대로 충실하게 묘사한다. 예를 들어 바람을 피웠냐는 애인의 질문에 집에 있었다고 대답했다고 하자. 여러분이 정말로 집에 있었으면 그것은 진실이다.

진실은 현실과 그에 대한 판단을 차곡차곡 쌓아올리려는 확고한 의지를 전제로 한다. 있는 그대로 이야기하고 판단하고 평가한다. 있었던 일, 본 것과 말하는 것 사이에 간격이 없으면 진실의 모습이 드러난다. 반대로 말하는 이가 실제로 있었던 일과 다른 이야기를 일부러 할 때 거짓말은 생긴다. 다른 이성친구와 함께 놀고 있었으면서도 집에 있었다고 말했다. 이것이 바로 거짓말이다.

진실을 말해서 좋을 때는 거의 없다

가감 없는 날 것 그대로의 진실이 폭력이 될 때가 있다. 아침에 눈뜬 후부터 저녁 잠자리에 들 때까지, 24시간 동안 여러분이 마주치는 사람들 모두에게 오로지 진실만을 이야기하겠다고 굳게 다짐해 보라. 친구, 애인, 바람피우는 상대, 부모님, 가족, 동료, 생판 모르는 사람, 학교 선배, 직장 상사, 상인, 버스 옆자리에 앉은 사람 등. 어떤 상황이 닥치더라도, 누구를 만나더라도, 체면 불구하고 꼭 진실만을 말해야 한다.

장담컨대 여러분은 이 사람들 중 적어도 반, 아니면 전부와 사이가 틀어질 것이다. 여러분과 마주친 사람들은 여러분이 거칠고, 요령 없고, 성격 나쁘고, 기본적인 예의범절도 모르는 아주 막돼먹은 사람이라고 생각할 것이다. 여러분은 진실 외에 다른 얘기는 아무것도 하지 않는데도 그렇다. 그게 무슨 뜻일까? 바보한테는 바보라고, 귀찮은 사람한테는 "당신 때문에 너무 귀찮아."라고 말하는 것이다. 욕심꾸러기, 쩨쩨한 사람, 구두쇠한테는 "당신이 이러저러하니 정말 짜증나는군." 하고, 뚱뚱하거나 나이든 사람들에게는 "몸무게가 너무 많이 나가는 거 아냐." 혹은 "주름이 쭈글쭈글하네요."라고 곧이곧대로 말하는 것이다. 직장을 다닌다면, 일 때문에 하는 수 없이 모르는 사람들과 친한 척하면서 식사하는 게 고역이라고, 식사하는 동안 너무 지루하다고 말할 수도 있다. 어떤 사람이 너무 잘 생기고, 똑똑하고, 성공했고, 돈도 많아서 정말이지 참을 수가 없다면 "당신 때문에 정말 배 아프네요." 하고 대놓고 말하는 것이다. 성공한 사람들을 보면 속이 뒤틀리는데, 그런 사람들이 실패하면 뛸 듯이 기쁘다고 솔직히 말하는 것이다. 여러분은 인간적으로 행동하는 것이고, 여러분이 느끼고, 머릿속에 떠오르는 것을 여과 없이 그대로 표현하며, 오직 진실을 이야기할 뿐이다.

사람들은 살아가면서 모든 것을 투명하게 드러내지 않으므로, 일상생활은 필요 없는 말은 하지 않는 일종의 '거짓말'의 연속이라 할 수 있다. 친구들이 자기에 대해서 어떻게 생각하고, 뒤에서 어떤 말을 할지 알게 되는 것이 불편하지 않는 사람이 어디 있을까? 초대받아 간 자리에서 자신의 친구를 험담하는 것을 보고 그냥 가만히 있을 사람이 누가 있겠는가? 바보나 (지나친) 순둥이나, 멍청이가 아니면……

너를 사랑해, 그러니까 거짓말을 하지

이처럼 인간은 천성적으로 명백히 악한데도, 거짓말을 절대로 허용해선 안 된다고 생각하는 사람들이 있다. 이때 어떤 경우라도 예외를 두어선 안 된다. 진실의 결과가 거짓말하는 행위보다 더 나쁠지라도 그렇다. 행위의 결과는 그다지 중요하지 않으며, 진실 그 자체만을 원해야 한다. 거짓말은 도덕성을 뿌리부터 좀 먹어 들어간다. 거짓말을 단 한 번만 해도 그 후로 하는 말은 늘 의심받게 마련이지 않은가.

거짓말은 도덕적인 관계에서 필수적인 신뢰를 영원히 갖지 못하게 한다. 단 한 번의 거짓말도 이후에 도덕적인 관계를 맺을 수 있는 가능성을 무너뜨린다.

모든 사람들은 진실을 알 권리가 있으며, 받아들일 준비가 되어 있는 사람에게 진실을 알려줘야 한다. 진실은 종교처럼 여겨지고, 신처럼 떠받들어진다. 진실을 배반하는 데에는 아무런 변명도 통하지 않으며, 그 결과를 함부로 내다보아도 안 된다. 진실의 결과가 거짓말보다 오히려 더 비극적이고 나쁠 수 있다. 그래도 상관없다고 칸트나 기독교인들은 말한다.

노란별이 달린 윗도리를 입은 유대인이 다급하게 여러분의 집에 들어와 도움을 요청해서 옆방에 숨겨줬다고 하자. 잠시 후 부츠를 신은 나치가 따라 들어와 유대인의 행방을 물으면, 숨이 턱까지 찬 어떤 남자가 들어왔고 집에 숨어 있다고 즉시 말해야 한다. 체포되어 고문당하고, 감옥에 갇히고, 결국 집단 수용소로 가야 한다 해도, 그 남자는 진실과 거짓 사이의 갈림길에 놓여 있으므로 철학적인 순수성과 엄중한 도덕이라는

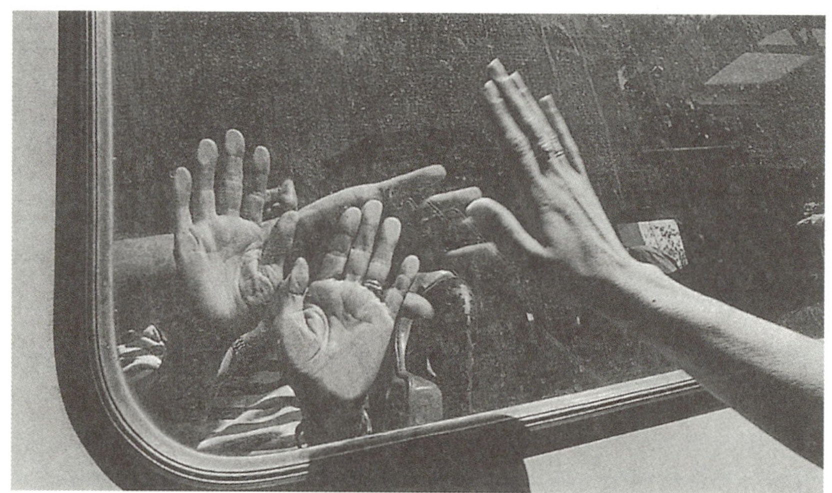

「사라예보, 유대인들의 출발」, 사진, 질 페레스, 1993년

제단의 희생양이 되어야 한다.

칸트가 원칙에서는 옳았지만, 그것이 우리가 피하기를 바라는 것(거짓말)보다 훨씬 더 큰 나쁜 결과(한 사람의 목숨)를 값으로 치러야 하는 도저히 견딜 수 없고, 적용할 수 없는 원칙이라면 어떻게 해야 할까?

거짓말을 다르게 정의한 철학자들도 있다. 그들은 좀 느슨하게, 인간의 구체적인 실생활을 좀더 자세히 파악해야 한다고 생각했다. 순수한 세계에서는 도덕 법칙을 순수하게 존중해야 한다지만, 그런 건 존재하지 않으므로 덜 교조주의적이고, 덜 부자연스러워야 한다는 것이다. 인간적인 현실을 좀더 고려하고 있는 이 철학자들 역시 거짓말에 대해 진실을 은폐하려는 행위로 규정했다. 하지만 진실은 반드시 밝혀야 할 사람에게만 알려 줘도 된다고 보았다.

이렇게 되면 상황이 크게 바뀐다. 진실을 굳이 모든 사람에게 밝히지 않아도 되기 때문이다. 어떤 이들은 진실을 알 권리가 있지만, 어떤 이들

344

은 아니다. 또 어떤 이들은 진실을 들을 수 있지만, 어떤 이들은 아니다.
아까 들었던 예에서, 진실을 들은 나치가 무슨 짓을 할지 안다면 굳이 진
실을 밝히지 않아도 된다. 유대인 남자를 집에 숨겼다는 것을 숨긴다면,
확실히 진실을 이야기하는 것은 아니지만, 그렇다고 거짓말을 하는 것도
아니다.

다른 사람을 해코지하기 위한 불순한 거짓말, 다른 이를 무릎 꿇리고,
막고, 피하고, 경멸하고, 사기치는 거짓말과, 이와는 달리 경건한 거짓말,
하얀 거짓말이라 불리는 다른 사람을 도와주려는 거짓말, 예를 들어 사랑
하는 사람의 고통과 수고를 덜어주기 위한 거짓말은 구분해야 한다.

거짓말 자체는 다른 사람에게서 진실을 감추고 빼앗으려는 수단일 뿐
이다. 하지만 거짓말이 좋은 결과를 이끌어오느냐, 나쁜 결과를 이끌어오
느냐에 따라 긍정적 혹은 부정적으로 해석될 수 있다. 그러니 남자친구나
여자친구에게 전날 여러분이 무슨 짓을 저질렀는지를 알려주기 전에 깊
이 생각해 보라.

임마누엘 칸트(Immanuel Kant, 독일, 1724~1804)
비판철학의 창시자이다. 대표적인 저서로 『순수이성비판』, 『실천이성비판』, 『판단력비판』 등 3대 비판서가 있다. 칸트의 윤리학은 성경의 내용을 종교에서 분리한 것이다.

거짓말? 절대 안 된다!

그러므로 거짓말은 의도적으로 틀리게 하는 진술이라고 정의하는 것으로 충분하며, 그 진술이 다른 사람을 해칠 수 있다는, 즉 법률가들이 자기들의 정의 때문에 강요하는 조항은 덧붙일 필요가 없다. (……) 거짓말은 늘 다른 사람들을 해치기 때문이다. 이는 법의 근원에 대한 신망을 잃게 함으로써 다른 사람뿐 아니라 인류 전체를 해친다.

영혼의 선의에서 비롯된 거짓말 역시 우연히 시민법의 단죄를 받을 수 있다. 단지 우연히 제재를 벗어난 것일 뿐이라 해도 외부 법에 따라 부당하다고 여겨질 수도 있다.

만약 그대가 막 살인을 저지르려던 사람을 거짓말을 하여 저지했다면, 그대는 법적으로 일어날 수 있는 모든 결과를 책임져야 한다. 하지만 그대가 엄중하게 진실을 지켰다면, 그 이후에 뒤따르는 결과가 어떤 것이든 간에 법은 그대에게 손을 미치지 못할 것이다. 해치고자 하는 사람이 그대의 집에 있느냐는 살인자의 질문에 정직하게 "있다"고 대답했는데, 그 사람이 아무도 모르게 집에서 빠져나가 살인자의 손을 벗어난다면 끔찍한 범죄가 일어나지 않을 수 있다. 이와 달리, 그대가 그 사람이 집에 없다고 거짓말을 했는데, 실제로는 그가 집에서 나갔으며(그대는 그 사실을 알지 못한다), 그대의 집에서 나가던 살인자와 마주쳐서 결국 살해되었다면, 사람들은 그 죽음의 책임을 당연히 그대에게 돌릴 것이다. 만약 그대가 알고 있는 진실을 있는 그대로 말했다면, 이웃 사람들이 쫓아와 집 안에서 자신의 적을 찾고 있는 살인자를 붙잡아 범죄를 막았을 수도 있기 때문이다.

따라서 거짓말하는 사람은, 제아무리 거짓말이 선의에서 비롯되었다 하더라도, 그 거짓말의 결과를 책임져야 하며, 그 결과가 전혀 예상 밖의 것일 때는 시민 법정에 서게 될 수도 있다.

진실은 하나의 계약의 바탕을 이루는 법을 포함한 모든 책무의 기본으로 인식되어야 하는 책무다. 여기에 아주 사소한 예외라도 받아들인다면, 이 책무는 허약해지고 쓸모가 없어진다. 이는 신성하고 절대적으로 중요한 이성의 명령이며, 어떤 관습으로도 제한될 수 없다. 어떤 진술에 있어서도, 언제나 정직해야 한다.

『"인간애에서 비롯된 거짓말은 해도 된다"는 잘못된 법에 대하여,
Über ein vermeintes Recht aus Menschenliebe zu lügen, 1797』

테오도르 W. 아도르노(Theodor W. Adorno, 독일, 1903~1969)
음악가, 사회학자이자 음악이론가, 철학자. 유대인으로 나치에 쫓겨 미국으로 망명했으며 프랑크푸르트학파의 일원이다. 파시즘에 반대했으며 폭력의 구조를 만드는 사회 혁명의 조건에 대해 생각했다.

"과도한 솔직함이 잘못이다"

아이야, 한 가지를 조심해라!—거짓말이 부도덕한 까닭은 신성불가침의 진실을 위반했기 때문이 아니다. 지금의 사회에서는 진실을 주장하는 게 당치도 않다. 이 사회는 구성원들을 확실하게 함정에 빠뜨리려고 할 때만 '말해야 할 것'을 말하라고 억지로 부추기기 때문이다.

보편화된 허위(Unwarhrheit)는 개별적인 진실을 강요하지 않으며, 오히려 개별적인 진실을 즉시 허위로 바꿔놓는다. 거짓말 안에는 역겨운 그무엇이 담겨 있으며, 예전에는 채찍으로 맞아가며 그 역겨움을 의식하라고 강요당했다. 그 역겨움에 대한 의식은 우리가 살아가는 사회의 간수들에 대해 무언가를 가르쳐준다. 과도한 솔직함은 잘못이다.

거짓말은 부끄러움을 느끼게 하는데, 세상에 뒤쳐지지 않으려면 거짓말을 하라고 강요하는 동시에 '언제나 정직하고 성실하게 결정하라' 고 노래 부르는 세상 질서의 저열함을 고스란히 느껴야 하기 때문이다. 섬세한 감수성을 지닌 사람들은 이런 부끄러움 때문에 거짓말을 점점 멀리하게 된다. 어렵사리 난관에서 벗어나는 것이다. 그리고 거짓말은 단지 다른 이에 대한 부도덕한 행위가 된다.

거짓말은 어리석은 사람을 골려주고 멸시감을 드러내는 데 사용한다. 우리 시대의 파렴치한 행동들 가운데 거짓말은 이미 오래 전부터 현실에 대해 우리 자신을 속이는 명확한 기능을 잃고 있다. 이제는 아무도 다른 사람을 믿지 않으며, 그 같은 사정을 모든 사람이 훤히 꿰뚫고 있다. 이제 사람들은, 다른 사람에게 그다지 흥미가 없다는 것을 알리기 위해, 그가 필요하지 않다는 것과, 그의 생각 따위에 도통 관심 없다는 것을 알리기 위해서, 오로지 그것만을 위해서 다른 사람에게 거짓말을 한다.

예전에는 의사소통 과정에서 일종의 관대함을 베풀기 위한 수단이던 거짓말이 이제는 파렴치한 기술 중 하나가 되어버렸으며, 사람들은 이것을 이용해 자기 주위에 냉정함을 퍼뜨린다. 냉정함은 성장하기 위해 필요하다.

『한줌의 도덕 Minima Moralia, 1951』

언젠가 내가 당신을 속이더라도 슬퍼하지 마세요. 당신이 의심을 조금도, 정말
조금도 하지 않도록 당신 모르게 할 테니까요. 예를 들면 그저께처럼 말이에요.
부치, 『인생의 거대한 회오리바람』, 르 쉐르쉬 미디 출판사, 1998년

대통령이 되려면 반드시
거짓말쟁이가 되어야 할까?

그게 도움이 될 때가 많다. 일생을 진실하게 살겠노라 결심한 사람이 정치계에 입문해서 잘 해나갈 수 있으리라고 보기는 어렵다. 낮은 지위에 만족하든, 높은 지위를 노리든 상관없다. 정치에서 중요한 건 단 두 가지 문제밖에 없기 때문이다. 어떻게 권력을 얻을 것인가? 일단 꼭대기에 오르면 어떻게 그 권력을 유지할 것인가? 이 두 가지 물음은 다음과 같은 대답을 나눠 갖는다. "(이를 위해서라면) 어떤 방법을 써도 좋다."

이처럼 정치를 순전히 힘(권력)의 문제로 한정 짓고, 목적을 이루려면 도덕 따위는 깡그리 잊어버리자는 생각을 마키아벨리즘(Machiavellism)이라 한다. 흔히 하는 말로 "목적이 수단을 정당화한다.", 즉 노렸던 것을 얻기만 하면 뭐든 다 괜찮다는 의미다. 이런 관점에서 거짓말도 가공할 만큼 효과적인 무기다.

권력을 얻으려면 대중 선동, 즉 대중들에게 거짓말을 해야 한다. 예나 지금이나 공직에 출마한 후보자들은 유권자들에게 진실을 말하기보다 입에 발린 연설로 비위를 맞추는 데 급급했다. 조상 대대로 탁월하고, 천재적이고, 창의적이며, 창조적인, 친애하고 사랑하는 국민 여러분, 어쩌고 저쩌고…… 정치인들은 자기가 출마한 공직을 잘 수행하기 위해서는 어떤 자질이 있어야 할지를 고민하기보다 어떻게 하면 되도록 많은 사람들의 지지를 얻는지에만 골몰한다. 더도 덜도 말고 지지율 51퍼센트. 그거면 만사형통이다.

높은 지지율을 얻기 위해 정치인은 유권자들에게 아첨하고, 유혹하고, 감언이설로 꾀고, 밝은 미래를 공약한다. '표심을 잡기 위해' 온갖 약속을 하지만, 그 약속들을 전부 지킬 생각은 추호도 없다. 나중에 그 약속들이 '대다수 국민정서'에 안 맞는다고 이야기하면 그만이니까.

거짓말쟁이들의 힘

선거의 참여율을 높이고, 열띤 분위기를 만들고, 여론 조사에서 더 많은 지지율을 얻을 요량으로 하는 거짓말에, 상대 후보를 깎아내리기 위한 거짓말이 더해진다. 상대 후보는 자질이 전혀 없고, 머리도 나쁜 데다가, 장점이라곤 전혀 없는 사람이다. 그 사람이 하려는 것은 무조건 잘못됐고, 이전에 했던 일은 실패뿐이다.

하지만 우리가 어느 후보의 진영에 있느냐에 따라 진실은 상대적이다. 우리가 지지하는 후보자가 생각하고 말하는 것은 언제나 진실이고, 상대 후보자에서 나온 말은 모두 헛소리인 것이다. 어떤 게 공공의 이익을 위한 길인지, 나라의 운명은 어떻게 되어가고 있는지, 정부는 얼마나 건전하게 운영되는지, 세계에서 우리 나라의 위치는 어디쯤인지 등을 파악할 수 있게 해주는 절대적인 진실은 하나도 거론하지 않는다. 설사 상대편 후보가 그런 제안을 해도 유권자들의 평가를 기를 쓰고 방해한다. 절대적인 진실이 아닌, 상황에 따른 주관적인 진실밖에 없는 셈이다.

이렇게 대중을 향한 거짓말, 상대 후보를 향한 거짓말, 마지막으로 자기 자신에 대한 거짓말이 있다. 정치인들은 자신의 어두운 면을 감추고, 앞길에 방해가 될 행적, 실패 사례, 순간순간 입장을 바꾼 '철새'였던 과거를 지우고 싶어한다. 그들은 나라의 운명을 좌우할 만한 계획을 발표한다고 주장하지만, 그것은 언론담당 보좌관들이 '잘 팔릴 수 있도록' 공들여서 만든 상품이나 다름없다.

이런 거짓말들로 유권자들을 잘 꼬드겨서 그토록 바라던 권력을 손에 넣었다면, 이제 그의 정치적 활동은 현대 민주주의 내에서 권력을 잘 유지하는 데 초점이 맞춰진다. 어떻게 살아남을 것인가? 권좌에서 끝까지 물러나지 않으려면 어떤 방법을 써야 할까? 떠나더라도 되도록 빨리 돌아올 방법은 무엇일까? 이 질문들에 대한 대답은 앞의 두 질문과 같다. "어떤 방법도 좋으며, 그 방법 중에 거짓말도 포함돼 있다." 권력을 휘두를 때의 달콤한 맛, 그 독주를 마실 때의 취기가 좋다고 말하는 정치인은 단 한 명도 없다. 모두들 하나같이 자신은 국가와 국민의 행복을 위해 의무감을 느끼고 있으며, 시간이 없어서, 운명 때문에, 다른 사람들 때문에, 때가 안 좋아서(결코 자기 때문이 아니다.) 미처 끝내지 못한 일을 마저 끝내기 위해 '내키지 않지만' 계속 권력을 잡아야겠다고 이야기한다. 이러한 개인적인 의지는 언제나 공공의 이익을 이긴다.

정부의 공보실에서는 국민들을 유혹할 만한 정보를 공들여 만들어 기자들에게 제공한다. '국정 홍보'라는 고상한 표현 속에도 거짓말이 숨겨져 있다.

마치 현실에서 권력이 아예 존재하지 않는 것처럼 야당 정치인의 입에서 정부를 힐책하는 말들이 쏟아져 나온다. 야당 정치인은 공약 따위를 경쟁적으로 제시하며, 권력을 잡은 정부를 한수 가르치고, 비난하고, 자기들은 훨씬 더 잘할 수 있음을 주장하기 위한 말들을 쏟아낸다. 선거에서 선출되어 권력을 행사하는 정치인들의 말은 언제나 그가 반대자들 가운데 외로이 둘러싸여 있다는 인상을 준다.

이처럼 자의든 타의든 거짓말을 해야만 하는 정치인들은 고대 그리스의 소피스트들의 후예다.

중요한 건 포장일 뿐, 내용물은 무시하라

플라톤은 소피스트를 가장 큰 적으로 여겼다. 소피스트에게 중요한 건 겉모습이었지, 결코 속 알맹이가 아니었다. 무엇을 이야기하든 내용과 요점, 정보의 가치나 미래에 대한 전망 같은 것은 그다지 중요하지 않았고, 중요한 것은 오로지 말하는 방법, 기술, 형태일 뿐이었다. 그들은 속에 뭐가 들었든 간에 화려한 겉포장으로 사람들의 관심을 끌어 물건을 팔아치우는 데만 관심있는 장사꾼이었다. 소피스트는 진정한 민주적 가치는 외면한 채, 비싸게 돈을 받고 사람들과 민회(民會)를 현혹하는 웅변술을 가르쳤다. 소크라테스와 그의 '대변인'이라 할 수 있는 플라톤은 이런 소피스트 패거리의 허위를 벗겨내려고 부단히 싸웠다.

소피스트에게 진리란 그것이 얼마나 효과적이냐에 달려 있었다. 목적을 이루고 결과를 이끌어내야만 진리이지, 그렇지 못하면 진리가 아니었다. 소피스트와 그 추종자들은 민주주의적인 그리스 사회에서 도덕과 선악을 구분하는 능력이 중요한 게 아니라 광장에서 연설을 잘 하는 능력, 청중을 꼬드기는 능력, 청중의 마음에 쏙 드는 능력, 그리하여 결정적으로 대표자를 선출할 때 표를 얻어 결정권자의 자리에 오르는 게 중요하다고 생각했

프레데릭 파야크, 『엄청난 외로움』에서 발췌,
PUF 출판사, 1990년

다. 소크라테스가 불변의 진리를 가르칠 때, 프로타고라스(Protagoras), 고르기아스(Gorgias), 히피아스(Hippias), 크리티아스(Critias), 프로디쿠스(Prodicus) 등 소피스트는 사람을 홀리는 말솜씨가 최고라고 주장했던 것이다.

정치술은 소피스트적인 기술(궤변술)이며, 따라서 거짓말하는 기술이다. 이런 명백한 사실을 감추기 위해 법 이론가들은 국가의 존재 이유에 대한 개념을 만들어냈다. 이로 인해 모든 것은 정당화되고, 침묵이 유지되고, 정당하게 진행되는 수사를 최고위층이 막을 수 있게 되고, 몸값을 요구하는 테러리스트나 호전적인 국가들과도 협상할 수 있고, 인권을 존중하지 않는다는 이유로 적대국이라고 낙인찍은 국가들에게 비밀리에 무기를 팔 수 있게 되었다. 돈만 두둑이 준다면 적대국도 우방이 되는 셈이다.

이런 행위의 공식적인 이유는 중요한 협상에 실패하지 않기 위함이자, 모든 것을 너무 겉으로 드러내면 국가 내외부의 적들에게 노출될 위험이 있기 때문이다. 하지만 사실상 국가가 내세우는 존재의 이유대로 개인을 위해 존재하는 국가는 거의 없으며, 오히려 개인들이 국가에게 봉사하기 위해 존재할 뿐이다. 개인이 복종하기를 거부할 경우, 전능한 국가는 개인을 억압하기 위해 경찰, 재판소, 군대, 법, 제도 등 갖은 방법을 다 동원한다.

　이를 명심하고, 잊지 않도록 잘 새기라. 그리고 투표를 할 때는 마음의 소리에 귀를 기울이도록 하라.

피에르 아도(Pierre Hadot, 프랑스, 1922~)

고대 그리스·로마 시대(B.C. 6세기~A.D. 5세기)에는 철학을 받아들여 이론과 실제를 일치시키려면 자신의 존재 양식을 근본적으로 바꿔야 했다는 것을 보여주어, 고대 철학사 연구에 혁명을 몰고 왔다.

소피스트, 겉치레하는 법을 판 상인들

소피스트는 보수를 받고 학생들에게 청중을 설득시키고 교묘하게 찬반양론(antilogy, 자가당착)을 모두 옹호하는 법을 가르쳤다. 이 때문에 플라톤과 아리스토텔레스는 소피스트를 지식 장사꾼 내지는 도소매상이라고 비난하였다. 소피스트는 웅변술을 가르칠 뿐 아니라. 청중을 유혹할 수 있는 수준 높은 관점, 다시 말해 교양을 쌓기 위한 모든 것을 가르쳤다. 이런 과목 중에 과학, 지리학, 천문학, 역사, 사회학과 법 이론 등이 있었다. 자신들의 뜻을 이어갈 수 있는 유파를 만들지는 않았지만, 보수를 받고 일정 기간 동안 수업을 해주었고, 청중을 끌어들이기 위해 대중 강연을 하여 자신의 학식과 기술을 뽐냈다. 순회 강사들인 소피스트 덕분에 아테네뿐만 아니라 다른 도시 국가들에서도 그들의 기술을 배울 수 있었다.

그리하여 이 경우 아르테(Arete, 용기, 덕 등이 뛰어난 인격을 만드는 것)와 우수함은 도시국가에서 일정한 역할을 할 수 있는 능력으로 취급되었으며, 수련의 대상이 되었다. 물론 배우는 사람에게 천부적인 소질이 있어 잘 배우고 실전에서 충분히 잘 이용할 때의 이야기였다.

『고대 철학이란 무엇인가?*Qu'est-ce que la philosophie antique?*, 1996』

플라톤(Platon, B.C. 427~347)

서양 철학의 주요 인물. 자기 사상을 대화의 형태로 남겼다. 이상주의자이며, 이원론자였다. 교부철학에 많은 영향을 미쳤다.

거짓말, 통치자들의 특권

"하지만 역시 진실은 존재하며, 우리는 그 진실을 가장 높이 존중해야 하네! 만약 조금 전에 우리가 말한 내용이 옳고, 또 거짓이 신들에게는 쓸모 없지만 인간들에게는 치료약으로서 쓸모가 있다면, 그 사용은 오로지 의사들만 할 수 있고 능력이 되지 않는 사람들은 손을 대면 안 되는 게 분명하기 때문일세."

"그건 그렇습니다."라고 그가 말했네.

"그렇다면 나라의 이익을 위해서 적이나 국민을 속여야 한다면, 그 권리는 나라의 통치자들에게 있으며 그 밖의 다른 사람들은 관여해서는 안 되네. 이렇게도 말하겠지. 그런 통치자들에게 거짓말을 하는 것은 마치 환자가 의사에게 또는 체력 훈련을 하는 학생이 선생에게 자신의 몸 상태에 대해 솔직하게 말하지 않는 것이나, 또는 한 배의 선원이 자신이 다른 선원들과 어떻게 지내고 있는지, 배 안의 상황은 어떤지에 대해 솔직하게 이야기하지 않는 것과 같거나 아니면 좀더 심각한 죄를 저지르고 있는 것이라고 말할 걸세." "분명히 그렇지요."라고 그는 대답했네.

"그러면 결론을 내리세. 누구라도 거짓말하다가 현행범으로 붙잡힌다면, 그의 직업이 무엇이든, 예언자든, 병을 고치는 의사든, 목수이든 간에 벌을 받을 걸세. 거짓말로 나라라는 배를 난파시키고 파멸시키려 했기 때문일세." "벌을 받는다고요? 적어도 말에 행동이 뒤따른다면 그렇겠죠."라고 아데이만토스가 말했네.

『국가 *Politeia*, B.C. 389~369』

외교관, 시인, 극작가이자 정치 이론가. 왕권, 권력, 자유, 힘, 간계, 거짓말, 결정력 등 정치 분야의 여러 문제를 근대적으로 분석했다. 그런 내용들을 집대성하여 자신의 주요 저서인 『군주론 *Il Principe*, 1532』에서 이상적인 군주의 모습을 제시했다.

여우의 꾀와 사자의 힘

그리하여 싸움에 임하는 데는 두 가지 방법이 있다는 것을 알아야 하는데 하나는 법에 의한 방법이요, 다른 하나는 힘에 의한 방법이다. 전자는 인간 본연의 것이며, 후자는 짐승의 것이다. 하지만 대개의 경우 첫 번째 방법만으로는 충분치 않으므로 두 번째 방법을 써야 한다. 그런 까닭에 군주는 짐승과 인간의 방법을 잘 사용할 줄 알아야 한다. 이 법칙에 관해서 옛 저술가들은 비유로써 군주들을 가르쳤다.

키론이라고도 한다. 반인반마의 켄타우로스족 현자로, 의술, 음악, 사냥, 예언에 통달했으며 아킬레스, 이아손, 아스클레피오스, 디오스쿠로이, 악타이온 등을 가르쳤다.
—옮긴이

예컨대 아킬레스를 비롯한 고대의 위대한 영웅들은 반인반마(半人半馬)인 케이론(Chiron)*에게 맡겨져서 길러지고 가르침을 받았다고 한다. 이는 다름 아니라 통치자에게는 반인반수의 성질이 있으며, 군주는 이 두 가지 성질을 잘 가려서 사용할 줄 알아야 하고, 하나가 없는 다른 하나는 오래갈 수 없다는 것을 의미한다.

그러므로 군주가 짐승의 방법을 사용해야 할 때는 여우와 사자를 선택해야 한다. 사자는 계략에 대해서는 속수무책이며 여우는 늑대에 대하여 손을 들게 마련이기 때문이다. 따라서 그물을 알아차리기 위해서는 여우가 되어야 하며, 늑대를 겁주기 위해서는 사자가 되어야 한다.

사자 노릇만 하고 싶은 사람들은 무엇을 어떻게 해야 할지 아무것도 모른다. 그러므로 현명한 군주는 규칙을 준수하는 일이 아무 소용 없어지고

약속을 지킬 이유가 사라지면 신의를 지키지 않을 수도 있다:

만일 인간이 다 착하기만 하다면 나의 가르침은 아무런 가치가 없을 것이다. 하지만 인간은 악하기 때문에 군주에게 신의를 지키지 않을 테니, 군주도 신의를 지키지 않을 수 있다. 게다가 군주는 신의를 지키지 못한 이유를 합리화할 수 있는 정당한 이유를 언제나 모자람 없이 가지고 있어 왔다.

군주들이 신의를 지키지 않아서 얼마나 많은 약속들이 수포로 돌아갔고 폐기됐는지, 얼마나 많은 평화가 깨어졌는지는 오늘날의 무수한 예를 통해 알 수 있다. 또 여우를 본받는 사람일수록 일이 잘 되어간다는 사실도 알 수 있다. 하지만 이 성질을 교묘히 가장하고 꾸밀 줄 알아야 한다. 인간은 매우 단순하고, 오직 눈앞에 긴급하게 닥친 일에만 신경을 쓰기 때문에 속이려는 사람은 누구를 속일 수 있을지를 쉽게 찾아낼 수 있다.

『군주론』

대마초는 왜 마음대로 살 수 없을까?

왜 암스테르담에서는 대마초를 마음대로 살 수 있는데, 프랑스에서는 안 될까? 그것은 유럽 연합이 아직도 건설되고 있는 중이고, 유럽 각국이 자국의 특성에 맞는 법체계를 계속 유지하고 있기 때문이다. 곧 모든 회원국들이 같은 진리에 동의하고, 같은 잘못에 벌을 주는 단일한 법체계를 따르게 될 것이다. 그러나 그렇게 되더라도 그다지 좋은 예가 아닌 네덜란드의 법 뒤에 다른 나라들이 줄을 늘어설 가능성은 거의 없을 듯하다. 오히려 다른 나라들은 약한 마약의 사용을 처벌 대상에서 제외시키고 합법화하는 대신, 네덜란드의 느슨한 법을 포기하라고 종용할 것이다.

어쨌든, 이를 통해 우리는 국경으로 정의와 불의, 선과 악, 허용과 금지, 허가와 옹호가 결정된다는 사실을 알 수 있다. 모든 민족과 국가에 적용되는 보편적·세계적 진리는 없다. 지구가 한 나라로 통합되어 하나의 법률을 공포하지 않는 이상, 시간과 공간에 따라 각 공동체 사회만의 지역적·주관적·내부적인 진리가 계속 남아 있을 것이다.

마약류 문제에 대한 네덜란드의 진리는 프랑스와 다르다. 누가 옳고, 누가 그른가? 누가 진실이고, 누가 거짓인가? 만약 모두가 옳거나 그르지 않으며, 각자가 진실, 즉 법을 만들었을 당시에 정의롭다고 믿은 자신만의 진실을 옹호한다면 어떻겠는가? 그렇게 되면 진실은 역사의 특정한 한 시점과 지구상의 특정한 장소에서 가장 많은 사람이 받아들인 명제라고 정의할 수 있다. 따라서 그 모든 진실은 회개하고, 벌을 받고, 수정되어야 할 대상인 것이다.

진리는 정말로 진실한가?

그러나 절대적인 진리를 옹호하는 사람들도 있다. 그 근원에 플라톤주의자(B.C. 5세기)들이 있고, 이후에도 시공을 초월하며 보이지 않고 증명할 수 없는 관념세계, 현실적이고 구체적이고 감각적이며 물질적인 형태들과 완전히 별개인 순수한 이상세계가 존재한다고 주장하는 철학자들이 있어왔다. 그들의 주장은, 예컨대 정의 자체에 대한 관념이 존재하기 위해 지상에서 정의로운 행동이 필요하지는 않다. 관념적인 세계에 순수한 미가 존재하기 위해 아름다운 대상물이 필요하지는 않다. 오히려 물질적인 지상세계가 정의롭고 아름답기 위해 이런 관념들이 필요한 것이다. 관념세계는 감각적 세계가 없어도 존속할 수 있지만, 감각적 세계는 관념세계가 없으면 존재할 수 없다. 순간의 진리는, 절대적이고 순수하며 관념적인 진리에 비하면 아무것도 아니다.

플라톤주의자들에게 역사적인 특성과 다양성은 중요하지 않았다. 파라오가 다스리던 이집트나 포스트모던적인 거대 도시, 고대 중국이나 오늘날의 아프리카 부족국가, 동굴에서 살던 원시인이나 달의 표면을 밟는 우주비행사 할 것 없이, 감각적이고 구체적인 세계 이곳저곳에서 생겨나는 모순에도 불구하고 진리는 언제나 존재해 왔고 앞으로도 영원히 존재할 터였다. 모든 문명에서 시간이 지난 후 오류로 밝혀지는 여러 가지 진리를 가르쳐왔지만 그다지 중요하지 않았다. 절대적인 진리는 반드시 존재하니까…….

말할 것도 없이 기독교는 절대적 진리에 관한 생각을 먹고 자라났다. 그리하여 다양성과 급증하는 여러 가지 세계관을 반박하고 철학적인 명제를 그러모아 진리에 관한 단 한 가지 교리를 만들어내기에 이르렀던 것이다. 바로 예수가 말한 "나는 진리요 생명이니."라는 교리다.

기독교인에게 흐르는 시간과 역사, 변화, 진보와 발전은 자신들이 몸 바쳐야 할 진리에 털끝만큼도 영향을 끼치지 못한다. 진리는 초창기 순교자들과 함께 사자에 먹힌 블란디나(Blandine)* 성녀 시대 사람이나, 인터넷으로 바티칸에 마음대로 접속하는 사이버 교인이나 마찬가지다. 플라톤주의자와 기독교인들은 똑같이 진리는 보편적이며, 아무리 역사가 흐르더라도 영원히 남을 것이라고 믿었다.

가짜 진리와 진짜 진리

곤란한 점은 기독교인들이 크게 착각한 적이 많았다는 것이다. 그들은 얼마 못 가 환상이고 오류로 밝혀질 많은 진리들을 너무 많이, 너무 자주 맹목적으로 믿었다. 천동설(지구가 태양계의 중심에 있다는 학설)이 좋은 예다. 성경에서는 하느님이 세상을 완벽하게 창조했다고 가르치고 있다. 이런 종교적인 이유로 지구는 우주의 구석에 밀려나 있을 수 없으며, 당연

「1633년, 갈릴레이에 대한 재판」

히 한가운데에 있어야 한다는 것이 신학적인 진리였다.

하지만 과학자들의 관찰과 계산, 즉 과학자들의 진리는 정반대였다. 교황청은 올바른 사실인 지동설(태양이 태양계의 중심에 있다는 학설)을 가르친 갈릴레이(Galilei, 1546~1642)에게 유죄를 선고했다. 교황인 요한 바오로 2세가 3세기 전에 갈릴레이가 주장한 바대로 지구가 아니라 태양이 태양계의 중심에 있음을 인정한 것은 인간이 달에 첫발을 내디디고도 30년이 지난 후였다.*

기독교의 신학적인 진리와 세속적이고 과학적인 진리, 믿음과 신앙에서 비롯된 진리와 이성과 관찰에서 나온 진리가 맞설 때의 충격은 매우 크다. 서로 다르고, 다양하며, 잇따라 나오는 진리들은, 특정한 사안에 대한 의견은 변하고 불변의 확실함이란 없으며 모든 진리들은 우연적이고 역사적인 조건에 따라 상

* 1663년 6월 갈릴레이의 종교재판이 있은 지 360년이 지난 1992년 10월 31일에 로마 교황청은 자신들의 잘못을 인정하고 갈릴레이의 완전 복권을 공식적으로 선언했다. 암스트롱의 달 착륙은 1969년 7월 20일에 있었다.—옮긴이

대적이라는 것을 보여주기 때문이다. 진리는 개별적이면서 보편적이지 않고, 상대적이면서 절대적이지 않고, 날짜가 정해져 있으면서 역사와 시간과 동떨어져서 존재하지 않는다.

어떤 시대의 진리는 반증되기 전까지만 진리다. 반박할 수 없는 몇 가지 진리들(물리학, 생물학, 화학, 역사학적인 사실들, 날짜, 수학 공식들)은 그 유효성을 끊임없이 실험하고, 모든 장소와 시간에서 확실히 증명되고 있기 때문에 존재할 수 있다. 이렇게 끊임없이 검증되는 소수의 진리 외에는 변화만 존재할 뿐이다.

여기에 진리는 없고 관점만 존재한다는 원근법주의(遠近法主義)가 등장한다. 진리는 어떤 대상에 대한 주관적인(대상과 관계를 맺는) 관점으로 귀착된다. 이러한 인식은 결코 전적이지도, 총괄적이지도, 일반적이지도 않다. 예를 들면, 내가 있는 곳에서는 내게 보이는 부분 외에는 볼 수 없다. 정육면체의 감춰진 부분을 보고 싶으면 자리를 옮겨야 한다. 그런데 그렇게 하면 이전에 보이던 부분이 안 보인다. 이처럼 우리는 분절된 파편 같은 현실을 파악할 수밖에 없는 것이다.

그러나 진리는 세계를 전적이고 통합적으로 파악할 뿐 아니라 세부적인 성격까지 모두 파악할 것을 전제로 하고 있다. 원근법주의를 통해 우리는 모든 부분을 하나의 화면에 모두 펼쳐 보이는 입체파(큐비즘) 화가의 그림 같은 방식으로, 움직이고 변화하는 다양한 진리들이 의미를 만드는 데 어떤 역할을 하는지를 이해할 수 있다.

이제 어떤 결론을 내려야 할까? 아무런 진리도 존재하지 않는다고는 생각하지 말라. 그러면 사실로 확인된 역사적 사실(유대인을 학살하려는 나치의 계획 등)이 정말로 일어났는지를 의심하게 되는 허무주의(nihilism), 수정주의(revisionism), 홀로코스트 부인(否認)주의(negationism)* 같은 정치적으로 위험한 견해를 갖

유대인 대학살을 부정하는 시각을 가진 사람들을 말한다. 아직 우리 말로 된 정확한 번역어는 없으며, '주의(ism)'라는 단어는 논란의 여지가 있을 수 있다. ─편집자

게 될지도 모른다. 대신, 진리는 있되 그것이 시대를 드러내는 이미지이자 상투적인 생각, 순간적인 것이라고 생각하라. 그런 식으로 우리는 그 시대의 진리를 발전시켜 나갈 수 있으며, 그 진리는 새로운 진리가 제시되면 오류가 될 것이다. 우리는 진리에 대한 자신의 신념을 위해 싸울 수 있고, 또 싸워야만 한다.

홋날 여러분과 우리는 또 다른 새로운 관점에 따라 새로운 이미지를 제안할 것이며, 그 역시 언젠가는 지나간 것이 될 것이다. 이는 지극히 정상적인 일이다. 삶은 움직이며, 움직이지 않고 딱딱하게 굳은 것은 죽음이기 때문이다. 진리와 다른 모든 것도 마찬가지다. 이제 여러분이 시작할 차례다.

블레즈 파스칼(Blaise Pascal, 프랑스, 1623~1662)

과학자이자 열렬한 가톨릭 신자였고 몸이 무척 허약했다. 죽기 직전까지 하느님을 모르는 인간들의 불행과 가톨릭 안에서 그들의 구원을 증명하는 책을 썼다. 파스칼이 사망한 후 사람들은 그의 자필 원고를 어디서나 발견할 수 있었는데, 심지어 외투 안쪽에까지 원고가 꿰매져 있었다. 이 다양한 원고와 메모를 한데 묶어 『팡세』를 완성했다.

강 하나로 바뀌는 우스운 정의라니!

기후가 바뀌면서 성질도 바뀌는 정의나 불의에서 우리는 아무것도 보지 못한다. 극지방이 3도만 더 올라가도 모든 법이 뒤엎어지고, 자오선 하나가 진실을 결정한다. 겨우 몇 년 정도 통용되던 기본적인 법칙들이 바뀐다. 권리도 기한이 있고, 토성이 사자자리에 들어가면 범죄가 일어날 전조를 알려주는 것이라 한다. 강 하나로 바뀌는 우스운 정의라니! 피레네 산맥 이쪽에서는 진실이던 것이, 저쪽으로 넘어가면 잘못이 되다니. (······)

  이성만을 따른다면 그 자체로서 정의로운 것은 하나도 없게 된다. 모든 것은 시간이 지남에 따라 변한다. 관습은 그 관습이 용인된다는 사실 하나만으로 완전히 공평한 것이 된다. 이것이 관습의 권위에 대한 신비스러운 원천이다. 관습을 그 원리까지 파고 들어가면 소멸하고 만다. 잘못을 고치려는 이 법률들만큼이나 틀리기 쉬운 것은 없다. 법이 정의롭다면서 그저 복종하고 있는 사람은 자기가 상상하는 정의에 복종하는 것이지 정의의 본질에 복종하는 것은 아니다.

  법은 그 자체 안에 모든 것을 다 모아두고 있다. 법은 법이지 그 이상 아무것도 아니다.

『팡세』

필립 겔뤼크, 『뛰어오르기Entrechats』, 카스테르망 출판사, 1999년

진실에 대해 더 읽어볼 글들

플라톤 (Platon, B.C. 427~347)
서양 철학의 주요 인물. 자기 사상을 대화의 형태로 남겼다. 이상주의자이며, 이원론자였다. 교부철학에 많은 영향을 미쳤다.

동굴의 신화

"……이를테면 지하의 동굴 모양의 거처에서 사는 사람들을 상상해 보게. 그 동굴을 쭉 따라가 보면 불빛 쪽으로 길게 난 입구가 있지. 그 동굴 안 쪽에 어릴 적부터 다리와 목을 결박당한 사람들이 있다네. 이들은 같은 장소에 계속 머물러 있고, 포박 탓에 머리를 돌리지 못하여 앞쪽만 보고 다른 쪽은 볼 수 없어. 이들의 뒤를 보면 멀리에서 위쪽으로 횃불이 타오르고 있는데, 불빛은 그쪽에서 오는 거라네. 그 횃불과 죄수들 사이에 길이 하나 위쪽으로 나있는데, 그 길을 가로질러 작은 담이 하나 세워져 있는 모습을 상상해 보게. 길을 가로막고 있는 이 담은 흡사 인형극을 하는 사람들이 사람들 앞에 세워놓은 휘장 같으이. 인형들을 휘장 밑에서 조작하고 그 위로 구경꾼들에게 인형을 보여주듯이 말일세." "상상이 가는군요!" 그가 말했네.

"그리고 작은 벽을 따라 그 사람들이 만든 온갖 종류의 물건들, 인물상들, 돌이나 나무 등 온갖 재료로 만든 동물상들을 들고 지나가는 모습을 상상해 보게. 지나가는 사람들 중에는 말을 하는 사람도 있고, 잠자코 있는 사람도 있지." "이상한 비유에 이상한 죄수들을 말씀하시는군요." 그가 말했네. 그래서 내가 말했지. "우리가 그 사람들 같다네! 이런 상태에 있는 사람들이 자기 앞에 있는 동굴 벽에 불빛이 비쳐서 만들어내는 그림자들 외에 자기 자신이나 서로의 어떤 것이라도 본 적이 있을 것이라고 자네는 생각하는가?" "어찌 그럴 수 있었겠습니까. 평생 동안 머리를 움직이지 못하도록 묶여 있다면서요?" 그가 말했네. "그럼 벽을 따라 운반되는 물건들은 어떤가? 이 역시 마찬가지가 아니겠는가?" "물론입니다!"

"그러면 이번에는 그들이 서로 대화를 할 수 있었다고 해보세. 자기들이 보는 것에 이름을 붙임으로써 그들은 실제로 지나가는 것(실물)들을 생각한다고 자네는 믿을 텐가?" "그렇습니다." "한편으로 감옥의 맞은편 벽에서 메아리가 울려온다면 어떻겠는가? 작은 벽을 따라 지나가는 사람들 중 하나가 소리를 낼 때, 죄수들은 그런 소리를 내는 것이 벽을 지나가는 그림자 외에 다른 것이라고 생각할 수 있을 거라 믿을 수 있을 텐가?" "제우스에 맹세코 저는 그렇게 생각하지 않을 겁니다!" 그가 말했네. "그런 상황에 있는 사람들은 만든 물건들의 그림자 외에는 어떤 것도 진짜라고 결코 생각하지 않을 걸세." "틀림없이 그럴 테죠." 그가 말했네. "그러니 생각해 보게. 결박에서 풀려나고 어리석음에서 치유된다는 것이 그 사람들에게 어떤 것이겠는지 말이야. 그들의 본성에 의한 자연스러운 방식에 따르면 일은 다음과 같이 진행되겠지. 그 사람들 중 누구 하나가 풀려나서 갑작스럽게 일어나고, 고개를 돌리고, 걷고, 빛 쪽을 바라볼 것을 강요당할 경우, 그는 이 모든 일을 하면서 고통스러워할 걸세. 전에는 그림자만 보던, 아까 그 물건들을 눈이 부셔서 바라보지도 못할 거야. 만약 누가 그 사람에게 전에 보던 것은 엉터리였지만, 지금은 실체에 굉장히 가깝고, 한결 더 실재적인 모습이며, 더욱 바르게 볼 수 있게 되었다고 말한다면, 그 사람이 뭐라고 할 것 같은가? 게다가 벽의 꼭대기를 따라 지나가는 물건들을 하나씩 가리키며, 그것들이 뭔지 맞춰보라고 강요한다면? 자네는 그 사람이 당황할 거라고 생각하지 않는가? 그러면서 그는 예전에 봐왔던 것들이 지금 지적받는 것들보다 더 진짜라고 생각하지 않겠나?" "그렇지요, 훨씬 더 진짜라고 생각할 겁니다!"

"그리고 말해 주게, 만약 그 사람에게 눈을 돌려 빛 쪽을 바라보라고 강요한다면, 자네는 그가 눈이 아파서 등을 돌리고, 자기가 볼 수 있는 다른 것들 쪽으로 달아날 거라 생각하지 않는가? 또, 이것들이 지적받은 것들보다 훨씬 확실한 현실이라고 믿지 않겠는가?" "그렇고 말고요!" 그가 말했네.

"그런데 만약 누가 그 사람을 강제로 끌어내서 험하고 가파른 오르막길을 따라 끌고 간다면, 그런 식으로 햇빛을 받을 수 있는 바깥에 이를 때까지 놓아주지 않는다면, 자네 생각에는 그 사람이 고통스러워하며 자신이 끌려나온 것에 대해 언짢아하지 않겠는가? 또 일단 빛이 있는 곳에 이르게 되면, 그의 눈은 빛으로 가득 차서 우리가 진짜라고 하는 이 물건들 중 어느 것 하나도 볼 수 없게 되지 않겠는가?" "적어도 당장은 볼 수 없겠죠!" 그가 대답했네.

"그렇기 때문에 나는 그 사람이 높은 곳에 있는 물건들을 보는 데에 익숙해지는 과정이 필요하다고 생각하네. 처음에는 그림자를 가장 수월하게 보게 될 테고, 그 다음에는 사람들이나 또 다른 것들이 물 속에 비치는 상(像)을 보게 될 걸세. 실물 그 자체는 훨씬 나중에 보게 될 거야. 이런 실험에서 시작하여, 그 사람은 밤에는 천체와 하늘 그 자체를 보고, 달빛을 포함한 천체들에서 나오는 빛에 시선을 고정시킬 수 있을 걸세. 그게 좀더 쉬워지면 낮에 해와 햇빛을 관찰할 수도 있겠지." "어찌 그렇지 않겠습니까?"

"마지막으로 그 사람은 물에 비친 해의 모습이 아니라 제자리에 있는 해 그 자체를 바라보고, 그것이 어떤 것인지 관찰할 수 있을 거라고 나는 생각하네." "분명 그럴 수밖에 없을 겁니다." 그가 말했네.

"그런 다음, 그 사람은 이제 해를 보고 이런 추론을 할 걸세. 해는 계절과 세월을 만들어내며, 보이는 곳에 있는 모든 것들을 다스리며, 또한 어떤 면에서는 그를 포함한 동굴 속 동료들이 보았던 모든 것의 원인이 된다고 말이야." "그 사람이 그런 결론에 이르게 될 게 분명합니다." 그가 말했네.

"그러니 어떤가! 그 사람이 예전에 살았던 곳에 대한 기억, 그곳에서 알던 것과 동료 죄수들을 떠올리고는 자기한테 일어난 변화 덕분에 자기는 행복하지만, 동료 죄수들은 불쌍하다고 생각하지 않겠는가?" "아! 저도 그렇게 생각합니다!"

"만약 그때 맞은편 벽면에 지나가는 그림자들을 예리하게 잘 관찰하고는, 그것들 가운데 어떤 것이 통상적으로 먼저, 뒤에, 혹은 동시에 지나가는지를 가장 잘 기억하고, 이런 관찰에서 앞으로 어떤 미래가 닥칠지를 가장 잘 예측하는 사람은 명예와 칭찬 그리고 상을 받았다고 한다면 어떨까? 자네는 그 사람이 상에 욕심을 부리며, 그곳 동료들 사이에서는 꽤나 명예와 신망을 누리던 자들을 질투할 것이라 생각하는가? 아니면 호메로스의 말처럼, "땅뙈기조차 없는 사람의 농노로서 남의 머슴살이를" 무척 바랄 것이라고, 또한 그곳에서 판단하듯이 판단하기보다, 그곳에서 살듯이 사는 것보다 어떤 시련이라도 감내하려 할 것이라고 생각하는가?" "그곳에서 살듯이 사는 것보다는 어떤 시련이라도 감내하는 쪽을 택할 것이라고 생각합니다!"

"그러면 이점 또한 생각해 보게. 만약 그런 사람이 동굴에 다시 내려가서 이전과 같은 자리에 앉는다면, 갑작스럽게 햇빛에서 벗어났으므로 그의 눈에 어둠이 가득 차지 않겠는가?" "물론 그럴 것입니다." 그가 대답했네.

"그곳의 그림자들 말일세. 만약 그 사람이 줄곧 그 자리에 묶여 있던 죄수들과 그림자를 알아보는 것을, 그것도 눈이 아직 흐리고 시력이 회복되기도 전에 경쟁해야 한다면, 아니면 눈이 익숙해질 때까지 시간을 주되 아주 조금밖에 주지 않는다면 어떨까? 사람들이 그 사람에 대해, 위에 올

라갔다 오더니 눈을 버려서 왔다고 하면서 올라가려고 애쓸 가치조차 없다고 말하지 않겠는가? 그래서 자기들을 풀어주고 위로 데리고 올라가려는 사람을, 자기들 손으로 어떻게든 붙잡아서 죽일 수만 있다면 죽여 버리려 하지 않겠는가?"

"물론 그렇게 하려고 할 겁니다." 그가 대답했네.

『국가 *Politeia*, B.C. 389~369』

장 프랑수아 시뇌, 「동굴의 비유」, 2001년

알랭(Alain, 프랑스, 1868~1951)

학생들은 그를 두고 전설적인 철학 선생이라고 입을 모아 칭찬했다. 철학을 주간지 시사란에 적용시킨 기고가이기도 했다. 『루앙』지에 『어록 *Propos*』을 기고하여 신문 잡보와 그날의 정보란을 누구나 쉽게 교훈을 얻을 수 있는 장으로 만들었다.

우리는 누구에게 진실을 밝혀야 하는가?

거짓말은 우리가 진실이라고 알고 있는 것에 대해 진실을 알려야 하는 사람을 속이는 것이다. 그러므로 거짓말은 일종의 배신행위다. 적어도 암묵적으로는 우리가 진실을 말하기로 약속했다는 것을 전제하고 있기 때문이다. 내게 길을 묻는 사람에게 나는 그 진실을 알려주어야 할 의무가 있다. 하지만 친구들 중 한 명의 허물이 뭐냐고 묻는다면 나는 밝혀야 할 의무가 없다. 재판관은 우리가 만약 용의자의 친구, 고용인이거나 고용주라면 서약을 하지 않아도 좋다고 허락한다. 서약을 거부하는 것이 우리의 의무가 되는 경우도 있다(신부가 고해 성사에 대해). 단지 서약을 거부하는 것, 그것은 때때로 자백한다는 것이다. 그렇다면 그것은 맹세하고, 거짓말하는 것인가? 이런 문제에 관해 생각할 때 늘 부딪치게 되는 어려운 과제인데, 부모, 교육자, 재판관들이 이 어려움을 단순하게 하는 것이 좋다.

『정의들 *Définitions*, 1929~1934』

프랜시스 베이컨(Francis Bacon, 영국, 1561~1626)

아리스토텔레스의 영향 아래 있는 그 시대의 철학을 일신하고 사실과 구체적인 사건에 대한 관찰에 주안점을 두었고 근대 과학을 만드는 것을 목표로 삼았다. 일설에 따르면 눈 오는 겨울에 밖에서 너무 오랫동안 관찰을 계속한 후 감기에 걸려 사망했다고 한다.

진리에 어떻게 접근할 것인가?

진리를 탐구하고 발견하는 데에는 두 가지 방법이 있다. 하나는 감각과 개별자에서부터 시작하여 가장 보편적인 명제에 도달한 후, 거기에서 이 원칙들의 움직일 수 없는 진리를 바탕으로 삼아 우리 정신이 중간 수준의 명제를 판단하고 발견하는 것이다. 이것은 현재 널리 사용되고 있는 방법이다. 다른 하나는 감각과 개별자들에서 출발하여 명제를 이끌어내는데, 지속적이고 점진적으로 상승시켜 가장 일반적인 명제까지 도달하는 방법이다. 이것이야말로 진정한 방법이지만 이제까지 시도된 적은 없다.

이 두 가지 방법은 어느 쪽이든 감각과 개별자에서 출발해 가장 보편적인 제안에 도달한다. 하지만 둘의 차이는 엄청나게 크다. 전자는 개별자들을 피상적으로 건드리는 것에 불과하지만, 후자는 그들 사이에서 오랫동안, 올바른 순서에 따라 그것들을 탐구한다. 전자는 처음부터 추상적이고 쓸데없는 일반적인 명제들을 설정하지만, 후자는 자연에서 실제적으로 더 잘 표현되고 더 잘 이해되는 진리에 이르기까지 한 걸음씩 꾸준히 올라간다.

자연에 대해 적용하고 있는 인간 이성의 성과를, 이 설명이 경솔하고 미숙한 것인 만큼 '자연에 대한 예단'이라 부르자. 하지만 사물들로부터 적절한 방법으로 추론된 원리들, 이 원리들은 '자연에 대한 해석'이라고 부르기로 한다.

예단이 해석보다 우리의 동의를 쉽게 얻을 수 있다. 예단은 몇 안 되는 사례에서, 그것도 흔히 볼 수 있는 사례에서 나온 것이기 때문에 즉시 지성을 움직이고 상상력을 만족시켜 준다. 반면 해석은 흔히 우리에게서 멀리 떨어져 있고, 사례들끼리도 띄엄띄엄 떨어져 있는 많은 사례에서 나온 것이므로, 당장은 우리 정신에 감동을 주지 못한다.

아니다. 모든 시대의 모든 천재가 모여 있더라도, 또 함께 머리를 모아 연구 성과를 나눈다 할지라도, 예단으로는 학문에 커다란 진보를 이룰 수 없다. 정신이 이미 '소화(消化)' 해 버린 근본적인 잘못은 그 후에 아무리 훌륭한 치료법을 쓰더라도 치료할 수 없다.

『신기관 Novum organum, 1620』

시몬느 베이유 (Simone Weil, 프랑스, 1909~1943)

가톨릭 신자이자 국제적인 혁명가. 노동자들과 고통을 나누려고 공장에서 일했고, 그 경험을 『노동의 조건 La condition ouvrière, 1934』에 썼다. 1936년에는 스페인 공화군 편에서, 1940년대에는 프랑스 레지스탕스로 활동하면서 자유를 위해 싸우는 민중의 편에서 투쟁했다. 건강이 악화돼 병원에 입원해서는 '다른 이들과 동등한 영양섭취'를 고집하다가 영양부족으로 사망했다.

조직적인 거짓말

진실에 대한 욕구는 그 어느 것보다 성스럽다. 그러나 이제까지 이는 결코 언급된 적이 없다. 가장 유명하다는 저자들의 책에서조차 부끄러운 줄도 모르고 물질적인 허위가 얼마나 많이, 얼마나 어마어마하게 나열되어 있는가를 일단 알게 되었을 때, 우리는 책을 읽는 것에 두려움을 느낀다. 그렇게 되면 책을 읽는 것이 마치 더러운 우물물을 마시는 것과 같아진다.

하루에 여덟 시간씩 일하고 밤에는 독학을 하려고 매우 애써서 독서에 매달리는 사람들이 있다. 그 사람들은 큰 도서관에 가서 책의 내용을 자유롭게 확인할 수 없다. 그래서 그들은 책에 있는 말을 그대로 믿어버린다. 그 누구도 이들에게 거짓을 먹일 권리는 없다. 저자들이 성실하다며 두둔해 주는 게 무슨 의미가 있는가? 그 사람들은 하루에 여덟 시간씩 육체노동을 하지 않는다. 여가 시간을 가지고 잘못을 피하는 수고를 할 수 있도록 사회가 그들을 먹여 살린다. 탈선 사고를 일으킨 철도원은 설령 성실한 사람이라 해도 푸대접을 받는데 말이다.

말할 것도 없지만, 진실을 고의적으로 변조하는 것에 가끔 동의하지 않으면 어떤 필자도 남아 있지 못하는 신문들이 있다는 것을 모두가 다 아는데, 이 신문들의 존재를 인정하고 받아들이는 건 정말이지 치욕스럽다. 대중은 신문을 불신하지만 그렇다고 대중이 보호받는 것은 아니다. 신문이 진실과 거짓말을 동시에 포함하고 있다는 것을 어느 정도는 알기 때문에 대중은 보도된 뉴스를 이 두 가지 항목 중 하나에 분류한다. 하지만 그것도 적당히 자기 기호에 맞춰서 한다. 그렇게 대중은 오류에 빠지는 것이다.

　저널리즘이 거짓말의 조직화와 혼동될 때, 이는 하나의 범죄라는 것을 누구나 알고 있다. 하지만 사람들은 그것을 처벌할 수 없는 범죄라 믿고 있다. 어떤 활동이 일단 범죄로 인정되었는데 무엇이 처벌을 막고 있는가? 처벌할 수 없는 범죄라는 이 요상한 관념은 어디에서 나왔는가? 이것이야말로 법의 정신이 가장 추악하게 변형된 것이라 하겠다.

『뿌리 박기 L'Enracinement』

철학 선생님을 살려두자……

이제 철학 선생의 운명을 결정할 때가 왔다. 엄지손가락을 올리면 선생은 목숨을 건지고 명예롭게 퇴장할 수 있다. 하지만 엄지손가락을 내리면 선생은 철학 수업을 재앙으로 만든 죄로 화형에 처해져야 한다. 여러분이 조금이라도 철학자가 되었다면, 화형대에 불을 붙이기 전에 얼른 자비를 베풀어주기를 바란다. 그가 가족들과 채소밭이나 가꾸게 놓아주고, 철학에서 풀어주길 바란다. 또 다른 선생에게 배우지 말고, 여러 가지 책, 자료들을 참고해서 직접 철학을 실행해 보기를 바란다.

원래 그렇듯이, 철학책의 역할은 무엇보다 가시덤불로 가득 찬 철학의 땅을 개간하는 것이다. 이 책의 내용을 세 가지(각 부당 세 가지 개념, 개념당

세 가지 문제 제기)로 나눈 것은 실용을 따른 것이지 다른 이유는 없다.

여러분은 이 아홉 가지 일반적인 주제를 고작 몇 페이지만 다루고 철저하게 고찰하지 않았다고 생각할 수도 있다. 하지만 원래 철학 입문서라는 게 그렇다. 여기서 언급한 각각의 주제는 여러 방식들을 통해 좀더 깊이 있게 다뤄져야 하며, 참고할 내용으로 가득 찬 두꺼운 문서들과 몇 개 국어로 된 인용문들이 빼곡하게 들어찬 책을 뒤져가며 여러분이 직접 고민해 봐야 한다. 도서관의 책 선반 위에서 가뭄에 콩 나듯 오는 사람들을 기다리며 자고 있는 책들을 깨워서 들춰봐야 한다.

이 책은 여러분을 주관적인(혹은 그렇다고 주장하는) 철학적 여행으로 인도할 것이다. 여기에 적혀 있는 도발적인 질문들 속에서, 여러분은 일반적으로 다뤄지고 있는 여러 철학 사조들을 만날 수 있을 것이다. 키니코스학파의 자연주의(1장, 3), 플라톤의 이상주의(2장, 3), 소피스트의 상대주의(9장, 2), 마키아벨리의 정치학(9장, 2), 데카르트의 코기토(cogito, '나는 생각한다', 7장, 1), 스피노자의 결정론(4장, 2), 홉스의 정치사상(5장, 3). 루소의 사회계약(5장, 2), 칸트의 도덕론(9장, 1), 헤겔의 역사철학(6장, 3), 니체의 원근법주의(9장, 3), 기술에 대한 프로이트-마르크스적 비판(3장, 3), 프로이트의 무의식(7장, 3), 푸코의 절대자유주의적 급진주의(4장, 1)와 그 밖에 현대철학의 여러 단면들을 꼽을 수 있다.(이 책을 통해 스무 명 남짓 되는 철학자들을 살펴보았는데, 그 중 몇몇은 지금도 매우 활발히 활동하고 있다.)

주관적이고, 비판적이며, 선택적인……

나는 400페이지 남짓 되는 이 책이 지극히 주관적이라고 말하고 싶다. 객관성이라는 건 존재하지 않기 때문이다. 이 주관적인 철학책을 객관적·중립적·도덕적 혹은 '정치적으로 공정한' 다른 책들과 비교하지 말기를 바란다. 이상주의자, 금욕주의자, 유심론자, 보수주의자들은 자신의 주장을 명확히 내세우지 않는다. 주제나 저자, 인용문들이 너무 빤히 들여다보이는데도 그저 주장을 가리는 데 급급하다. 글을 쓴다는 것은 어떤 것을 가려내고, 선택하고, 아우르고, 배제하고, 행하는 것이다. 그런 의미에서 나는 전적으로 내 글에 책임질 것이다.

나는 이 책이 여러분에게 세상을 비판적으로 읽는 기회를 제공하기를 바란다. 가족적 전통, 순간과 시대, 유행에서 비롯된 습관들에 반응하고, 지배적인 의견, 주류 사상, 일반적으로 받아들이는 진부한 생각, 사회적 거짓말에 반대하는 기회가 되길 바란다. 이 책을 통해 이전과는 다르면서, 다양하고, 대안적인 생각을 할 수 있을 것이다. 적어도 그런 책이길 바란다.

이 비판적 욕구에는 한층 더 높은 목표가 있다. 현실의 본질과 주변을 좀더 명확히 이해한 다음 여러분의 존재 의미를 발견하고, 현대인들이 강박적으로 추구하는 돈, 부(富), 외양, 부도덕하고 피상적인 목표에서 벗어나 여러분 자신만의 삶의 계획을 발견할 수 있기를 바라는 것이다.

나는 이 책의 본문에서 철학의 고전에 여러 사상과 사상가들을 덧붙였는데, 이들은 잠재적인 위험 요소를 지니고 있다는 이유로 사상사(史)에서 가려지고, 은폐되고, 왜곡되었던 것을 발견하고 칭송하고 있다는 공통점이 있다. 하지만 '전통적인' 철학 교육에서, 고대 그리스의 키니코스학파의 전복적이고, 비판적이며, 절대자유주의적인 열정은 거의 거론되지 않는다. 또한 키레네학파의 쾌락주의적 철학과 유물론자들의 형이상학적 혁명은 거들떠보지 않으며(루시퍼스Leucippus에서 18세기 학자들을 거쳐, 현대의 신경생물학자와 인류학자들, 장 피에르 샹죄, 장 디디에 뱅상, 보리스 시륄니크까지), 17세기의 자유주의적 조류를 무시하고 가상디(Gassendi), 라 모르트(La Morthe), 르 바이예르(Le Vayer)나 가브리엘 노데(Gabriel Naudé)

보다 파스칼, 말브랑슈나 데카르트를 가르치고 있다. 또한 상황주의 이론
(기 드보르, 라울 바네겜)을 푸대접한다. 게다가 프랑크푸르트학파(아도르노,
호르크하이머, 마르쿠제, 하버마스)는 철학자가 아니라 사회학자로 받아들여
지고 있다. 이런 식으로 한참 동안 이야기할 수 있지만, 이쯤에서 그만두
겠다.

통상적으로 공식적인 철학의 역사는, 나온 당시에는 폭발적이며 현실
적이었지만 이제는 뇌관이 제거되어 아무런 해가 없는 기념물이 되어버
린 사상들로 이루어져 있다. 형이상학적 · 정치적 · 사회적 혹은 윤리적인
격렬함을 여전히 간직하고 있는 사상들은 교사들에게 외면받고 켜켜이
먼지가 쌓인 도서관에 묻혀 있다.

나는 이 책에서 여러분에게 제도적으로 검증받은 고전을 정면으로 대
하는 한편, 외면당하는 사상들도 읽어보길 권한다. 거물급 사상가들은,
고대인이든 현대인이든, 이미 몇 세기 전에 죽었든 여전히 살아 있든, 주
류든 비주류든, 모든 사상과 사상가들은 여러분이 비판적인 철학적 임무
를 잘 수행할 수 있도록 생각의 자락을 넓게 펼쳐줄 것이다.

한마디만 덧붙이고 여러분을 놓아주겠다. 철학 수업은 다양한 사상의 세
계에서 지도를 그리는 것과 같다. 지도를 만들 때는 강의 흐름과 늪지, 산
맥과 평지, 도로와 샛길, 위험지대와 안전지대를 하나도 빼놓지 않아야 한
다. 철학 수업은 어디든 마음놓고 여행할 수 있도록 나침반을 만드는 것이
라고도 할 수 있다.

하지만 다른 사람이 여러분을 대신해서 여행을 다닐 수는 없다. 즉 다
른 사람이 여러분 대신 철학적 사유를 할 수는 없는 노릇이다. 그동안의
수업은 여행 준비와 같고, 이 여행을 떠날지 떠나지 않을지는 여러분에게

알 이디시리(1100년 경~1166년 경)의 아랍 지도

달려 있다. 당장 떠날 필요는 없다. 여러분은 삶의 대부분을, 아니면 평생 동안 철학을 피하며 살 수도 있다. 사람은 철학 없이 살 수 있기 때문이다. 마찬가지로 우리는 우정, 사랑, 예술, 음악 없이도 살아갈 수 있다. 그게 사는 건지는 모르겠지만, 살 수는 있다.

그러다 어느 날, 여러분이 살면서 매우 중요한 사건에 부닥쳤을 때—병, 죽음, 이별, 해고, 기념일, 실망, 노화 등—그동안 거의 생각지 못했던 철학이 여러분에게 필요하고, 의지처가 된다는 사실을 발견하게 될 것이다.

철학을 공부하는 동안 여러분은 미처 깨닫지 못했겠지만 철학하는 훈
련이 되었을 게 분명하며, 곧바로 써먹을 수 있는 지혜를 만들어낼 수 있
을 것이다. 그렇게 되기만 한다면, 언제가 될지는 잘 모르더라도, 내게는
더없이 소중한 날이 될 것이다.

읽어 보기

라울 바네겜 (Raoul Vaneigem, 벨기에, 1934~)

전설적인 책 『젊은 세대가 살아가는 법』과 함께 1968년 5월 혁명의 저항적 조류를 이끈 주요 철학자 중 한 명이다. 자본주의를 죽음과 적대감의 도구라며 격렬하게 비판했고 쾌락을 실현하는 조건으로서 혁명을 옹호했다.

학생들에게 시험을 보게 하는 것

매일 학생은 원하든 원치 않든 재판정에 뚫고 들어가, 무죄로 추정되는 기소를 받고 재판관들 앞에서 비교당한다. 그는 학기가 끝나고 휴식을 취할 때 도움을 줄 수학 공식, 법칙, 날짜, 정의 등을 줄줄이 읊으며 자신의 무죄를 증명한다.

프랑스어로 '시험 보다(mettre en examen)' 라는 표현은, 법적으로는 용의자를 심문하고 증언한다는 의미인데, 이는 곧 대학생들이 봐야 하는 구술 및 필기시험에 법적으로 암시된 의미를 상기시킨다.

지식을 얼마나 자기 것으로 만들었는지, 이해도와 실험적인 숙련도를 점검하는 시험의 용도를 부인할 사람은 아무도 없다. 하지만 오로지 가르치고 가르침 받기만을 요구하는 선생과 학생을 재판관과 죄인으로 가장(假裝)시켜야만 할까? 어떤 독재적이고 낡아빠진 생각으로, 교육학자들은 스스로를 법정으로 자처하고, 칼로 고기 자르듯 단호하게 장점과 단점을, 우등과 열등을, 구원과 저주를 가르는 것일까? 어떤 개인적인 신경증과 강박관념을 가지고 있기에, 애정과 인내, 격려와 요구는 거의 하지 않으면서 많이 얻게 해주는 비밀을 가진 관심만이 필요한 어린이와 청소년들에게 감히 그들의 행보를 정지시키겠다는 위협과 두려움을 겹겹이 줄 수 있단 말인가? 교육 시스템이 주인과 노예의 사도-마조히즘적 관계라는, 검열을 통해서만 만족을 느끼는 사회에서 비롯된 비열한 원칙에 계속해서 바탕을 두고 있는 것은 아닌가?

"사랑을 잘 하는 사람이 벌도 잘 준다?" 다른 사람의 운명을 결정하겠다고 주장하는 것은 삶에 대한 의지가 아니라 권력에 대한 의지다. 판단은 이해하는 것을 방해하고 오로지 고치게 한다. 재판관들 자체도 판단당한다는 두려움에 질려 있으며, 그들의 태도는 자립을 향한 먼 길에 나선 학생에게 반드시 필요한 자질들을 하나씩 빼앗는다. 끈기와 노력의 의미를 깨닫는 능력, 이제 막 깨어나는 감수성과 날카로운 지성, 끊임없이 갈고닦이는 기억력, 온갖 형태의 생명에 대한 지각, 발전·후퇴·퇴보·실수 및 수정을 인식하는 자질을 사라지게 한다.

어린이와 청소년이 가능한 한 완전히 자립할 수 있도록 돕는다는 것은, 말할 것도 없이 능력의 발전 정도와 그 발전을 강화시키는 쪽으로 방향을 잡을 수 있도록 하는 끊임없는 통찰력이 전제가 된다. 하지만 일단 지식의 한 단계를 넘으려 할 때 학생들이 받아들여야 하는 점검 과정과 교사의 법정에서 치러야 하는 심문 사이에는 어떤 공통점이 있나? 그러니 죄책감은 다른 사람을 괴롭히면서 자기가 괴로울 것만을 생각하는 종교적인 사람들에게 넘기라.

『초·중등학생과 고등학생들에게 보내는 경고』

'죽은' 철학에서 '살아 숨쉬는' 철학으로

고대 그리스 시대에는 가장 중요한 학문 중 하나가 바로 '철학' 이었다. 오늘날, 이 땅에 사는 사람들로서는 도무지 이해되지 않을 일이다. 먹고사는 일과 큰 관계가 없어 보이는 철학이 어째서 중요한 학문이란 말인가!

프랑스에는 우리나라의 논술시험과 비슷한 '바칼로레아' 라는 대학 입학 자격 시험이 있다. 이 시험에서 중요한 것은 무엇보다 철학을 공부하는 것이다. 철학적인 사유가 되지 않는다면 답안을 써낼 수 없기 때문이다. 이런 사실을 우리나라의 학부모들이 안다면, 교육부로 몰려가 집단으로 시위를 벌일지도 모를 일이다. '국·영·수' 도 아닌, 말도 안 되는 질문의 답을 찾겠다며 말씨름이나 늘어놓는 철학 '주제' 에 어떻게 감히!

하지만, 철학은 인간의 삶과 매우 밀접하게 관련되어 있다. 사실 모든 학문들의 시초이자 기반이기도 하다. 수많은 철학자들이 철학뿐만 아니라 과학자이자 수학자, 사회학자이며 시인이라는 것은 당연한 일이다. 또 본문 중에도 기술되어 있지만, 어떤 철학의 영향을 받는가에 따라 각 개인의 인생의 모습은 크게 달라진다. 매우 민감한 시기인 청소년기에 낙관주의 철학을 알게 되고 그 영향을 받은 사람과 쇼펜하우어의 염세주의를 만난 사람과의 인생이 얼마나 다르게 전개되리라는 것을 짐작하기란 어렵지 않다. 물론 개인적인 노력에 따라 약간씩 다르긴 하겠지만.

이렇게 중요한 철학 과목이 우리에게는 어떠한 취급을 받고 있는가? 내신성적 때문에 수천 년에 걸친 '죽은' 철학자와 그들의 사상을 뜻도 모른 채 줄줄 외어 버리고, 시험이 끝나면 폐기처분해 버리지는 않는가! 우리가 조금이라도 더 철학의 중요성을 알아차리고 있었더라면, 지금 세간을 떠들썩하게 만드는 수능 입시 부정 사건 같은 것은 생기지 않았을지도 모른다. 커닝이 그렇게 문제가 될 줄 몰랐다라니!

무엇보다 이 책은 주류 철학이 아닌 비주류 철학까지 포괄하고 있다는 데 큰 매력이 있다. 학문적 권력을 손에 쥐지 못했다는 이유로 비주류 취급을 받긴 하지만, 인류의 역사에 크고 작은 영향을 끼치고 있는 비주류 철학들을 소개해서 읽는 사람으로 하여금 좀더 폭넓은 사고를 가능하게 한다.

이 책은 처음부터 끝까지 일관적으로 철학이 우리의 현실과 까마득히 동떨어진 정신세계를 '논하는 것'이 아니라, 바로 여기, 우리의 삶과 생각과 직접적으로 관련이 있다고 외친다. 철학은 '폭약 빠진 폭탄'처럼 무기력한 것이 아니라 우리 주위에 쌓여 있는 문제들을 골라서 '스마트탄'처럼 바로바로 폭파시킨다는 것이다.

그렇다. 철학은 우리가 한 사람의 인간으로서 평생 힘있게 살아갈 수 있도록 해주는 무기다. 인생이라는 여행에서 방향을 잃지 않도록 도와주는 나침반이다. 이 책이 여러분의 철학 여행에 무엇보다 믿음직하고 친절한 동반자가 되길 기원해 본다.

이희정

참고도서

들어가는 말

라울 바네겜(Raoul Vaneigem)—『초 · 중등학생과 고등학생들에게 보내는 경고 *Avertissemets aux écoliers et lycéens*, 1998』

장 뒤뷔페(Jean Dubufet)—『숨 막히는 문화*Asphyxiante culture*, 1986』

칼 고틀롭 슈엘레(Karl Gottlob Schelle)—『산책의 기술*L'Art de se promener*, 1802』

자크 데리다(Jacques Derrida)—『철학에의 권리/법에서 철학으로*Du droit la à philosophile*, 1990』

피에르 아도(Pierre Hadot)—『고대 철학이란 무엇인가?*Qu'est que la philosophie antique?*, 1996』

1부 인간이란 무엇인가?

1. 자연

여러분에게 원숭이 같은 면이 많이 남아 있는가?

쥘리앙 드 라 메트리(Julien de La Mettrie)—『인간 기계*L'Homme-machine*, 1748』

임마누엘 칸트(Immanuel Kant)—『이성의 한계 안에서의 종교*La Religion dans les limites de la simple raison*, 1793』

드니 디드로(Denis Diderot)—『부갱빌 여행기 보유*Supplé ment au voyage de Bougainville*, 1773』

토머스 홉스(Thomas Hobbes)—『리바이어던*Leviathan*, 1651』

시몬느 드 보부아르(Simone de Beauvoir)—『제2의 성*Le Deuxi me Sexe*, 1949』

볼테르(Voltaire)—『철학사전*Dictionnaire philosophique*, 1764』

혹시 사람 고기를 먹어본 적이 있나?

미셸 드 몽테뉴(Michel de Montaigne)—『수상록*Essais*, 1580~1588』

왜 고등학교 운동장에서 자위를 하면 안 될까?

빌헬름 라이히(Wilhelm Reich)—『젊은이들의 성적 투쟁*La Lutte sexuelle des jeunes*, 1931』

키니코스학파—『키니코스학파 철학자들-단편과 일화들*Les Cyniques grecs, fragments et témoinages*, 1975』

페테르 슬로테르지크(Peter Sloterdijk)—『시니컬한 이성 비판*Critique de la raison cynique*, 1987』

자연에 대해 더 읽어볼 글

프랑수아 다고네(François Dagognet)—『생물의 통제*La Matrise du vivant*, 1988』

2. 예술

예술 작품은 암호를 해독하듯이 이해해야 하나?

폴 베이느(Paul Veyne)—『일상과 흥미*Le Quotidien et l'Intéressant*, 1996』

테오도르 W. 아도르노(Theodor W. Adorno)—『한줌의 도덕*Minima Moralia*, 1951』

데이비드 흄(David Hume)—『미학적 에세이*Les Essais esthétiques*, 1742』

발터 벤야민(Walter Benjamin)—『기술적으로 복제 가능한 시대의 예술 작품*L'OEuvre d'art à l'époque de sa reproductibilité technique*, 1936』

가짜 모나리자 그림은 도대체 왜 거는 걸까?

장 뒤뷔페(Jean Dubuffet)—『숨 막히는 문화*Asphyxiante culture*, 1968』

변기는 언제 예술 작품이 되는가?

옥타비오 파즈(Octavio Paz)—『마르셀 뒤샹-벌거벗은 겉모습*Marcel Duchamp: l'apparence mise à nu*, 1966』

마르셀 뒤샹(Marcel Duchamp)—『기호의 범위에 관해*Du champ du signe*, 1975』, 『뒤샹, 잃어버린 시간의 기술자-피에르 카반느와의 대담*Duchamp, Ingénieur du Temps perdu, entretiens avec P.Cabanne*, 1977』

플라톤(Platon)—『향연*Le Banquet*』

예술에 대해 더 읽어볼 글

조르주 바타이유(Georges Batallie)—『동물에서 인간으로 전이와 예술의 탄생*Le passage de l'animal à l'homme et la naissance de l'art*, 1988』

피에르 부르디외(Pierre Bourdieu)—『차별-판단의 사회적 비판*La distiction. Critique sociale du jugement*, 1979』

아르투르 쇼펜하우어(Arthur Schopenhaur)—『의지와 표상으로서의 세계*Le monde comme volonté et comme représentation*, 1818』

3. 기술

여러분은 휴대폰 없이 지낼 수 있는가?

막스 호르크하이머(Max Horkheimer), 테오도르 W. 아도르노—『계몽의 변증법*La Dialectique de la raison*, 1947』

폴 비릴리오(Paul Virilio)—『사이버세계. 가장 나쁜 것의 정치, P.프티와의 대담집*Cybermonde. La politique du pire, entretien avec P.Petit*, 1996』, 『사건들의 풍경(*Un paysage d'v nements*, 1996)』

철학자의 뇌를 운동선수의 머리에 이식한다면?

한스 요나스(Hans Jonas)—『자연을 위한 윤리*Une thique pour la nature*, 1993』

최저임금생활자는 현대판 노예인가?

프리드리히 니체(Friedrich Nietzche)—『아침놀*Aurore*, 1881』

폴 라파르그(Paul Lafargue)—『게으를 수 있는 권리*Le Droit la paresse*, 1880』

앙드레 고르(Andr Gorz)—『노동의 변신. 의미 추구*M tamorphose du travail. Qute du sens*, 1988』

헤르베르트 마르쿠제(Herbert Marcuse)—『에로스와 문명*Eros et Cilvilisation*, 1957』

기술에 관해 더 읽어볼 글

르네 데카르트(Ren Descartes)—『방법서설*Discours de la m thode*, 1637』

아리스토텔레스(Aristoteles)—『동물의 지체에 관하여*Les Parties des animaux*, B.C. 4세기 경』

위르겐 하버마스(J rgen Habermas)—『이데올로기로서의 기술과 과학*La Technique et la Science comme "id ologie"*, 1968』

에른스트 윙거(Ernst J nger)—『미래의 거인들*Les Prochains Titans*, 1995』

2부 어떻게 더불어 살 수 있을까?

4. 자유

왜 학교는 감옥처럼 지어졌을까?

질 들뢰즈(Gilles Deleuze)—『대담*Pourparlers*, 1990』

제레미 벤담(Jeremy Bentham)—『파놉티콘*Panopticon*, 1839』

미셸 푸코(Michel Foucault)—『어느 프랑스 철학자가 본 감옥*La prison vue par un philosophe fraçais*, 1975』

아동성애자는 자신의 성적 취향을 스스로 선택한 것일까?

돌바크(D' Holbach)—『자연의 체계*Système de la Nature*, 1770』

바루흐 스피노자(Baruch Spinoza)—『슈테르에게 보내는 편지*Lettre à Schutter, 1674*』

사드(Sade)—『새로운 쥐스틴*La Nouvelle Justine, 1797*』

막스 호르크하이머, 테오도르 W. 아도르노—『계몽의 변증법』

인터넷 포르노 사이트를 아이들이 보도록 내버려두겠는가?

존 스튜어트 밀(John Stuart Mill)—『자유론*De la libert , 1859*』

칼 포퍼(Karl Popper)—『텔레비전-민주주의에 대한 위험*Laé Tél vision; un danger pour la démocratie, 1994*』

자유에 관해 더 읽어볼 글들

장 그르니에(Jean Grenier)—『자유를 잘 사용하는 것에 대한 대담집*Entretiens sur le bon usage de la liberté, 1948*』

피에르 조제프 프루동(Pierre Joseph Proudhon)—『19세기 혁명에 관한 일반적인 견해 *Idée générale de la révolution au X IXᵉ siècle, 1851*』

미하일 바쿠닌(Mikhail Bakounin)—『신과 국가*Dieu et l'Etat, 1871*』

막스 슈티르너(Max Stirner)—『유일자와 그 소유*L' Unique et sa propriété, 1844*』

5. 법

학생 주임선생님이 말도 안 되는 지시를 내리면 거부해도 될까?

에피쿠로스(Epikouros)—『편지와 잠언*Lettres et Maximes*』

에티엔 드 라 보에티(Etienne de la Bo tie)—『자발적 노예상태에 대한 담론*Discours de la servitude volontaire, 1547*』

장 메슬리에(Jean Meslier)—『장 메슬리에의 비망록*Mémoires de Jean Meslier*, apréss 1718*』

헨리 데이비드 소로(Henry David Thoreau)—『시민 불복종*La Désobéissance civile, 1848*』

존 로크(Jone Locke)—『시민정부론*Du gouvernement civil*, 1690』

바루흐 스피노자—『신학정치론*Traité théologico - politique*, 1670』

피에르 가상디(Pierre Gassendi)—『에피쿠로스 철학에 대한 담론*Traité de la philosophie d'Epicure*, 1649』

소포클레스(Sophodes)—『안티고네*Antigone*, B.C. 441』

휴고 그로티우스(Hugo Grotius)—『전쟁과 평화의 법*Le Droit de la guerre et de la paix*, 1625』

규칙을 쓰레기통에 던져버려야 할까?

마르셀 콩쉬(Marcel Conche)—『도덕의 원리*Le Fondement de la morale*, 1993』

장 자크 루소(Jean-Jacques Rousseau)—『사회계약론*Du contrat social*, 1762』

경찰은 여러분을 골탕 먹이는 존재일 뿐인가?

클로드 아드리앙 엘베티우스(Claude Adrien Helvétius)—『정신에 관하여*De l'esprit*, 1758』

6. 역사

폭력을 사용해도 될까?

르네 지라르(René Girard)—『폭력과 성스러움*La Violence et le Sacré*, 1972』

조르주 소렐(Georges Sorel)—『폭력에 관하여*Réflexions sur la violence*, 1908』

옛 나치들을 재판하는 게 과연 쓸모있는 일일까?

블라디미르 얀켈레비치(Vladimir Jankélévitch)—『공소시효 적용불가-용서? 명예와 존엄성 가운데에서*L'imprescriptible. Pardonner? Dans l'honneur et la dignit*, 1971』

미리암 르보 달론느(Myriam Revault d'Allonnes)—『사람이 사람에게 하는 일*Ce que l'homme fair à l'homme*, 1995』

책상 위에 "미래는 없다"는 글귀를 새기면서 무슨 생각을 하나?

에밀 미셀 시오란(Emil Michel Cioran)—『갈등*Ecartèlement*, 1979』

한나 아렌트(Hannah Arendt)—『예루살렘의 아이히만-악의 평범함에 대한 보고서
Eichmann à Jerusalem: Rapport sur la Banalité du mal, 1963』

성(聖) 아우구스티누스(Augustinus)—『신국론*La cité de Dieu*, 420~429』

콩도르세(Condorcet)—『인간 정신 진보에 관한 역사적 개요*Esquisse d'un tableau
historique du progrès de l'esprit humain*, 1795』

G.W.F 헤겔(Georg Wilhelm Friedrich Hegel)—『역사 속의 이성*La Raison dans l'histoire*,
1831』

임마누엘 칸트—『세계 시민적 관점에서 본 보편사의 이념*La Philosophie de l'
histoire. Idée d'une histoire universelle d'un point de vue cosmopolitique*, 1784』,
『계몽이란 무엇인가?*Réponse à la question: qu'est-ce que "Les Lumières"?*,
1784』, 『학부 간의 논쟁*La Philosophie de l'histoire. Le conflit des facultés*,
1798』

역사에 대해 더 읽어볼 글들

볼네(Volney)—『역사의 교훈*La le ons d'histoire*, 1795』

에릭 홉스봄(Eric Honsbawm)—『20세기와의 대화*Les Enjeux du XXIe siècle*』

3부 우리가 무엇을 알 수 있을까?

7. 의식

여러분이 정신을 잃을 때 사라지는 것은 무엇인가?

장 폴 사르트르(Jean-Paul Sartre)—『감정에 대한 이론 개요*Esquisse d'une théorie
des émotions*, 1939』

에티엔 드 콩디야크(Etienne de Condillac)—『인간 지식의 근원에 대한 에세이
Essai sur l'origine des connaissances humaines, 1746』

르네 데카르트―『방법서설』

'아담의 사과'는 왜 아직까지 여러분의 목에 남아 있을까?
『창세기』
블라디미르 얀켈레비치―『양심의 가책 *La mauvaise conscience*, 1966』
샤를르 드 생 에브르몽(Charles de Saint-Evremond)―『산문 *Oeuvres en prose*, 1705』
페르난도 페소아(Fernando Pessoa)―『불안함의 책 *Le Livre de l'intranquilité*, 1913~1935』
장 자크 루소―『고백록 *Confessions*, 1781~1788』

어릴 적에 부모님과 함께 자면서 무슨 생각을 했을까?
지그문트 프로이트(Sigmund Freud)―『자아와 이드 *Le Moi et le ça*, 1923』
빌헬름 라이히―『파시즘의 대중심리 *La Psychologie de masse du fascisme*, 1933』

의식에 대해 더 읽어볼 글들
고트프리트 빌헬름 라이프니츠(Gottfried Wilhelm Leibniz)―『인간의 이해력에 관한 새로운 에세이 *Nouveaux Essais sur l'entendement humain*, 1703~1704』

8. 이성
필름이 끊길 정도로 술을 마시면 이성은 어디로 사라질까?
임마누엘 칸트―『실용적 관점에서 본 인간학 *Anthropologie du point de vue pragmatique*, 1975』
여러분의 운명을 별들에게 물어볼까?
루크레티우스(Titus Lucretius Carus)―『만물의 본질에 대하여 *De la nature*』
테오도르 W. 아도르노―『한줌의 도덕』
니콜라 말브랑쉬(Nicolas Malebranche)―『도덕론 *Traité de morale*, 1683』

가스통 바슐라르(Gaston Bachelard)—『과학 정신의 형성*La Formation de l'esprit scientifique*, 1938』

성(聖) 토마스 아퀴나스(Thomas Aquinas)—『대(對)이교도대전*Somme contre les Gentils*, 1255~1264』

왜 이성적으로 살아야 하나?

막스 호르크하이머—『이성의 부식*Eclipse de la Raison*, 1947』

에픽테토스(Epiktetos)—『핸드북*Manuel*, 1964』

블레즈 파스칼(Blaise Pascal)—『팡세*Pensées*』

이성에 대해 더 읽어볼 글들

파울 파이어아벤트(Paul Feyerabend)—『이성이여 안녕*Adieu à la raison*, 1987』 『방법에 대한 도전-무정부주의적 지식론 개요*Contre la méthode. Esquisse d'une théorie anarchiste de la connaissance*, 1975』

프리드리히 니체—『차라투스트라는 이렇게 말했다*Ainsi parlait Zarathoustra*, 1883~1885』

9. 진실

애인에게 바람을 피웠다고 솔직하게 고백해야 할까?

임마누엘 칸트—『"인간애에서 비롯된 거짓말은 해도 된다"는 잘못된 법에 대하여*Sur un prétendu droit de mentir par humanit*, 1797』

테오도르 W. 아도르노—『한줌의 도덕』

대통령이 되려면 반드시 거짓말쟁이가 되어야 할까?

피에르 아도—『고대 철학이란 무엇인가?』

플라톤—『국가*La République*, B.C. 389~369』

니콜로 마키아벨리(Niccolò Machiavelli)—『군주론*Le Prince*, 1532』

대마초는 왜 마음대로 살 수 없을까?
블레즈 파스칼—『팡세』

진실에 대해 더 읽어볼 글들
플라톤—『국가』
알랭(Alain)—『정의들Définitions, 1929~1934』
프랜시스 베이컨(Francis Bacon)—『신기관Novum organum, 1620』
시몬느 베이유(Simone Weil)—『뿌리 박기L'Enracinement』

끝내면서
라울 바네겜—『초·중등학생과 고등학생들에게 보내는 경고』

번역본 참고도서

1부 인간이란 무엇인가?

1. 자연

임마누엘 칸트—『이성의 한계 안에서의 종교』, 신옥희 옮김, 이화여자대학교 출판부, 2001

드니 디드로—『부갱빌 여행기 보유』, 정상현 옮김, 숲, 2003

토마스 홉스—『군주론, 리바이어던』, 임명방 옮김, 삼성출판사(삼성 세계 사상 9), 1998년

시몬느 드 보부아르—『제2의 성』, 하서출판사(세계문학 57), 1996

볼테르—『철학사전』⇨『철학서신; 철학사전; 캉디드』, 정순철 옮김, 문우사, 1973

미셸 드 몽테뉴—『수상록』⇨『에세』, 박은수 옮김, 인폴리오, 1995

2. 예술

테오도르 W. 아도르노—『한줌의 도덕』, 최문규 옮김, 솔(입장총서 18), 1995

터 벤야민—『기술적으로 복제 가능한 시대의 예술 작품』⇨『발터 벤야민의 문예이론』, 반성완 옮김, 민음사(이데아총서 9), 1983

플라톤—『향연』⇨『향연-사랑에 관하여』, 박희영 옮김, 문학과 지성사(문지 스펙트럼 7 -003), 2003

아르투르 쇼펜하우어—『의지와 표상으로서의 세계』, 을유문화사, 1994

3. 기술

막스 호르크하이머, 테오도르 W. 아도르노—『계몽의 변증법』, 김유동 옮김, 문학과 지성사(우리 시대의 고전 12), 2001

프리드리히 니체—『아침놀』, 박찬국 옮김, 책세상(니체 전집 10), 2004

폴 라파르그―『게으를 수 있는 권리』, 조형준 옮김, 새물결(우리 시대의 문화, 호모

심볼리쿰 18), 1997

헤르베르트 마르쿠제―『에로스와 문명』, 김인환 옮김, 나남(나남신서 83), 1989

르네 데카르트―『방법서설』, 김진욱 옮김, 범우사(범우문고 173), 2002

위르겐 하버마스―『이데올로기로서의 기술과 과학』, 하석용/이유선 옮김, 이상
과 현실사, 1993

2부 어떻게 더불어 살 수 있을까?

4. 자유

질 들뢰즈―『대담(對談)』, 김종호 옮김, 솔(입장 총서 15), 1993

막스 호르크하이머, 테오도르 W. 아도르노―『계몽의 변증법』, 김유동 옮김, 문
학과 지성사(우리 시대의 고전 12), 2001

존 스튜어트 밀―『자유론』, 김형철 옮김, 서광사, 2002

5. 법

헨리 데이비드 소로―『시민 불복종』⇨『시민의 불복종』, 강승영 옮김, 이레, 1999

존 로크―『시민 정부론』, 이극찬 옮김, 연세대학교 출판부(교양총서 2), 1974

바루흐 스피노자―『신학 정치론』, 김호경 옮김, 책세상(책세상 문고, 고전의 세계
018), 2002

소포클레스―『안티고네』, 한상철 옮김, 삼성출판사(삼성판 세계문학전집 14), 1984

장 자크 루소―『사회계약론』, 이환 옮김, 서울대학교 출판부(서울대학교 인문학
연구소 고전 총서, 서양-사상 1), 1999

6. 역사

르네 지라르―『폭력과 성스러움』, 김진식/박무호 옮김, 민음사(현대 사상의 모험
2), 2000

성(聖) 아우구스티누스―『신국론』, 성염 옮김, 분도출판사(교부 문헌 총서 16),
2004

콩도르세—『인간 정신 진보에 관한 역사적 개요』, 장세룡 옮김, 책세상(책세상 문
　고, 고전의 세계 003), 2002

G.W.F 헤겔—『역사 속의 이성』⇨『역사 속의 이성; 역사철학서론』, 임석진 옮김,
　지식산업사(헤겔학 총서 7), 1993

임마누엘 칸트—『세계 시민적 관점에서 본 보편사의 이념』, 『계몽이란 무엇인
　가?』⇨『칸트의 역사철학』, 이한구 편역, 서광사, 1992

에릭 홉스봄—『20세기와의 대화』, 강주헌 옮김, 이끌리오(생각하는 글들 8), 2000

3부 우리는 무엇을 알 수 있는가?

7. 의식

르네 데카르트—『방법서설』, 김진욱 옮김, 범우사(범우문고 173), 2002

창세기—『표준새번역성경』, 1993, 대한성서공회

장 자크 루소—『고백록』, 홍승오 옮김, 동서문화사(세계문학전집 4), 1973

지그문트 프로이드—『자아와 이드』⇨『쾌락원칙을 넘어서』, 박찬부 옮김, 열린책
　들(프로이트 전집 14), 1997

빌헬름 라이히—『파시즘의 대중심리』, 오세철/문형구 옮김, 현상과 인식(현상과
　인식 14), 1986

8. 이성

임마누엘 칸트—『실용적 관점에서 본 인간학』, 이남원 옮김, 울산대학교 출판부,
　1998

테오도르 W. 아도르노—『한줌의 도덕』, 최문규 옮김, 솔(입장총서 18), 1995

블레즈 파스칼—『팡세』, 하동훈 옮김, 문예출판사, 2003

프리드리히 니체—『차라투스트라는 이렇게 말했다』, 장희창 옮김, 민음사(세계문
　학전집 94), 2004

9. 진실

테오도르 W. 아도르노―『한줌의 도덕』, 최문규 옮김, 솔(입장총서 18), 1995

플라톤―『국가』, 박종현 옮김, 서광사, 1997

니콜로 마키아벨리―『군주론』, 강정인 옮김, 까치글방, 2003

블레즈 파스칼―『팡세』, 하동훈 옮김, 문예출판사, 2003

플라톤―『국가』, 박종현 옮김, 서광사, 1997

프랜시스 베이컨―『신기관』, 진석용 옮김, 한길사(한국학술진흥재단 학술 명저 번역
  총서 서양편 1), 2001

시몬느 베이유―『뿌리 박기』, 문학예술사, 1979

라보에티, 에티엔 드(La Boétie, Etienne
de, 1530~563) 188
라이프니츠, 고트프리트 빌헬름
(Leibniz, Gottfried Wilhelm, 1646~
1716) 9, 20, 32, 297
라이히, 빌헬름(Reich, Wilhelm, 1897~
1957) 57, 294
라파르그, 폴(Lafargue, Paul, 1842~
1911) 127
랑크, 오토(Rank, Otto, 1884~1939)
289
레닌(Lenine, 1870~1924) 228, 240,
326, 328
레오나르도 다빈치 78
로렌츠(Lorenz) 226
로크, 존(Locke, Jone, 1632~1704) 192
루소, 장 자크(Rousseau, Jean-Jacques,
1712~1778) 122, 207, 266, 284,
378
루시퍼스(Leucippus, B.C. 480~420)
379
루크레티우스(Carus, Titus Lucretius,
B.C. 98~55) 206, 316
르바이예르(Le Vayer) 379

ㅁ

마르쿠제, 헤르베르트(Marcuse,
Herbert, 1898~1979) 120, 130, 380
마르크스(Marx, Karl Heinrich, 1818~

1883) 127, 178, 240
마오쩌둥(毛澤東, 1893~1976) 240,
326
마키아벨리, 니콜로(Machiavelli, Niccolò,
1469~1498) 358, 378
말라르메(Mllarmé, Stéphane, 1842~1898)
72
말브랑슈, 니콜라(Malebranche, Nicolas,
1638~1715) 20, 319, 380
메스트르, 조제프 드(Maistre, Joseph de,
1753~1821) 239
메슬리에, 장(Meslier, Jean, 1664~1729)
190
메트로클레스 58, 59
모르페우스 262
몽테뉴, 미셸 드(Montaigne, Michel de,
1533~1592) 48, 206, 266
몽테스키외의 237
무솔리니(Mussolini, Benito, 1883~1945)
228, 246
미노타우루스 311
밀, 존 스튜어트(Mill, John Stuart, 1806~
1873) 173

ㅂ

바네겜, 라울(Vaneigem, Raoul, 1934~)
14, 15, 380, 383
바슐라르, 가스통(Bachelard, Gaston,
1884~1962) 321

바쿠닌, 미하일(Bakounin, Mikhail, 1814~1876) 178

바타이유, 조르주(Bataille, Georges, 1897~1962) 97

뱅상, 장 디디에 379

베르그송(Bergson, Henri, 1859~1941) 20

베이느, 폴(Veyne, Paul, 1930~) 72

베이유, 시몬느(Weil, Simone, 1909~1943) 374

베이컨, 프랜시스(Bacon, Francis, 1561~1626) 373

베카리아(Beccaria, Cesare Bonesana Marchese di, 1738~1794) 152

벤담, 제레미(Bentham, Jeremy, 1748~1832) 148, 151, 152

벤야민, 발터(Benjamin, Walter, 1892~1940) 75

보날, 루이 드(Bonald, Louis de, 175~1840) 239

보드리야르, 장(Baudrillard, Jean, 1929~) 59

보부아르, 시몬느 드(Beauvoir, Simone de, 1908~1986) 37

보쉬에(Bossuet, 1627~1704) 239

볼네(Volney, 1757~1820) 254

볼테르(Voltaire, 1694~1778) 38, 122

부르디외, 피에르(Bourdieu, Pierre, 1930~2002) 98

비릴리오, 폴(Virilio, Paul, 1932~) 110

블란디나 362

비릴리오, 폴(Virilio, Paul, 1932~) 59

ㅅ

사드(Sade, 1740~1814) 163

사르트르, 장 폴(Sartre, Jean-Paul, 1905~1980) 37, 263, 269

생 에브르몽, 샤를르 드(Saint-Evremond, Charles de, 1616~1703) 281

샤르, 르네(Char, Ren , 1907~1988) 72, 73

샤를르 9세 48

샤를르 캥 224

샤를마뉴 224

상죄, 장 피에르 379

셸링(Schelling, Friedrich Wilhelm Joseph von, 1775~1854) 20

소렐, 조르주(Sorel, Georges, 1847~1922) 228

소로, 헨리 데이비드(Thoreau, Henry David, 1817~1862) 191

소크라테스 11, 12, 13, 94, 155, 206, 266, 353, 354

소포클레스(Sophokles) 183, 196

쇼펜하우어, 아르투르(Schopenhaur, Arthur, 1788~1860) 99

슈엘레, 칼 고틀롭(Schenelle, Karl Gottlob, 1777~?) 17

슈티르너, 막스(Stirner, Max, 1806~
    1856) 179
스탈린 224, 326
스토르(Storr) 226
스피노자, 바루흐(Spinoza, Baruch,
    1632~1677) 20, 160, 193, 378
슬로테르지크, 페테르(Sloterdijk, Peter,
    1947~) 59
시오란, 에밀 미셸(Cioran, Emil Michel,
    1911~1995) 244
시륄니크, 보리스 379

ㅇ
아가톤 155
아낙사고라스(Anaxagoras, B.C. 500?~
    B.C. 428) 133
아데이만토스 357
아도, 피에르(Hadot, Pierre, 1922~)
    20, 356
아도르노, 테오도르 W.(Adorno,
    Theodor W., 1903~1969) 73, 108,
    165, 318, 347, 380
아렌트, 한나(Arendt, Hannah, 1906~
    1975) 237, 245
아리스토텔레스(Aristoteles, B.C. 384~
    322) 20, 40, 133, 356, 373
아리스티포스(Aristippos, B.C. 435~B.C.
    350 경) 14

아우구스티누스(Augustinus, Aurelius,
    354~430) 239, 246, 266
아퀴나스, 토마스(Aquinas, Thomas,
    1225~1274) 239, 322
아프로디테 58, 311
안티고네 183~185, 196
알랭(Alain, 1868~1951) 372
알렉산더 224
알키비아데스 155
얀켈레비치, 블라디미르(Jankélévitch,
    Vladimir, 1903~1985) 231, 235, 280
에르투리아 67
에피쿠로스(Epikouros, B.C. 342~270)
    20, 188, 194, 265
에픽테토스(Epiktetos, 50~125) 332
엘렉트라 196
엘베티우스, 클로드 아드리앙(Helvé-
    tius, Claude Adrien, 1715~1771) 14,
    217
엥겔스(Engels, 1820~1895) 240
오난 52, 53
오이디푸스 196
요나스, 한스(Jonas, Hans, 1903~1993)
    117
우라노스 311
윙거, 에른스트(Jünger, Ernst, 1895~
    1998) 135
유티데모스 155

프로디쿠스(Prodicus, B.C. 5세기 경)
354
프로타고라스(Protagoras, B.C. 5세기
경) 354
프루동, 피에르 조제프(Proudhon,
Pierre Joseph, 1809~1865) 177
플라톤(Platon, B.C. 427~347) 11, 20,
87, 94, 133, 155, 353, 356, 357, 368,
378
플로티누스 20
피히테(Fichte, Johann Gottlieb, 1762~
1814) 20

ㅎ
하버마스, 위르겐(Habermas, Jürgen,
1929~) 134, 380
하이데거(Heidegger, 1889~1976) 9,
11
헤겔, G.W.F(Hegel, Georg Wilhelm
Friedrich, 1770~1831) 20, 222, 240,
250, 378

헤라클레이토스(Herakleitos, B.C.
540~B.C. 480 경) 13
헤로도토스 254
헤시오도스 311
헤파이스토스 311
호르크하이머, 막스(Horkheimer, Max,
1895~1973) 73, 108, 165, 318, 331,
347, 380
호메로스(Homeros) 371
호모 사피엔스(Homo sapiens) 97, 123
호모 아르티펙스(homo artifex) 123
호모 파베르(Homo faber) 97
홉스, 토머스(Hobbes, Thomas, 1588~
1679) 35, 378
후설(Husserl, 1859~1938) 263
흄, 데이비드(Hume, David, 1711~
1776) 74, 308
히틀러 124, 224, 230, 326, 327, 337
히파르키아 54, 58
히프노스 262
히피아스(Hippias, B.C. ?~343) 354

문헌